古典文獻研究輯刊

十四編

潘美月・杜潔祥 主編

第 6 冊

劉敏中《中庵樂府》研究（上）

陳珈吟 著

國家圖書館出版品預行編目資料

劉敏中《中庵樂府》研究（上）／陳珈吟 著 — 初版 — 新北市：
花木蘭文化出版社，2012〔民101〕
序 2+ 目 2+160 面：19×26 公分
（古典文獻研究輯刊 十四編；第 6 冊）
ISBN：978-986-254-839-4（精裝）
1.（元）劉敏中　2.傳記　3.詞論　4.元代
011.08　　　　　　　　　　　　　　　101002983

ISBN-978-986-254-839-4

9 789862 548394

古典文獻研究輯刊
十四編　第 六 冊　　　　　ISBN：978-986-254-839-4

劉敏中《中庵樂府》研究（上）

作　　者　陳珈吟
主　　編　潘美月　杜潔祥
總 編 輯　杜潔祥
企劃出版　北京大學文化資源研究中心
出　　版　花木蘭文化出版社
發 行 所　花木蘭文化出版社
發 行 人　高小娟
聯絡地址　新北市永和區中正路五九五號七樓
　　　　　電話：02-2923-1455／傳眞：02-2923-1452
網　　址　http://www.huamulan.tw 信箱 sut81518@gmail.com
印　　刷　普羅文化出版廣告事業
初　　版　2012 年 3 月
定　　價　十四編 20 冊（精裝）新台幣 31,000 元

劉敏中《中庵樂府》研究（上）

陳珈吟　著

作者簡介

陳珈吟，一九八五年生，彰化人，彰化師大國文所畢，現任公立高中教師，研究領域為古典詩詞、現代詩、寫作教學及臺灣文學。迷戀緩慢寧靜的生活，喜歡凝睇世界的表情，信仰閱讀寫作的養分，曾獲全國語文競賽、全球網路作文、彰師白沙文學獎、嘉大文學獎、中華電信旅行徵文等獎項，撰有〈胡殿鵬詠古詩研究〉（中興大學編：《中區中文所研討會論文集》）、〈童年、鄉景、親情 論管管詩中的鄉愁書寫〉（蕭蕭主編：《現代詩壇的孫行者：管管作品學術研討會論文集》，萬卷樓出版）等學術專論。

提　　要

　　元詞發展的時空背景，剛好處在無論題材、風格、創作數量和質量上，皆極致發展的宋代之後，相形之下，元詞很難再開出新的路徑；而元代又以創作曲文為盛，詞則不若以往受到重視。加以後世戰禍頻仍，元集作品保存蒐羅不易，今日可見之元集校注本，也不過冰山一角而已，更別論元詞之研究。因此歷來研究詞學者，多半把重心放在宋、清二代，對於處於過渡的元詞，則視為衰亡沒落的象徵。但就作為詞史的一部分來看，元詞自有其價值；實際上，元詞去宋未遠，又能承兩宋之流風，仍具有一定的創作規模。

　　本論文以「劉敏中《中庵樂府》研究」為題，蓋因劉敏中為元代前期北方詞壇的代表人物之一，其詞頗有佳評，被歷來學者列為「一統期詞苑之繁茂」、「元初的詞壇巨擘」等大家詞人行列。首章介紹劉敏中之生平經歷及著作概況，在家庭背景方面，主要瞭解父祖輩及母親對他的人格養成教育。在仕宦歷程中，劉敏中敢於彈劾權貴，能針對官場情狀及社會弊端，實踐政治理念，也關心民生問題，具有民胞物與的精神。當政治環境污濁，或有疾在身時，劉敏中也從不戀棧，毅然辭歸。其所交遊之人物，無論仕宦經歷，或是人格品行，幾乎與劉敏中有相仿之處，並形成一特定交友圈。其次針對劉敏中的著作概況，介紹了《中庵集》的刊刻流傳情形、兩大版本系統——大典本和元刻本、版本特色，及《中庵樂府》的輯出經過。

　　詞作內容方面，可分成酬贈應答、詠物託意、感時遣懷、即景抒情四大類別。酬贈應答一類，有以詞代書，抒發個人的際遇或生活體會；有賀人喜慶，表達祝福與同樂；題贈之類，有傷感或不捨之情，戲作則兼有娛興和自道志趣與幽居生活的效果；也有餞送友朋，為對方將遷官赴任而寫，言詞中充滿對未來宦途的祝福與期待。其詠物作品，因時空背景不同，雖無遺民之哀婉寄託，但大致上能表現自己的人生體會，抒發小我的情思，也有獨特之處；尤其他對特定亭臺閣樓、山水奇石之命名與歌詠，絕非純作欣賞，實具有嚮慕之意。另一類詠物詞，則多用形式短巧的小令，摹形寫物，觀察細膩。感時遣懷一類，可分為撫時感事與憶舊懷人，抒情意味濃厚。即景抒情類別，或寫自然清景，或情景相生。

　　在寫作技巧上，則自其調律聲情、修辭技巧及語言特色加以考察。劉敏中詞調律多用小令，在調律剛柔、句式奇偶及用韻疏密三方面，聲情詞意相諧。修辭技巧方面，劉敏中點化前人典故，融匯運用古人辭語及故實入詞，舉凡經、史、子、集語，皆有所用。就移情作用來看，則有許多和自然對談、相望，或者將它想像成具有人類情感和動作的句子，能達到拉近物我距離之效果。在語言特色上，除了少數應酬詞外，其餘作品，無論用字遣詞或是情感呈現，用字不假雕琢，語言自然平易，能促進情感的真誠流露。

劉敏中詞具有豪放、疏野、婉約、纖穠等風格。其北宗傾向、豪放詞觀，反映在寫給張養浩的〈江湖長短句引〉中；部分詞作，詩思純樸率真，疏野質樸，崇尚自然，有村野風味。劉敏中雖是北人，但南宗詞的清麗詞風或多或少透過一些南方詞人，間接影響其創作，再加上他的健康狀況不佳，也可能影響心理，因而有婉約纏綿、富於深情，以及纖穠明麗，描寫細微之風格。

　　在詞作成就方面，首先是創作豐碩，無論在數量或內容上，劉敏中都堪稱是元初詞壇巨擘；其次是率意謳吟的寫作方式，能自然抒發感情，技巧不乏佳處。其三是追步蘇辛的詞觀，以及創作的實踐，較好地延續了豪放詞派之風尚。在限制方面，某些酬贈作品內容流於客套敷衍，損害了藝術價值。詞作語言也流於淺俗、散文化，欠缺深蘊之致；最後是寫景詠物之作，雖有清麗婉柔特點，但在託意上略遜一籌。本論文乃藉由對劉敏中詞作特色與成就之分析，確立其詞史地位，以填補元代專家詞的研究空間；亦不否認其詞之限制，期能為劉敏中《中庵樂府》做出較為客觀的評判。

上　冊

自　序

第一章　緒　論 …………………………………………………… 1

　第一節　研究動機與目的 ……………………………………… 1

　　一、研究動機 ………………………………………………… 1

　　二、研究目的 ………………………………………………… 4

　第二節　研究範圍與方法 ……………………………………… 7

　第三節　論文架構 ……………………………………………… 9

第二章　劉敏中的生平背景與著作概況 ……………………… 11

　第一節　劉敏中的生平經歷 ………………………………… 11

　　一、家庭背景 ………………………………………………… 12

　　二、仕宦際遇 ………………………………………………… 16

　　三、隱逸出世 ………………………………………………… 21

　　四、交遊人物 ………………………………………………… 22

　第二節　《中庵集》及《中庵樂府》的版本概況 ………… 31

　　一、《中庵集》的面貌 ……………………………………… 31

　　二、《中庵樂府》的輯出 …………………………………… 37

第三章　劉敏中詞的主題內容 ………………………………… 39

　第一節　酬贈唱和 …………………………………………… 41

　　一、以詞代書 ………………………………………………… 41

　　二、賀人喜慶 ………………………………………………… 44

　　三、題贈戲作 ………………………………………………… 49

　　四、餞送友朋 ………………………………………………… 52

　第二節　詠物託意 …………………………………………… 53

　　一、抒情寄意 ………………………………………………… 54

　　二、摹形寫物 ………………………………………………… 58

　第三節　感時遣懷 …………………………………………… 60

　　一、撫時感事 ………………………………………………… 60

　　二、憶舊懷人 ………………………………………………… 62

　第四節　即景抒情 …………………………………………… 64

　　一、自然清景 ………………………………………………… 65

　　二、情景相生 ………………………………………………… 68

第四章　劉敏中詞的形式技巧 ………………………………… 71

第一節　調律多用小令，聲情詞意相諧 ……………… 71
　一、小令調律為主 ……………… 71
　二、聲情與詞情的搭配 ……………… 74
第二節　點化前人典故，再現自有風采 ……………… 81
　一、化用語典 ……………… 81
　二、借用事典 ……………… 99
第三節　善以移情作用，拉近物我距離 ……………… 104
第四節　用字不假雕琢，語言自然平易 ……………… 109
第五章　劉敏中詞的風格特色 ……………… 115
第一節　豪情放曠，追步蘇辛 ……………… 116
　一、北宗的詞學觀 ……………… 116
　二、詞風豪情放曠 ……………… 121
第二節　疏野質樸，崇尚自然 ……………… 126
第三節　婉約纏綿，富於深情 ……………… 131
第四節　纖穠明麗，描寫細微 ……………… 135
第六章　結　論 ……………… 139
第一節　劉敏中詞的成就 ……………… 140
　一、創作豐碩，堪為元初詞壇巨擘 ……………… 140
　二、率意謳吟，寫作技巧不乏佳處 ……………… 141
　三、追步蘇辛，延續豪放詞派風尚 ……………… 143
第二節　劉敏中詞的限制 ……………… 144
　一、偏向酬贈之體，略損藝術價值 ……………… 145
　二、語言淺俗散化，欠缺深蘊之致 ……………… 145
　三、表面寫景詠物，託意略遜一籌 ……………… 147
參考書目 ……………… 149

下　冊
附錄一：劉敏中生平簡譜 ……………… 161
附錄二：劉敏中《中庵樂府》箋注 ……………… 163

自 序

　　三年的碩士班課程，在論文輸出後寫下尾聲，等待迎向人生的另一段旅程。想起初入碩士班時的徬徨，期間受到許多師長的指導，學長姐的經驗傳承及親友、同儕的相互勉勵，到今天完成了初步的研究，時間在不知不覺中悄然流逝，許多來不及說出口的感謝，只能藉由這篇小序發抒，以表示我最真誠的謝意。

　　從詞學研究、臺灣文學史專題研究、研究國科會計畫到碩士論文的撰寫，一路上，黃文吉老師扎實的課程內容、嚴謹的治學態度、按部就班的處事原則，都讓我深感敬佩，獲益匪淺。今年適逢黃老師休假，原本擔心臺北到彰化的距離會催化我的惰性，延遲畢業時間；實際上，黃老師非常關心進度，在電話或書信中，總是不厭其煩地為我解惑、提醒時限，而他溫和中帶有的堅定口吻，更是自我督促時的良方。這一年來，我的外務繁雜，在論文、修課、教學、申辦教育實習等事務中奔波往返，眼看學期就要結束，著實擔憂論文的進度，倉促之間，都要感謝黃老師的批改指教，我才能在今年順利畢業。

　　口考當天，經由王兆鵬、王偉勇兩位委員的提點，指出論文中有待改進之處，並提供我更深一層的研究方向，解答了我在撰述時的困惑，只能說是不虛此行、滿載而歸。尤其王偉勇老師的批改筆記，密密麻麻，字句斟酌，用心之深，可見一斑。

　　除此之外，更要感謝家人的包容，尤其母親見我蠟燭多頭燒，心疼我的健康，不但口頭勉勵，還準備了許多營養的食物表達關心。而碩士班的學長姐和同學，如萃菱、妙姿、惠珊、詠寬、混瀚、敬琳、妙鳳、人傑等，提供我很多口考前的準備方式和當天的應對建議。昔時求學路上的伙伴還有課輔班的同事，也都給予我精神上莫大的支持與鼓勵。

　　謹以本文獻給所有扶持、關心我的人們，我也會盡最大的努力繼續成長。

第一章 緒 論

第一節 研究動機與目的

一、研究動機

　　王國維〈宋元戲曲考序〉云：「凡一代有一代之文學：楚之騷，漢之賦，六代之駢語，唐之詩，宋之詞，元之曲，皆所謂一代之文學，而後世莫能繼焉者也。」〔註1〕詞體之發展，特以宋代為盛，此後衰退，至清代方又復興。元繼宋之後，乃以創作曲文為盛，詞則不若以往受到重視，甚至遭受到許多負面批評，例如：明王世貞《藝苑卮言》云：「元有曲而無詞，如虞、趙諸公輩，不免以才情屬曲，而以氣概屬詞，詞所以亡也。」〔註2〕清田同之《西圃詞說》云：「元則曲勝而詩詞俱掩。」〔註3〕清陳廷焯《白雨齋詞話》云：「詞興於唐，盛於宋，衰於元，亡於明。」〔註4〕（引言）「元代尚曲，曲愈工而詞愈晦。」〔註5〕（卷三）「詩衰於宋。詞衰於元。」〔註6〕（卷八）清陳銳《褒碧齋詞話》云：「宋以後無詞。」〔註7〕清況周頤《蕙風詞話》云：「詞衰於元，

〔註1〕王國維：《王國維戲曲論文集——〈宋元戲曲考〉及其他》（臺北：里仁書局，2000年7月），頁3。

〔註2〕〔明〕王世貞：《藝苑卮言》，唐圭璋《詞話叢編》本（北京：中華書局，1996年6月），冊一，頁393。

〔註3〕〔清〕田同之：《西圃詞說》，唐圭璋《詞話叢編》本，冊二，頁1452。

〔註4〕〔清〕陳廷焯：《白雨齋詞話》，唐圭璋《詞話叢編》本，冊四，頁3775。

〔註5〕〔清〕陳廷焯：《白雨齋詞話》，唐圭璋《詞話叢編》本，冊四，頁3822。

〔註6〕〔清〕陳銳：《褒碧齋詞話》，唐圭璋《詞話叢編》本，冊四，頁3977。

〔註7〕〔清〕陳銳：《褒碧齋詞話》，唐圭璋《詞話叢編》本，冊五，頁4197。

當時名人詞論，亦未臻上乘。」及「詞衰於元，唯曲盛行。」〔註8〕清蔣兆蘭《詞說》云：「元人詞斷不宜近，蓋以元詞音律破壞，且非粗即薄。他山之助，不敢忘也。」〔註9〕清文廷式〈雲起軒詞自序〉云：「詞家至南宋而極勝，亦至南宋而漸衰。其衰之故，可得而言也：其聲多嘽緩，其意多柔靡；其用字則風雲月露、紅紫芬芳之外，如有戒律，不敢稍有出入焉。邁往之士，無所用心。沿及元、明，而詞遂亡，亦其宜也。」〔註10〕

在這些評論中，以爲元詞漸衰，尚可承認，但說元代無詞、俱掩、愈晦、斷不宜近、詞亡，實是對元詞的莫大冤枉。如文廷式把詞的衰落追溯到南宋，然所謂「其衰之故」，實際全是「其衰之象」，是衰落的表徵，而不是衰落的原因。或是像陳廷焯所以爲認爲元詞壇不振之因，在於曲壇之昌盛，卻沒有說明兩者的關係，導致後人看待元詞之衰，皆歸因到曲的發展上，將詞曲對立，以曲之興作爲參照，當作其衰落原因。當然，元詞看起來之所以屈居弱勢，其中一個因素，乃由於詞在當時社會娛樂環境中並非居於主流地位，曲這一文學體裁的發展，便使它相形見絀。劉子庚《詞史》便說：「宋元人詞至張氏而極盛，周旋曲折，純任自然，出仇氏之門，故無一語可入北曲。其才力差薄者，則時爲之也。言詞者必曰詞敝敝於元，而不察其病之所在。張氏沒後，元室亦衰，能曲者愈多，而詞人愈少，王降而風，可以關世變焉。」〔註11〕其次是忽略了詞體本身衰落的歷史進程，相對於詞盛於宋，自然覺得詞衰於元，以及詞評家所訂定的審美標準，也會影響元詞的評價。

陶然在〈「詞衰於元」辨〉〔註12〕中指出，前人對於元詞評判標準的不完善，在於忽略詞體衰落的歷史進程，包括非社會娛樂環境之主流、導源於南宋詞之雅化；其次是以朝代割裂文體發展的自然規律，忽略了元詞與宋詞在時間上是銜接的，在空間上是同一的，同時又有著大量的橫跨兩朝的詞人，故而在成員上也是延續的，以及價值評判中的不公平因素，包括評價詩文時

〔註8〕〔清〕況周頤：《蕙風詞話》，唐圭璋《詞話叢編》本，冊五，頁4444、4499。

〔註9〕〔清〕蔣兆蘭：《詞說》，唐圭璋《詞話叢編》本，冊五，頁4638。

〔註10〕〔清〕文廷式〈雲起軒詞自序〉，收入陳良運主編：《中國歷代詞學論著選》（南昌：百花洲文藝出版社，1998年8月），頁685。

〔註11〕劉子庚：《詞史》（臺北：臺灣學生書局，1982年8月），頁129。

〔註12〕陶然：〈「詞衰於元」辨〉，《浙江大學學報（人文社會科學版）》第二十九卷第四期，1999年8月，頁105～111。

主要是以詩文本身爲參照系，但在評價詞時則會把元曲拉來作參照系，將兩者對立起來，忽略了它們的互動關係，而且清詞評家，無論浙派或是常派，總是把南宋詞當作典範，只有接近其標準者才會得到認可。

　　因此，歷來對於元詞之評論，一部分爲事實，有一部分則批評太過，倘以詞學演進的角度來看，則較爲公允。清葉燮《原詩・卷二・內篇下》云：

> 譬諸地之生木然，《三百篇》則其根，蘇、李詩則其萌芽由糵，建安詩則生長至於拱把，六朝詩則有枝葉，唐詩則枝葉垂陰，宋詩則能開花，而木之能事方畢。自宋以後之詩，不過花開而謝，花謝而復開。〔註13〕

葉燮是以草木爲喻，說明詩自有其生長週期，詞亦應作如是觀。王易《詞曲史》論元詞云：

> 顧其詞承兩宋之流風，亦尚有可觀者。大抵曲之見於戲劇者，爲社會群眾所共賞；曲之見於小令套數者，亦文人學士抒寫懷抱之具，與詞同功，而但變其體格耳。故元之詞未衰，而漸即于衰者，以作者之心力無形而分其大半於曲也；而所以不終歸於衰者，詞之本體特精，而用各有宜也。且詞曲之稱，其始未嘗有劃然之界也。〔註14〕

王易以爲元詞承續兩宋而來，尚有可看之處，而說它未衰而漸即於衰，又指出詞之本體特精，與曲之體格不同。清程洪《詞潔・發凡》也說：「詞源於五代，體備於宋人，極盛於宋之末，元沿其流，猶能嗣響。」〔註15〕由此看來，元詞去宋未遠，又能承兩宋之流風，實不該被扣上詞亡、無詞的罪名。

　　而黃兆漢《金元詞史》特從詞史角度，承認元的代表文學是曲而不是詞，但在整個詞史上卻有它的特殊地位和適當位置。他說：「大凡一種文學，不論是盛是衰，在其本身的發展史上都有它的不可或缺的地位。」〔註16〕儘管元詞整體數量和質量不若宋詞繁盛，但在詞史上的確有其特殊地位，缺了一角，就無法建構完整的詞史流變，此乃本文撰述動機之一。

〔註13〕〔清〕王夫之等撰：《清詩話》（上海：上海古籍出版社，1999 年 6 月），頁588。

〔註14〕王易：《詞曲史》（南京：江蘇教育出版社，2005 年 8 月），頁236～237。

〔註15〕〔清〕程洪撰、胡念貽輯：《詞潔輯評》，唐圭璋《詞話叢編》本，冊二，頁1329。

〔註16〕黃兆漢：《金元詞史》（臺北：學生書局，1992 年 12 月），頁1～2。

　　第二，元詞仍具有一定的創作規模，據唐圭璋《全金元詞·前言》：「金元先後佔據北方，詞受兩宋影響，亦多可觀，如元好問、張翥，其最著者。……余今綜合諸家所刻詞，並加以補正，計詞二百八十二家近七千三百首，以供編寫詞史者之一助。又錄《道藏》中金元道士詞，以供研究詞樂、詞律、詞韻以及詞曲演變者之參考。」〔註17〕當然，《全金元詞》所錄並非全貌，陸續也有學者進行輯佚補刊的動作，所以金元詞實際上的數量遠比吾人想像的還要可觀。然因歷史戰亂兵禍之故，元集蒐集不易、文獻資料有限，加以元詞相對不被重視，研究成果亦不如宋、清詞之多，為略盡對元詞領域探索之力，又次之。

　　第三，南宋、金、元這三朝之間有一段重疊的時期，從時代的角度來看，金詞和元詞並非截然兩歧，而是有著傳承關係的階段，同時，作為另一方面的南宋詞，與金源一代以及元代前期至少有一百五十年是同時存在的，就地域、文化和詞上來說，南北自有差異，但是就時代而言卻有著明顯的共時性，它們在詞史的橫剖面上是屬於同一層面的〔註18〕。也就是說，元詞並非孤立存在，其間也有和南宋詞的交流，這在詞學研究上，是很特殊且珍貴的經驗。觀察元詞在時間軸上，受到宋、金詞之影響，以及金亡後，元詞在南北空間上的發展，則為本論文撰述動機之三。

二、研究目的

　　本論文所選擇之研究對象乃元前期詞人劉敏中，除了想試著填補元詞研究之空間外，亦是因為劉敏中為元代前期北方詞壇的代表人物之一，其《中庵樂府》頗有佳評之故。根據唐圭璋《全金元詞》統計，元人存詞量最多的前三位分別是是王惲、許有壬、劉敏中，張子良《金元詞述評》將劉敏中列在「一統期詞苑之繁茂」中；黃兆漢《金元詞史》將其列為「元初的詞壇巨擘」；趙維江《金元詞論稿》論元好問和張翥是各自代表南北體派最高成就的詞林大手筆，亦將劉敏中列於「一時俊彥，各有千秋」的元代大家詞人之中〔註19〕。大致可知劉敏中在元初詞壇的一定地位。

〔註17〕唐圭璋編：《全金元詞（二）》（臺北：洪氏出版社，1980 年 11 月）。
〔註18〕陶然：〈金元詞演進軌跡新論〉，《南陽師範學院學報（社會科學版）》第二卷第四期，2003 年 4 月，頁 61。
〔註19〕趙維江：《金元詞論稿》（北京：中國社會科學出版社，2000 年 2 月），頁14。

　　目前可見劉敏中相關研究，如易淑瓊《劉敏中詞研究》〔註20〕，是從地理文化方面觀照劉敏中詞，從中發掘其深層文化意蘊。認爲劉敏中詞主要追步稼軒從而呈現出北宗特色，在元代前期詞壇中具有典範意義，同時齊魯文化和南宗詞風也影響到其詞作風格。以思想內容而言，劉敏中詞體現出元代昇平氣象、作爲大元新人的用世心態及舞兮春暖的儒家人文精神內涵，從而折射出處於升平時期的元代中上層文人的生活狀態。鄧瑞全、謝輝〈劉敏中《中庵集》考論〉〔註21〕，認爲劉敏中《中庵集》在元代文史研究中具有較高的價值，探討其現存各種版本的情況，將諸多版本分爲元刻本和四庫本兩大系統，並闡述了《中庵集》的史料價值，初步解決版本差異的問題。趙維江、易淑瓊〈劉敏中詞「援稼軒例」與元代前期詞壇之稼軒風〉〔註22〕認爲劉敏中對稼軒詞的效法達到「形似」和「神似」的高度統一。而劉敏中之學稼軒，反映了元代前期詞壇一種有意識的全體性審美追求。造成元代前期稼軒風興盛的原因，在於辛詞的創作法度提供了文人學詞可資模仿的途徑，當中的英雄豪傑之氣，和當時「中州氣象」式的審美趣向結合，學術文學風會造就了詞的體式特徵的某些類文、類曲的變異，而以文爲詞又雅不避俗的稼軒體遂成爲體現這些變異的最好範本。

　　詞史專著也有對劉敏中的簡略評價，如張子良《金元詞述評》以爲中庵長詞，大抵直抒胸臆之作，俊快通達，無鉤章棘句之習，其氣概風味，也頗似稼軒退閒時諸作；其短篇新穎俊雅，於尋常事物之中，往往涉筆成趣，晚年寄情詩酒林泉之作，頗類於同時而稍晚之張養浩〔註23〕。黃兆漢《金元詞史》指出中庵詞最大特點是豪放曠逸，超拔灑脫，一以東坡爲宗，且不亞於東坡。另有文辭平易暢達、詠物清新暢麗等特點，總結中庵長調以「豪」爲一貫作風，小令以「逸」爲本色〔註24〕。黃拔荊《中國詞史》依據不同主題，歸納劉敏中詞多酬贈及閒適之作，明白曉暢，曠達清雄，並有相當數量的作品表現了行藏出處、入仕與歸隱矛盾的心情，以及對隱居生活的描寫，較眞

〔註20〕易淑瓊：《劉敏中詞研究》（廣州：暨南大學中文系碩士論文，2004年5月）。

〔註21〕鄧瑞全、謝輝：〈劉敏中《中庵集》考論〉，《古籍整理研究學刊》第六期，2008年11月，頁11～16。

〔註22〕趙維江、易淑瓊：〈劉敏中詞「援稼軒例」與元代前期詞壇之稼軒風〉，《齊魯學刊》，2008年第一期，頁116～122。

〔註23〕張子良：《金元詞述評》（臺北：華正書局，1979年7月），頁195～199。

〔註24〕黃兆漢：《金元詞史》，頁189～193。

實反映出其生活道路和處世態度，另標舉數首出色的詠物詞，認為中庵詞有不少佳作。〔註25〕

其他零星記載，如王廣超〈元詞論綱〉〔註26〕論及劉敏中身處元代前期，詞風總體上是「長槍大戟」、「銅琶鐵板」。其部分寫景與詠物詞，能抓住所詠之物在特定時空條件下所呈現出的特點，寫出獨特的個性特徵；贈別、唱和、抒寫人生感觸之類作品，雖有率意之嫌，但有的確實情深意切。此外，劉敏中詞風屬於蘇、辛一派，在漢官與蒙古官僚互相攻訐之中生活，使他的詞在豪壯中亦有慨嘆。趙章超〈金元俗詞概論〉〔註27〕認為劉敏中以其士大夫身分創作俗詞，他所說的俗詞，指的是偏離雅詞創作思路而產生的通俗易懂的詞作，如〈菩薩蠻·山居遣興〉淺顯平易，以家常語寫家常情，一洗雅詞綺羅香澤之態。唐圭璋《詞話叢編》本僅見三個相關條目，詞評資料貧乏；在詞選方面，如王步高主編《金元明清詞鑑賞辭典》〔註28〕、唐圭璋主編《金元明詞鑑賞辭典》〔註29〕、黃天驥及李恒義選注《元明詞三百首》〔註30〕、陳邦炎主編《詞林觀止》〔註31〕等共十一首賞析。

本論文在前賢的研究基礎上，擬從傳統文本內容研究著手，以補充劉敏中詞研究之不足，其目的有三：

（一）重作箋注等整理

易淑瓊《劉敏中詞研究》後本附有中庵詞校記、箋注、編年、年譜簡編、交遊述略等考證，有其貢獻卻也有疏漏之處，例如箋注過於簡略，格式不一，有些篇章沒有註解，有的則僅能求得一詞之意，無法得知相關用法或典故，

〔註25〕黃拔荊：《中國詞史（上）》（福州：福建人民出版社，2003年5月），頁592～595。

〔註26〕王廣超：〈元詞論綱〉，《淮陰師範學院學報（哲學社會科學版）》第二十六卷，2004年3月，頁389。

〔註27〕趙章超：〈金元俗詞概論〉，《鹽城師範學院學報（哲學社會科學版）》，2000年第一期，頁78。

〔註28〕王步高主編：《金元明清詞鑑賞辭典》（南京：南京大學出版社，1989年4月），頁180～182。

〔註29〕唐圭璋主編：《金元明詞鑑賞辭典》（臺北：新地文學出版社，1992年9月），頁305～326。

〔註30〕黃天驥、李恒義選注：《元明詞三百首》（湖南：岳麓書社，1994年4月），頁51～54。

〔註31〕陳邦炎主編：《詞林觀止》（上海：上海古籍出版社，1996年1月），頁855～856。

有的則僅列出處但未做解釋；在編年上，雖可見其用力，但過多的存疑及略估，時間跨度太長，則會降低編年之可信度。因此，本文對《中庵樂府》重作箋注，力求詳解，並附典故、詞義相關旁證，箋注前有版本字句校記以及編年。交遊考證係依《中庵集》中與親友互動的頻率，經統計後再行說明，與易淑瓊分早、中、晚三期之交遊述略有所不同；在年譜簡編上，不再詳列細文，僅以表格方式呈現。

（二）深入分析劉敏中詞之內容與形式技巧

元詞之於宋詞，雖然沒有翻出新的面目，卻可藉此觀察在時代環境變遷下，不同時期的詞作所呈現出來的不同格調與風貌，以及時代與詞作內容和風格的關係與影響。元世祖至元十三年（1276），伯顏入臨安，擄恭帝北去。文天祥等立端宗於福州，號召抗元。後三年，元都元帥張弘範，率部破張世傑軍於廣東崖山，陸秀夫負帝昺入海死，南宋亡（1279），當時距離蒙古亡金（1234）已四十五年。而生於元太宗皇后稱制三年（1243），長於濟南章丘的劉敏中，所面對的是大元一統的時代，再加上他個人的家庭教育、仕宦經歷和隱居生活等，其詞作又會發展出什麼樣的內容？在面對不同情境時，劉敏中的應變態度和心理變化又是如何？而過去探討劉敏中詞所忽略的形式技巧部分，本文亦將一一說明，期能在內容探討之外，一併考察其形式技巧特色，既談其「寫什麼」，亦論其「如何寫」。

（三）觀察北宗與南宗風氣對劉敏中詞風格之影響

此一部分乃是站在趙維江、易淑瓊等人的立論上，探討地理文化對詞人之影響，尤其劉敏中身為北人，出生時距離金亡已九年，並與南宋共時了三十七年，趙、易等人之觀點有助於吾人考察劉敏中詞之風格特色，但更可進一步結合其生平事歷、交遊等，形成綜合多面的考察，以探討各因素影響下劉敏中詞之風格特色。

第二節　研究範圍與方法

本論文所探討之劉敏中詞，係依據趙萬里校《中庵樂府》149 首，並以鄧瑞全、謝輝校點之《劉敏中集》〔註 32〕為詩文引文出處，趙萬里所錄《中庵

〔註32〕〔元〕劉敏中著；鄧瑞全、謝輝校點：《劉敏中集》，收入李軍等編：《元朝別集珍本叢刊》（長春：吉林文史出版社，2008 年 12 月）。

樂府》乃屬元刻本，並以清文淵閣《四庫全書》本參校其中。

本論文之研究方法及步驟茲列於下：

一、借助清文淵閣《四庫全書》本、元抄本對《中庵樂府》進行校對，其次透過教育部《重編國語辭典》、《漢語大辭典》、網路展書讀之詩詞曲典故索引等工具，進行文本箋注。再來從相關文獻，如《中庵集》各篇詩詞文章、《元史》等歷史資料，以及劉敏中之親友經歷和他們的別集，或直接證據，或旁證，進行詞之繫年，並整理劉敏中之生平簡譜。此為進行內容分析前的基礎工作。

二、對前賢研究的回顧探討，瞭解目前對劉敏中詞之研究現況。其次進行劉敏中的生平背景介紹，及其著作版本概況說明，正所謂知人論世也。掌握詞人之時代背景、家庭狀況、成長過程、仕宦經歷、交遊狀況等際遇，有助於理解詞文之思想內容。黃永武有言：「際遇是指作者的際會遇合而言，大凡時代的治亂、出處的窮通、心期的順違、朋遊的盛衰，都屬際遇的範圍，都能交綜地影響作者的心境。」〔註33〕因此，這一部分亦須透過對文獻資料的爬梳，才能對劉敏中有深刻的理解。另在版本概況上，因《中庵集》流傳版本不一，文字亦有出入，故先做梳理，並交代《中庵樂府》輯佚之經過。

三、根據詞作內容分成數個主題進行統計，結合生平經歷分析，以看出劉敏中詞之內容傾向，在行文之中，更援引各家評論和劉敏中之詩文佐證詞的創作。內容分析之後，則統計並歸納形式技巧特色，考察詞調使用情形、用典情況與典實出處、修辭技巧的運用、語言特色等。

四、探討詞作風格前，先綜合背景資料、元初北方詞人北宗的傾向及原因、劉敏中的詞學觀、對稼軒詞的仿作和比較等，歸納其對詞作風格形成之影響，進而分析相關風格之作品。其中亦針對劉敏中之交遊——尤其是南方詞人將清雅嫵媚詞風帶到北方，還有自身健康等因素，討論其他詞風存在之可能原因。

五、經由對劉敏中詞之歸納、分析、比較過程，最後為《中庵樂府》做出客觀的說明，這部分包括了它的長處與限制。

〔註33〕黃永武：《中國詩學——鑑賞篇》（臺北：巨流圖書有限公司，2003 年 9 月），頁 272。

第三節　論文架構

本論文共分六章，主要自文本內容的分析，結合劉敏中之詞學觀，對《中庵樂府》進行一次深入的研讀。全文架構如下：

第一章　緒　論

說明本文之研究動機與目的、研究範圍、研究方法與論文架構。

第二章　劉敏中的生平背景與著作概況

首先介紹劉敏中的生平經歷，包括其家庭背景，主要瞭解父祖輩及母親對他的人格養成教育，和他個人的家庭狀況。其次是仕宦際遇上不畏權貴的態度，和經世濟民的抱負，後者表現在他的政治才能和民胞物與的精神上。再來是隱逸出世的時間與原因。最後為交遊情形，以與劉敏中往來頻繁的十八人為介紹對象。第二節則針對劉敏中的著作概況，介紹了《中庵集》的刊刻流傳情形、兩大版本系統——大典本和元刻本、版本特色，及《中庵樂府》的輯出經過。

第三章　劉敏中詞的主題內容

綜合時代背景和家庭環境兩大因素，對於劉敏中的生活態度和創作內涵起了相當的影響。從他的詞作當中，大抵可以感受到一股和平安定的氣象，這些都表現在他大量的酬唱詞及寫景詠物詞中。本章依劉敏中詞之內容性質，分成酬贈應答、詠物託意、感時遣懷、即景抒情四大類別依序探討。

第四章　劉敏中詞的形式技巧

本章自其調律聲情、修辭技巧及語言特色加以考察劉敏中詞的形式技巧，茲分四節探討。首節統計《中庵樂府》乃以小令為主，並自調律剛柔、句式奇偶、用韻疏密三方面觀察聲情與詞情的搭配。次節整理並分析《中庵樂府》化用典故的情形，分作語典、事典進行。第三節探討移情作用之手法，觀察劉敏中詞拉近物我距離的心態和效果。第四節則是劉敏中詞用字不假雕琢、自然平易的語言特色。

第五章　劉敏中詞的風格特色

風格是一種綜合性的考察，本章結合主客觀因素，歸納出劉敏中詞具有四種風格特色：第一是豪情放曠，追步蘇辛；第二為疏野質樸，崇尚自然；第三是婉約纏綿，富於深情；第四為纖穠明麗，描寫細微。並探討元前期北方詞人的北宗詞觀，以及劉敏中詞學觀和對稼軒詞的仿作，確立其北宗傾向。

另外，結合交遊、生平際遇、健康情形等，對各種風格之成因作一說明。

第六章　結　論

本章分別就劉敏中《中庵樂府》之成就與限制，把對其詞之研究所得，分兩節說明之，期能爲劉敏中《中庵樂府》做出較爲客觀的定位。在成就方面，首先是創作豐碩，無論在數量或內容上，劉敏中都堪稱是元初詞壇巨擘。次之是率意謳吟的寫作方式，能自然抒發感情，其技巧不乏佳處。其三是劉敏中追步蘇辛的詞觀，以及創作的實踐，較好地延續了豪放詞派之風尙。在限制方面，首先是劉敏中詞整體偏向酬贈之體，其中雖多有自述之作，但某些酬贈作品內容則流於空泛，損害了藝術價值。其次是詞作語言上的淺俗、散文化，欠缺了深蘊之致。最後是寫景詠物之作，雖有清麗婉柔特點，但在託意上略遜一籌，讀來較不深刻。

第二章　劉敏中的生平背景與著作概況

　　金哀宗天興三年（1234），蒙古滅金，金朝走入歷史，宣告了蒙古時期的來臨。南宋祥興二年（1279），元世祖忽必烈結束南宋偏安局面，稱帝建元。在這期間，產生了不少由金入元、由宋入元的文士，他們因深受故國之慟，多有遺民之音、身世之感。然而詞人劉敏中的出生，距離金滅亡的時間已有九年，政治局勢已趨於穩定，其所表現的文人情懷，自然與遺民有別，這又是另一番風景。本章節即在探究劉敏中之背景生平、人事經歷、抱負作為、交遊情形，以及《中庵集》與《中庵樂府》的版本概況等，以作為詞作內容分析之前導。

第一節　劉敏中的生平經歷

　　劉敏中（1243～1318）〔註1〕，字端甫，號中庵，又號中庵野叟，濟南章丘（今山東省章丘縣）人，生於元太宗皇后稱制三年。初由儒貢轉補中書省掾，至元十一年（1274）擢兵部主事，拜監察御史。權臣桑哥秉政，敏中劾其姦邪，不報，遂辭職歸其鄉。既而起為御史臺都事。累遷燕南肅政廉訪副使，入為國子司業，立規以迪後進，舉代者而歸。大德三年（1299），遷翰林直學士，兼國子祭酒。七年，宣撫遼東、山北諸郡，除東平路總管，擢陝西

〔註 1〕據《元史》劉敏中本傳載：「延祐五年（1318）卒，年七十六。」劉敏中生年當在元太宗皇后稱制三年（1243）。〔明〕宋濂等撰：《新校本元史并附編二種》（臺北：鼎文書局，1980 年），冊六，頁 4137。

行臺治書侍御史。九年，召爲集賢學士，商議中書省事，進階嘉議大夫，上疏陳十事。成宗崩，姦臣希中旨，欲爲紛亂者，敏中援禮力爭之。〔註2〕

武宗即位，召敏中至上京，庶政多所更定，授集賢學士、皇太子贊善，仍商議中書省事，賜金幣有加。頃之，拜中奉大夫、河南行省參知政事，俄改治書侍御史，出爲淮西肅政廉訪使，轉通奉大夫、山東宣慰使。皇慶改元（1312），史臣奏纂修《實錄》，被召爲翰林學士承旨、榮祿大夫、知制誥，兼修國史。時以天變，詔公卿集議弭災之道，敏中疏列七事，帝嘉納焉。延祐二年（1315），以疾辭歸鄉里。所爲文辭，理備辭明，著有《平宋錄》三卷、《中庵集》二十五卷。卒於仁宗延祐五年，年七十六。泰定甲子（1324）贈光祿大夫、柱國，追封齊國公，諡文簡。《元史》卷一百七十八有傳。〔註3〕

一、家庭背景

劉敏中先祖世代業儒，家範以仁儉嗣守。高祖劉照，字明遠。有才學，以貲雄鄉里，不居賤得之貨，不徵難償之責，號爲「長者」。曾祖劉珂，字璋孫，嘗喪兄，不食酒肉三年。終長清豐齊稅監公，再娶，皆有賢德。卒後加贈正奉大夫、山東東西道宣慰使護軍，封彭城郡公。祖父劉鼎（1182～1232），字漢寶，濟南章丘人。美鬚髯，有器度，語音如鐘，博聞強記。不事舉子業，臨機制變，才智傑出，爲時人所讚許〔註4〕。金季喪亂，民多失業，劉鼎關懷社會民生，慨然嘆道：「明昌初歲大旱，吾大父發廩以濟民，泰和間，自冬至春，大雪。吾父日爲粥于門，以食過者。祖父遺我以厚，吾可獨薄乎？且緩急人之所常有也，坐而視之，仁者不爲。」〔註5〕於是推財發廩，賑乏食饑，遠近親疏，皆來依附。不久，盜寇四起，骨肉不相保有。有壯士五十人前來劉鼎旗下守衛，皆是當年受其賙卹者，可見其仁德移人之深。

金末時任歷城令，有盜柵歷城南山中，爲民患，郡邑不能平治。劉鼎則

〔註2〕〔元〕張起巖：〈劉文簡公祠堂記〉：「有希中旨，欲爲紛亂者，公入議，援典禮爲言，彼謀遂阻。」收於清乾隆二十一年《章丘縣志》卷一。

〔註3〕〔明〕宋濂等撰：《新校本元史并附編二種》，冊六，頁4136～4137。

〔註4〕〔元〕程鉅夫：〈彭城郡獻穆侯劉府君神道碑銘〉：「公生有異質，方歲許，母欲立之地，弗下席焉。乃下再試，復然，人亦奇之。年十五，父當之官，顧公曰：『汝了家事否？』公對曰：『第去勿憂也。』及父代歸，貲産倍去時，鄉人爲之語曰：『劉五郎可謂男兒，十五奪父志矣。』」李修生主編：《全元文》（南京：江蘇古籍出版社，2002年10月），卷五四一，冊十六，頁473。

〔註5〕〔元〕程鉅夫：〈彭城郡獻穆侯劉府君神道碑銘〉，收於李修生主編：《全元文》，卷五四一，冊十六，頁473。

攜一二人，直登其柵，對盜賊曉以大義，喻以福禍，賊歡從公降，劉鼎因以功勞授忠顯校尉、歷城令。又嘗以智慧制服豪民李某，爲民除害〔註6〕。後遷濟南府推官，進武節將軍。會益亂，諸侯分制各郡，濟南張侯聽聞劉鼎賢能，召以自佐，是以贊輔濟南張侯，奠輯一方。後歸附元朝，侯行省山東東西路，授廣威將軍、益都路總判兼安慰濟南淄德軍民勸農使，行山東行左右司郎中事。當時益都李全聽讒分三道，舉兵攻濟南，劉鼎以書諭之，全自引去〔註7〕。鼎德學有英才，志存濟物，時議以爲春秋齊相管仲、戰國燕將樂毅之流。配夫人馮氏，生女一，趙氏，生四子〔註8〕。以疾卒，年五十一，加贈資德大夫、太常禮儀院使、上護軍，封彭城郡公，諡獻穆〔註9〕。蓋其死後三十餘年，天下統一，君子猶哀悼曰：「向以劉將軍雄才贍智，使得遇。世祖以驅馳，卿相豈足道哉！惜也，天不假之以年，命矣！」〔註10〕

　　父親劉景石（1219～1286），本名昌，後更景石，字文瑞，濟南章丘人。爲長子，自小警悟，能日記千餘言，雖干戈之際，仍無輟師館。未十歲，已可誦習《五經》，屬對應答出奇〔註11〕。年十四，丁郎中君憂，哀毀如成人。

〔註6〕〔元〕程鉅夫：〈彭城郡獻穆侯劉府君神道碑銘〉：「境有大澤號遙墻濼，豪民李據其地爲姦，微令不行。公一日往濼中，伏壯士道傍，以一老鼕者自隨至其門。門者識公，趨入，公隨以入。李方袒跣臥堂上，使一女子扇。見公愕然。公徐曰：『適以公事過此，故來相訪。』李喜起迎勞，命酒酒飲，設食食盡，極歡而罷，握手以出，語且行，公屢顧示將密語者，李麾左右去。復行至前，伏起，執之以歸，杖殺之。」李修生主編：《全元文》，卷五四一，冊十六，頁473～474。

〔註7〕〔元〕程鉅夫：〈彭城郡獻穆侯劉府君神道碑銘〉：「金之亡，諸侯分制各郡，濟南張侯聞公賢，召以自佐。及歸國朝，侯行省山東，公授廣武將軍、益都總判兼安撫濟南淄德軍民勸農使、行左右司郎中事。時庶務草創，翕張施置，一以倚公，泛應曲當，動爲成式。益都李全聽讒，分三道舉兵攻濟南，侯大怒，謀悉師拒之。公方久疾，曰：『彼眾我寡，將若何？』扶德入見侯曰：『侯毋怒，侯第入，老夫爲侯卻之。』公立遣四使，致書李全及其三帥，三帥得書，勒兵待命。全發書，撫掌大笑曰：『我固言之矣，此老在，何益？』趣罷兵，脩好如故。」李修生主編：《全元文》，卷五四一，冊十六，頁474。

〔註8〕〈先府君遷祔表〉，〔元〕劉敏中著；鄧瑞全、謝輝校點：《劉敏中集》，收入李軍等編：《元朝別集珍本叢刊》，頁127。

〔註9〕〈外祖趙氏碣銘〉、〈焚黃祭文六道〉，〔元〕劉敏中著；鄧瑞全、謝輝校點：《劉敏中集》，收入李軍等編：《元朝別集珍本叢刊》，頁126、198～199。

〔註10〕〔元〕程鉅夫：〈彭城郡獻穆侯劉府君神道碑銘〉，李修生主編：《全元文》，卷五四一，冊十六，頁474～475。

〔註11〕〈先府君遷祔表〉：「嘗侍郎中君與客語，有持火鐮者，客命賦詩。俛首立云：『金惟主斷割，茲鐮果何謂。出火濟窮途，本以剛爲貴。』客大驚曰：『此自

有憐其孤、勸爲吏者，然恪守先人遺志，棄吏而學儒。既仕，以廉直聞名。嘗監淄萊等郡縣凡五處，威行德流，吏治而民安之。歷濟南總府、山東轉運二幕經歷，奉職盡公，無所屈服。然自以性格剛烈，高潔自持，不肯從俗俯仰，常有歸隱山野之志，竟以疾自免。至元更制（1264），監司陳節齋諸公累章交相征聘，不起。俄授濱學教授，既至，凡再宿，幡然而歸，作長詩留別，以示己志〔註12〕。妻魏氏，封齊國夫人，生二子，曰敏中、曰乙。年六十八，以疾終於濟南。累贈集賢大學士、榮祿大夫、柱國，封齊國公，諡文靖。〔註13〕

　　劉敏中的父祖輩都是政治場上的清流人物，就連母親魏氏（1221～1287），也是順而烈、靜而有方，妻道母儀，成爲宗族所稱揚的模範。他們的身教和言教無疑對劉敏中的人格養成產生深遠的影響。在〈先府君遷祔表〉中，劉敏中如此形容父親的爲人和起居：

　　先君事親盡孝，遇物待人盡誠。無一念之私，無一言之欺，無一動非禮，無一毫苟得。凡世之豪華巧利，一不挂目。每親友集，必欣然爲具，罄竭盡意乃已，而自奉澹如也。其爲文，先理而尚氣。平居繙閱羣集，記注校讎，朱黃不去手。見異書，必假之，躬自善錄，無寒暑晨夜。間喜讀釋老書，取其理，略其跡。謂二教可以治心，不可以治世，吾聖人之道，治世而治心者也。以敏中多疾而魯，嘗手訓示戒，曰：「曾子有言：『吾日三省吾身。』汝亦當三省汝身：飲食起居中節乎？視聽言動合禮乎？進德修業及時乎？毋以荒恣敗身，毋以自信敗德，毋以因循廢學。」又曰：「世味不可深，深則難返；私惠不可受，受則難報。」其平生蓋如此。〔註14〕

父親劉景石是個品德高尚，清廉自持的好官，劉敏中〈壽父〉其三亦云：「正

言其志也。』郎中君益愛之。」〔元〕劉敏中著；鄧瑞全、謝輝校點：《劉敏中集》，收入李軍等編：《元朝別集珍本叢刊》，頁127。

〔註12〕〈先府君遷祔表〉：「詩末云：『駕言陟秦臺，放目谿憂煎。跂足望東海，大聲叫魯連。蓬萊如可到，隨此謝世緣。涼風吹客衣，日暮生蒼煙。徘徊不能去，心思空茫然。』」〔元〕劉敏中著；鄧瑞全、謝輝校點：《劉敏中集》，收入李軍等編：《元朝別集珍本叢刊》，頁127。

〔註13〕〈外祖趙氏碣銘〉，〔元〕劉敏中著；鄧瑞全、謝輝校點：《劉敏中集》，收入李軍等編：《元朝別集珍本叢刊》，頁126。

〔註14〕〔元〕劉敏中著；鄧瑞全、謝輝校點：《劉敏中集》，收入李軍等編：《元朝別集珍本叢刊》，頁128。

直肝腸適性天，不隨人去飲狂泉。」〔註 15〕事親待友皆竭盡心力。平素喜歡閱覽群書，從中咀嚼賢哲立身處世的哲學，並以此訓誠劉敏中，期許他能成為一個生活中節、行事合禮、進德修業、有所節制、謙讓為懷的人，無論外在行為或內在修養都能兼修並濟。這樣嚴謹的家教，使得劉敏中自言在人生路上能「獲登仕版，復免罪戾」〔註 16〕，更讓他在待人處事及仕宦經歷裡，延續著父祖輩的風範，這在以下的章節中會陸續探討。

劉敏中幼時卓異不凡，史傳載其年方十三，便能嚮慕先賢，立定志向：

> 年十三，語其父景石曰：「昔賢足於學而不求知，豐於功而不自衒，此後人所弗逮也。」父奇之。鄉先生杜仁傑愛其文，亟稱之。
>
> 敏中嘗與同儕各言其志，曰：「自幼至老，相見而無愧色，乃吾志也。」〔註 17〕

從這段文字中可以獲知，劉敏中幼年即能謹記父祖的教誨，虛心向學，無怍無愧，並展露其文學天才，待其弱冠，學富而詞工，當時的散曲作家杜仁傑〔註 18〕欣賞其才華，稱許他為「詞伯」。〔註 19〕

身為家族長子，加以弟劉乙早夭無子〔註 20〕，無法共同承繼祖輩志業，劉敏中只能獨自背負長輩的期待，為家國盡心效力。二十歲後，劉敏中以儒貢轉補丞相掾，之後仕宦經歷顯赫，雖因得罪權臣桑哥和罹患疾病而多次退居濟南，然論其一生行止，確實是嚴守崗位，克盡職責，敢於彈劾糾舉權貴，

〔註 15〕〔元〕劉敏中著；鄧瑞全、謝輝校點：《劉敏中集》，收入李軍等編：《元朝別集珍本叢刊》，頁 301。

〔註 16〕〈先府君邊裞表〉：「而敏中以教誨之故，獲登仕版，復免罪戾。」〔元〕劉敏中著；鄧瑞全、謝輝校點：《劉敏中集》，收入李軍等編：《元朝別集珍本叢刊》，頁 128。

〔註 17〕〔明〕宋濂等撰：《新校本元史并附編二種》，冊六，頁 4136。

〔註 18〕杜仁傑，字仲梁，號止軒，原名之元，字善夫，濟南長清人。金末隱內鄉山中，至元中屢徵不起。後以子元素歷官閩海廉訪使，得追諡文穆。王德毅、李榮村、潘柏澄編：《元人傳記資料索引》（臺北：新文豐出版公司，1979 年 11 月），冊一，頁 566。

〔註 19〕〔元〕曹元用〈勒賜故翰林學士承旨贈光祿大夫柱國追封齊國公劉文簡公神道碑銘并序〉：「既冠，學富而詞益工，鄉先生杜仲梁每稱為詞伯。」李修生主編：《全元文》（南京：江蘇古籍出版社，2002 年 10 月），卷七五六，冊二十四，頁 265。

〔註 20〕〈亡弟劉乙壙銘〉：「亡弟名乙，異出，年十七以疾夭，實至元二十二年（1285）二月十一日也。」〔元〕劉敏中著；鄧瑞全、謝輝校點：《劉敏中集》，收入李軍等編：《元朝別集珍本叢刊》，頁 128。

爲國子祭酒時，更因「嚴條教，以身率勵，諸生翕然化服」。〔註21〕

又，劉敏中所娶魏氏，淳儉有德，事公如賓，遇諸子若己出；後娶完顏氏，爲金名族，言與行符，中外以爲範式，皆先敏中而卒。有二女四男，其中二子燕孫、燕駒幼年時以癇疾死〔註22〕。劉敏中晚年病危之時，仍不忘叮囑其子從禮：「吾平生亦有愧負乎？吾素以詩書訓汝，汝其勉之。」而從禮也不負所望，爲人純誠有古人風，以蔭知輝州，僉燕南山北山南道廉訪司事，監察御史，臨政以忠厚聞。〔註23〕

劉敏中一生但求無愧，十三歲那年的驚人之語，到死前仍念念不忘，終身奉行。故其肉身雖死，但劉氏家訓卻一代傳過一代，其一生的處事爲人，從前述大抵可知一二。

二、仕宦際遇

（一）不畏權貴，彈劾權臣姦邪

劉敏中在元世祖至元十一年（1274）時任監察御史，任職期間，曾多次上書彈劾權臣桑哥〔註24〕結黨營私、恣意不法之作爲，卻因劾其奸邪不報，賦詩辭歸。

關於桑哥此人，《元史‧奸臣傳》〔註25〕俱錄其事。桑哥爲人狡黠豪橫，好言財利事，元世祖喜之，有大任之意。嘗有旨令桑哥具省臣姓名以進，廷

〔註21〕〔元〕張起巖：〈劉文簡公祠堂記〉，收於清乾隆二十一年《章丘縣志》卷一。

〔註22〕〈先府君遷祔表〉：「男孫四，燕孫、燕駒皆殤；從禮，學未仕；錦川，幼。女孫二，長適禮部掾魏誼，次適鄉士常文遜。」〈下殤二子壙銘〉：「下殤二子，皆生於京師。京師古燕地，故名其長曰燕孫，次曰燕駒。後攜歸濟南，則相繼以癇疾死，殯之歷城之東……子男最小者繞褓襁，而完顏氏卒。後二年，燕駒卒，年七歲。明年，燕孫卒，年十一矣。燕孫資警慧，七八歲尚未學，輒能識字，書作大字可觀，小字復疏勁如素習。燕駒神俊朗，眉目如畫，嘗抱出，人爭隨看不已。」〔元〕劉敏中著；鄧瑞全、謝輝校點：《劉敏中集》，收入李軍等編：《元朝別集珍本叢刊》，頁128～129。

〔註23〕李修生主編：《全元文》，卷七五六，冊二十四，頁265。

〔註24〕桑哥一名，依《元史》劉敏中本傳譯，《山東通志》及《欽定續通志》譯作「僧格」，《欽定大清一統志》作「桑格」。見〔清〕杜詔等：《山東通志》（臺北：臺灣商務印書館，1984年），冊五四〇，頁777；〔清〕嵇璜、曹仁虎等撰：《欽定續通志》（臺北：臺灣商務印書館，1984年），冊三九九，頁696；〔清〕和珅等撰：《欽定大清一統志》（臺北：臺灣商務印書館，1984年），冊四七六，頁526。

〔註25〕〔明〕宋濂等撰：《新校本元史并附編二種》，冊七，頁4571～4576。

中有所建置，人才進退，桑哥咸與聞焉。當朝臣子如中書參政郭佑、臺吏王良弼、江寧縣達魯花赤等非議時政，皆爲桑哥所誹謗誅殺，若有與之對立者，則罷免其職。《元史・徹里傳》也載及桑哥爲相時的不法手段，以及全國上下怨聲載道的情形：

> 桑哥爲相，引用黨與，鈎考天下錢糧，凡昔權臣阿合馬積年負逋，舉以中書失征，奏誅二參政。行省乘風，督責尤峻。主無所償，則責及親戚，或逮繫鄰黨，械禁榜掠。民不勝其苦，自裁及死獄者以百數，中外騷動。廷臣顧忌，皆莫敢言。〔註26〕

直到至元二十八年（1291），元世祖畋於濼北，也裡審班、也先帖木兒及徹里等人，劾奏桑哥專權黷貨。不忽木出使，三遣人趣召之至，覲於行殿，世祖問之，不忽木則進言：「桑哥壅蔽聰明，紊亂政事，有言者即誣以他罪而殺之。今百姓失業，盜賊蠭起，召亂在旦夕，非亟誅之，恐爲陛下憂。」一開始世祖十分寵信桑哥，例如徹里在具陳桑哥奸貪誤國害民狀時，辭語激烈，引發帝怒，謂其毀詆大臣，失禮體，竟命左右批其頰。久之，向世祖陳情桑哥之害者越來越多，世祖始決意誅之，是年七月，桑哥方伏誅。

　　權臣桑哥秉政，肆威虐以控制百僚，中外畏之如虎。當時和劉敏中同爲監察御史的王約爲了替參政郭佑洗刷冤屈，因而得罪桑哥，也被誣陷罪狀。而後王約被罷官除名，劉敏中義氣相挺，也跟著杜門稱疾，以示抗議。臺臣請視事，敏中曰：「使約無罪而被劾，吾固不當出；誠有罪耶，則我既爲同僚，又爲交友，不能諫止，亦不無過也。」〔註27〕

　　除了鬧得沸沸揚揚的桑哥事件外，成宗大德七年（1303），劉敏中詔遣宣撫使巡行諸道，劉敏中出使遼東、山北諸郡時，也不畏權勢，凡是恃勢暴橫的貴倖宗黨，則繩之以法。成宗去世後，朝中展開了皇位繼承權的爭奪。當時，劉敏中從維護國家統一的大局出發，力爭懷甯王海山繼位，反對皇后稱制聽政，卻因此得罪掌權的後黨，被排擠出京。直到後來海山繼位爲武宗後，劉敏中才又被召入京城。

　　在一連串的權力爭鬥中，不難見到劉敏中正直的一面，雖然剛毅的性格多少爲他引來小人的嫉恨，不得不數次辭官隱退，儼然是父親劉景石的再現，然而，也正因爲有過如此的人生經歷，才能激盪出深刻的文學作品。

〔註26〕〔明〕宋濂等撰：《新校本元史并附編二種》，冊五，頁3162。
〔註27〕〔明〕宋濂等撰：《新校本元史并附編二種》，冊六，頁4136。

（二）經世濟民，關心國計民生

1. 政治才能的展現

劉敏中的政治理念和才能，可以自史傳及其上疏奏議中窺見一二，其內容大抵也反映出當時的官場情狀及社會弊端。如成宗大德癸卯（1303）秋，正值劉敏中奉使宣撫山北遼東道之際，大寧郡地震不已，乃陳九事於朝，以明治體：一曰重省臺，二曰明相職，三曰清省務，四曰正六官，五曰愼賞罰，六曰均榮辱，七曰嚴禁衛，八曰禁奢僭，九曰勵學校，俱見於〈奉使宣撫言地震九事〉〔註 28〕。重省臺，強調層級分工，事權歸一，避免干預朝政事；正六官，使六部能得其職；愼賞罰，使執法者皆能依理詳審精究，然後施行；均榮辱，對奉公守職者之親人均其榮，貪污敗政者，均其辱；嚴禁衛，凡出入天子之居者皆須嚴格把關；禁奢僭，避免擴大貧富差距；勵學校，改善官吏不識字的情況，並依能力拔擢人才。其中，又以明相職和清省務二事所舉弊端最爲嚴重：

> 宰相之私，大率有四，而貨賄不與焉。或恃勢以臨下，或固寵以媚上，或苟安而不爲，或畏禍而不言……爰自至元乙亥（1275）之後，老姦巨蠹，繼踵用事，所謂四私者極矣。一二十年間，居官爲吏者，惟知賄賂關節可以進身，憸佞薄刻可以得名，正直者指以爲狂，謹守者嗤以爲愚，不知有禮義廉恥也。

> 至元初年（1264），丞相到省，諸人無故不敢入外門……厥後一二十年間，巨姦繼作，相踵一途，羣小乘時，蟻聚蠅附，莫不苟緣公事，以濟私權……又每旦諸相入省，例引門下親信數輩諸人混入。森立滿堂，或偽或眞，互不能辨，內隱姦慝，亦莫可知。使郎吏啟覆於喧雜之中，執政可否於廝役之後，不惟泄漏政事，實爲虧損尊嚴。

針對如上情況，劉敏中都一一提出應對方式，無論糾舉彈劾私弊，或使官員分明事務及體制，都飽含對國政的關切之情。古人以爲天然災變乃是上天對人間提出的警訊，若有異變，則要檢討政治是否有缺失，這樣的認知，在現代社會看來或許荒謬，但在其時，未嘗不是一個肅清政治、改善民生的好機會。

〔註 28〕清文淵閣《四庫全書》本作〈奉使宣撫回奏疏〉。鄧瑞全、謝輝校點：《劉敏中集》，收入李軍等編：《元朝別集珍本叢刊》，頁 184～188。

成宗大德中（1305），劉敏中上書陳十事：整朝綱，省庶政，進善良，剔姦蠹，顯公道，杜私門，廣恩澤，實鈔法，嚴武備，舉封贈。亦皆一一切中時弊，皆可舉行。武宗即位時，召至上京，庶政多所更定，因商議中書省事，賜金幣有加。

劉敏中年輕時正直敢言，勇於針砭時弊，提出見解，老年亦然。皇慶改元（1312），庶事更新，當時劉敏中已是衰暮之年，但仍以宿儒及數朝老臣的身份受寵召至京，與議時政〔註29〕。在〈皇慶改元歲奏議〉一文中，劉敏中對於仁宗假權中書，異重憲臺這種急於圖治的情形感到憂心，希望仁宗能「謹更始之方，守已頒之制，提綱挈要，確然不移」。後獲聖上封賞，眷遇優異，屢承宴勞。

仁宗時，以恆暘暴風星芒之變，帝詔公卿集議弭災之道，劉敏中疏列七事，帝嘉納焉。在《翰林院議事》〔註30〕中，敏中率先提出五點治本方法，一是畏天，以為君主乃是代天育物者，必須「省躬以知懼，昭德而塞違，誠格政修，天意乃得」，始能化解災變。二是敬祖，須「思祖宗開基建業之不易，而遇是儆也，因益兢兢業業」。三是清心，「心得其正，則接物臨事之際，視聽言動，皆得其正，而無有謬誤乖戾之患」。四是持體，體為守法度以信萬民，「為君之道，在乎持大體，先有司，裁製予奪，必信必一」。五是更化，針對時弊，直指執法者所憂慮的三大問題：財用不足、選法撓亂、官府不治，提出使民力紓、人材多、祥瑞集、國勢盛的具體作為。後又增補二事，其一是察吏治，糾舉當時貪邪官吏，獎勵廉正的執法者，「嚴令戒敕內外官吏，皆當洗心易慮，奉公為民」。其二是除民患，公平賦稅，取締賄賂者，若「監臨有失防禁，罰俸標過，甚者降等。憲司不察，同坐」。在這七項建言及實施辦法裡，可以看出劉敏中處處以百姓的權益為考量，只有惠民廉政，得到民心支持，才是弭災之切務。

這些具有真知灼見的方針，無一不是透露劉敏中對朝政的憂心與期盼，

〔註29〕《元史‧本紀第二十四‧仁宗一》：「四年春正月庚辰，武宗崩……壬辰，日赤如赭。罷城中都。召世祖朝諳知政務素有聲望老臣平章程鵬飛、董士選，太子少傅李謙，少保張驢，右丞陳天祥、尚文、劉正，左丞郝天挺，中丞董士珍，太子賓客蕭㪟，參政劉敏中、王思廉、韓從義，侍御趙君信，廉訪使程鉅夫，杭州路達魯花赤阿合馬，給傳詣闕，同議庶政。」〔明〕宋濂等撰：《新校本元史并附編二種》，頁537。

〔註30〕清文淵閣《四庫全書》本作〈星變奏議〉。鄧瑞全、謝輝校點：《劉敏中集》，收入李軍等編：《元朝別集珍本叢刊》，頁180～183。

仕宦期間，他恪盡職守，貢獻一己之才，深得帝王的尊敬與厚愛。即便延祐初年劉敏中致仕歸鄉，然朝廷凡有碑銘文章等大制作，必遣使需其文，並使劉敏中得「半俸養老於家」〔註31〕，由此可見其政治貢獻。

2. 民胞物與的精神

劉敏中關心社會民生的一面，還可從其悲憫精神來看。他嘗因霪雨踰月，未見止期，唯恐百姓無安寧止息之處、作物凋傷腐壞，作〈祈晴祝文〉〔註32〕一文，吶喊「斯皆吏治所召，民殃何辜」，期望陰雲散去，開露天日。又，大德七年（1303），劉敏中宣撫遼東山北時，錦州雨水爲災，則發廩賑之。〈視水害回止桃花島開倉賑罹害者〉云：「萬樹浮根委亂流，長河改道失平疇。兒童遽合爲魚鼈，岸渚誰能辨馬牛。浮世勞生終汲汲，物情天意只悠悠。葦城城下官船米，何慰殘民卒歲憂。」〔註33〕〈感化謠〉中亦云：「錦州西南海茫茫，桃花島前感化鄉。羸民絡繹遮馬拜，且訴且泣令人傷。皆云二年田不熟，飢不足食寒無裳。……巡行使者官乃是，我極至此願審詳。殷勤下村爲遍閱，彼言不欺我涕滂。盡呼其眾加撫慰，此雖汝苦實夭殃。……開倉活汝誠我責，已檄太守星火忙。」〔註34〕字字道出人民的驚恐、對水患的憂心與疼惜百姓的心情。

又，曹元用〈勅賜故翰林學士承旨贈光祿大夫柱國追封齊國公劉文簡公神道碑銘并序〉載：

> 大德癸卯歲（1303），詔遣宣撫使七道分行天下。公出使遼東、山北，
> 其郡監若守令，多貴倖宗黨，恃勢暴橫，公壹繩以法。莇大寧巨刹，
> 公以其耗財蠹民也，遽止之。又以錦川民厄於霖潦，輒發軍糧以賑，
> 活三千五百人。遼省所治官冗政繁，悉汰去其尤不便者，公私利之。
> 振綱紀，敦風化，敷實惠，疑爲諸道之最。

〔註31〕〔元〕馬祖常：〈論加恩典〉：「前翰林學士承旨劉敏中，文采振發，學淳行美，精力未衰，斂身求退，高蹈之節，近世所無。理宜半俸，養老於家，激厲廉恥，有開治化。」李修生主編：《全元文》（南京：鳳凰出版社，2004 年 12 月），卷一〇三四，冊三十二，頁 395。

〔註32〕鄧瑞全、謝輝校點：《劉敏中集》，收入李軍等編：《元朝別集珍本叢刊》，頁 196。

〔註33〕鄧瑞全、謝輝校點：《劉敏中集》，收入李軍等編：《元朝別集珍本叢刊》，頁 266。

〔註34〕鄧瑞全、謝輝校點：《劉敏中集》，收入李軍等編：《元朝別集珍本叢刊》，頁 294。

公孝慈清介，氣嚴而和善，獎掖後進，使人人恨造請之晚。平生身
不懷幣，口不論錢，族屬貧不能自立者，割美田宅給之。親故以急
難告，周之益力，不以有無爲計。自奉薄甚，給賓祭則極豐。恒以
書史自娛，恬若無所營者。至其讚皇猷，決大議，援據今古，雍容
不迫，言論出人意表。每以時事爲憂，或鬱而弗伸，則戚形于色，
中夜歎息，至淚濕枕席。素無心於顯達，義不苟進，進必有所匡
救。〔註35〕

從這兩段敘述，可以瞭解劉敏中對剗除暴斂權貴、救災濟民、振興社會民生
等工作不遺餘力，甚至爲了時事擔憂不已，自勉「進必有所匡救」，卻唯恐無
能排解而嘆息落淚，實有先天下之憂而憂，後天下之樂而樂的胞與胸懷。

　　當年他的高祖劉照爲救旱災，發廩濟民；曾祖劉珂唯恐雪日有人挨餓受
寒，在門外煮粥分食；祖父劉鼎更在金末民生疲困時，推財發廩，賑乏食饑，
家族歷代都有慈悲濟人的心腸，劉敏中自是爲善不落人後，凡有急難，當下
便給予援助，不分貴賤，而且「自奉薄甚，給賓祭則極豐」；平素處理繁冗的
官務，也是以國計民生爲優先考量，注重實質的效益。

三、隱逸出世

　　關於劉敏中隱居的時間，就目前文獻資料可考者，約可區分爲六次：

　　第一次是至元二十五年（1288），當時彈劾桑哥不報後，由御史都司謝病
歸濟南。

　　隔年，劉敏中復起爲御史臺都事，累遷燕南肅政廉訪副使，入爲國子司
業，之後賦詩辭職，謝病歸濟南，開始長年隱居生活。詩云：「溶溶野水淡雙
鷗，閑殺斜陽影外秋。忽見沙邊有人立，貼雲飛去不迴頭。」表現出嚮往閒
淡悠遠的隱居思想。這是他第二次、同時也是最久的一次隱居生活，直到大
德三年（1299）才回至京師。隱居期間，他與好友皆有詩文來往，有過濟南
者，也都熱情邀訪。作於復出前一年的〈用前韻答杜彥明成伯謙見和〉：「逝
將返舊耕，脫此外物役。國恩無所報，回望空怵惕。」〔註36〕在這短短幾字
裡，隱含了對官場傾軋的不滿，險惡的政治環境，使得許多滿懷抱負的人無
處施展，甚至蒙冤受害，目睹並深受其害的劉敏中，自然會有深沉的慨嘆。

〔註35〕李修生主編：《全元文》，卷七五六，冊二十四，頁266。
〔註36〕鄧瑞全、謝輝校點：《劉敏中集》，收入李軍等編：《元朝別集珍本叢刊》，頁
　　　　228。

第三次隱居是大德八年春，當時劉敏中有西臺之命，卻病不果行，遂還繡江野亭。翌年，入爲集賢學士，商議中書省事，進階嘉議大夫，上疏陳十事。觀劉敏中之作，時有怨病魔侵擾之苦，如作於大德七年的〈湯泉詩序〉云：「余頃年風瘝所苦，諸藥莫驗，或言得湯泉浴之當已，求之未暇也。」〔註37〕其他作品，雖多未標注寫作年代，但大抵可知，其健康狀況從幼年起就不甚良好，到了晚年更是急速走下坡。

第四次隱居乃大德十一年，當時成宗駕崩，劉敏中因反對皇后稱制聽政，得罪掌權的後黨，被排擠出京。五月，武宗登極，召敏中至上京，結束暫隱生活。第五次爲至大元年（1308）春，劉敏中謝病歸章丘，居於繡水之上，卻心繫民生，如〈題杜東皋榆次詩卷後〉云：「去年春，余歸自京師，居繡江之野。屬歲饑，民間蕭然，余甚恐。」〔註38〕四年，劉敏中方以耆儒與議初政，出爲淮西肅政廉訪使，轉通奉大夫、山東宣慰使。延祐五年（1318），當時劉敏中爲病痛所苦，以疾辭歸繡水，是爲第六次歸隱。

在這幾次往返於京師和繡水的經歷中，除了第三次、第五次和第六次之隱是眞正屬於「以疾辭歸」外，其他都是和政治環境對抗下，不得已離去的結果。舉報權臣桑哥、力挺王約以及王位繼承人的爭奪戰，讓體內流著正直血液的忠臣，一再對朝廷失望、復又燃起希望，身陷於進退矛盾之中，即便人在江湖，也依然心懷魏闕。

四、交遊人物

在進入解讀詞文內涵之前，必先了解作者的心境，這除了可透過考證其家室背景和年代遭遇來掌握相關訊息外，考查交遊的情形，亦有助於掌握作品旨意。黃永武《中國詩學——鑑賞篇》說：

> 自來編纂詩文別集的人，每喜將作者與友朋酬唱之作，附載其中，
> 比列參看，常使詩義互見而益彰。所以要考查作者的交遊，對於這
> 些酬唱的詩人或詩中所提及的人氏，最宜注意。〔註39〕

〔註37〕鄧瑞全、謝輝校點：《劉敏中集》，收入李軍等編：《元朝別集珍本叢刊》，頁391。

〔註38〕鄧瑞全、謝輝校點：《劉敏中集》，收入李軍等編：《元朝別集珍本叢刊》，頁210。

〔註39〕黃永武：《中國詩學——鑑賞篇》（臺北：巨流圖書有限公司，2003年9月），頁265。

在《中庵集》中，出現了大量應制酬唱詩文，這代表著劉敏中在朝廷、文壇及日常交往上都具有相當的影響，觀察其所來往的對象和應答內容，更可進一步了解其爲人和心境。然而，其中所涉人物繁雜瑣碎，因此，筆者根據篩選從嚴又不失客觀的原則〔註40〕，統計有四百六十餘人。當中人物多爲一、二首的請託之作，不一定與作者往來密切，故以寫作次數爲準，取五次以上、交遊較爲頻繁者逐一介紹。計有十八人，依寫作次數多寡順序，列表如下：

對　象	題　　　　　　　目
1. 智仲敬	詩：〈尙志堂詩〉、〈聞智仲敬歸自曹南已而不果〉、〈和智仲敬〉三首、〈同潘君美智仲敬別深甫泛舟飲華峰下醉歸〉、〈酒樓飲有懷仲敬〉、〈智先生壽席和其弟智仲敬詩韻〉、〈清明與孫仲文智仲敬路君玉賞庭中杏花〉、〈再用韻謝智君昆仲見和〉、〈次李仲山和趙明叔韻呈仲敬〉、〈智仲敬餉乾菠薐〉、〈和仲敬見憶〉、〈壽仲敬〉、〈和魏鵬舉韻答仲敬〉、〈復和呈仲敬〉十首、〈醉中聽智仲敬誦詩喜而有作〉、〈閑中呈智仲敬〉、〈酬仲敬見和〉三首、〈酬仲敬復和〉、〈雨中睡覺呈智家兄弟〉、〈酬信仲敬見和〉二首、〈次韻答智仲敬餞行泰安〉、〈酬仲敬見和酒樓飲韻〉、〈次仲敬韻簡趙文卿〉二首、〈來繡江以麥送仲敬有詩見謝次其韻并簡趙文卿提舉〉二首、〈智夫人贊〉、〈智母贊〉 詞：〈木蘭花慢・八月二十五日爲仲敬壽〉、〈沁園春・仲敬吾友歸自曹南……〉、〈蝶戀花・次前韻答智仲敬〉、〈西江月・戲呈仲敬并其母兄〉 文：〈尙志齋記〉、〈訥齋先生眞贊〉、〈臘粥賦戲爲智仲敬作〉、〈東山賦〉 合計 34 次，共 50 篇（首）。
2. 魏鵬舉	詩：〈送鵬舉充奧魯萬戶府掾〉二首、〈次韻答魏鵬舉見和〉二首、〈髭鬚吟答魏鵬舉見示〉、〈別魏鵬舉〉二首、〈同魏鵬舉賦雪花酒〉二首、〈和鵬舉〉二首、〈送魏鵬舉再之奉高三十韻〉、〈和魏鵬舉秋夜有感韻〉二首、〈和魏鵬舉韻答仲敬〉、〈與魏鵬舉奕棋賭酒〉、〈同魏鵬舉賦燕營巢〉、〈和鵬舉冬日閑居〉五首、〈和鵬舉夜坐〉五首、〈和魏鵬舉春日村居韻〉四首、〈答魏鵬舉賦大銀詩〉、〈送魏鵬舉歸華亭〉 詞：〈蝶戀花・次韻答魏鵬舉〉、〈蝶戀花・又次前韻〉（簾底青燈簾外雨）、〈南鄉子・鵬舉兄致仕……〉、〈南鄉子・次韻答魏鵬舉〉、〈漁家傲・餞表兄魏鵬舉歸華亭寓居〉 合計 21 次，共 39 篇（首）。

〔註40〕　本文交遊人物選錄原則如下：(1)題目序文明示爲賀、贈、酬、送、答、寄、壽、和韻、次韻、簡韻等，計入；若所寄對象不止一人，悉皆計入。(2)題書畫、題堂記、題跋詩文詞卷等，富有應酬意味，亦當計入。(3)遇有請託徵言時，若與寫作對象並無關係，僅計入請託者；若寫作對象與劉敏中亦相識，則計入寫作對象與請託者。(4)壽某人之父母，則計入某人。(5)未確知姓名字號者，不計。如：諸君、友人、諸公、知己、貴游等。(6)與寫作對象並無來往者，不計。如：蒙節婦、王節婦、初孝子等。

3. 張古齋	詩：〈贈張受益〉、〈張受益送夾漈鄭先生通志略並古法帖〉、〈張受益既以異醞白牡丹〉、〈和受益送黃牡丹〉、〈題張受益古齋詩卷〉 詞：〈最高樓・次韻答張縣尹〉、〈最高樓・又次前韻〉（文章好）、〈最高樓・又前韻〉（江風遠）、〈最高樓・又次前韻〉（吾衰矣）、〈最高樓・古齋受益所居……〉、〈清平樂・古齋約余遊山……〉二首、〈清平樂・此篇促遊山〉〈清平樂・又次前韻〉（相親相望）、〈清平樂・又次前韻〉（功名休望）、〈清平樂・東皋晚望〉、〈清平樂・悠揚酒醒〉、〈鵲橋仙・張古齋送古銅研滴，書此爲謝〉 文：〈張古齋眞贊〉 合計 18 次，共 19 篇（首）。
4. 韓雲卿	詩：〈題韓雲卿參議漁莊圖〉、〈送蔡文振赴親衛軍兼簡密院韓雲卿〉、〈次韻韓雲卿雙峰詩〉二首、〈和韓雲卿江山勝槩樓賞月〉、〈中秋後二日雲卿重約賞月分韻得樓字〉二首、〈韓雲卿新居〉、〈雙峰詩並敍〉、〈次韓參議韻〉、〈無名亭詩〉四首 詞：〈念奴嬌・仲庸集賢以多日桃花並樂章贈漁莊公……〉、〈念奴嬌・又次前韻〉（看花須約）、〈沁園春・韓雲卿右司邀賞牡丹……〉、〈蝶戀花・雲卿寄長短句……〉 文：〈瑞藥序〉、〈韓雲卿眞贊〉 合計 15 次，共 20 篇（首）。
5. 智仲信	詩：〈鬱鬱澗上松爲智先生壽〉、〈寄智先生孫大夫村居〉二首、〈智先生壽席和其弟智仲敬詩韻〉、〈再用韻謝智君昆仲見和〉、〈壽智先生二十六韻〉、〈雨中睡覺呈智家兄弟〉、〈酬仲信仲敬見和〉二首、〈和智仲信秋熟〉、〈聽智先生彈琴並序〉、〈智夫人贊〉、〈智母贊〉 詞：〈木蘭花慢・壽大智先生〉、〈西江月・戲呈仲敬並其母兄〉、〈婆羅門引壽大智先生〉 合計 14 次，共 16 篇（首）。
6. 王彥博	詩：〈野亭十詠〉、〈冬至和彥博〉、〈和王彥博都事韻〉、〈王彥博尚書失子〉、〈次韻答王彥博禮部〉 詞：〈木蘭花慢・適得醉經樂章，讀未竟而彥博尚書有兵廚之餉……〉、〈玉樓春・次韻答王太常〉、〈減字木蘭花・王彥博尚書由邢部遷禮部之明日……〉 文：〈獻州李尹餞行詩序〉 合計 9 次，共 18 篇（首）。
7. 郭安道	詩：〈秋思次韻答郭安道御史〉二首、〈送郭安道赴濟南經歷〉二首、〈和金治中郭安道避暑韻〉、〈次郭安道韻〉、〈郭安道設罾得魚戲贈〉三首、〈和買罾韻呈安道〉三首、〈寄西野尚書〉 詞：〈清平樂・西野內翰奉使寄示佳篇……〉、〈清平樂・次前韻〉（經春閉户） 合計 9 次，共 15 篇（首）。
8. 杜醉經	詩：〈杜左轄山居十詠〉、〈雨歊和杜侍郎韻〉二首、〈留別杜醉經侍御〉、〈送杜左丞鎮四川〉、〈呈杜侍御〉、〈九日和戶部杜侍郎韻〉 詞：〈木蘭花慢・適得醉經樂章，讀未竟而彥博尚書有兵廚之餉……〉、〈西江月・壽杜醉經左丞〉 合計 8 次，共 18 篇（首）。
9. 趙子昂	詩：〈次韻答趙子昂同知〉二首、〈次韻答子昂見示〉三首、〈又和子昂三絕句〉、〈謝趙子昂惠胡椒〉、〈書趙子昂寫老杜驄馬行卷後〉 文：〈跋趙子昂畫馬圖〉 合計 7 次，共 12 篇（首）。

10. 趙文卿	詩：〈賦趙文卿溫石瓢杯〉四首、〈次仲敬韻簡趙文卿〉二首、〈再賦趙文卿溫石瓢杯〉、〈來繡江以麥送仲敬有詩見謝次其韻併簡趙文卿提舉〉二首
	詞：〈蝶戀花・文卿良友……〉、〈鵲橋仙・以紗巾竹扇爲趙文卿壽〉、〈浣溪沙・賀趙文卿新娶〉
	合計 7 次，共 12 篇（首）。
11. 暢泊然	詩：〈慶暢純甫御史改官便養〉
	詞：〈滿江紅・次韻答暢泊然〉、〈滿江紅・病中又次前韻〉（北去南來）、〈滿江紅・又次前韻〉（我笑前人）、〈沁園春・暢泊然純甫由山東僉憲謝病歸濟南……〉、〈沁園春・次前韻〉（別後何如）、〈六州歌頭・暢純甫與姚牧庵郓城會飲……〉二首
	合計 7 次，共 8 篇（首）。
12. 張敬甫	詩：〈張敬甫三樂圖榮啓期事〉、〈同張敬甫沈仲文劉氏園賞牡丹〉、〈張敬甫學圃亭〉、〈又題絕句二首〉
	詞：〈念奴嬌・大德己亥多……〉、〈浣溪沙・元夕前一日，大雪始霽，子京、敬甫兩張君過余繡江別墅……〉、〈浣溪沙・次前韻〉（世事恆河水內沙）
	合計 7 次，共 8 篇（首）。
13. 張子京	詩：〈張子京三山堂〉、〈賦張子京盆荷〉四首
	詞：〈浣溪沙・元夕前一日，大雪始霽，子京、敬甫兩張君過余繡江別墅……〉、〈浣溪沙・次前韻〉（世事恆河水內沙）、〈感皇恩・張子京以春臺子瞻椅見許，以詞催之〉
	文：〈浸竹記〉
	合計 6 次，共 9 篇（首）。
14. 曹幹臣	詩：〈次韻曹幹臣〉二首、〈復次幹臣韻〉、〈次韻幹臣寓懷〉、〈秋夜寄曹幹臣〉
	文：〈送曹幹臣之陽丘序〉
	合計 5 次，共 6 篇（首）。
15. 高提學	詩：〈慶高提學九十〉、〈壽高提學〉、〈壽高提學〉二首、〈壽高提學八十〉
	文：〈壽高提學頌並引〉
	合計 5 次，共 6 篇（首）。
16. 石仲璋	詩：〈次韻石仲璋廉訪避暑詩〉、〈送石仲璋廉訪西歸〉、〈用前韻重寄石仲璋〉、〈送石仲璋赴河南廉使〉
	詞：〈浣溪沙・賀石仲璋侍御父年八十五……〉
	合計 5 次，共 5 篇（首）。
17. 安思承	詩：〈送安思承赴四川提刑副使〉、〈和答安思承憲使二絕句〉、〈上都長春觀和安御史于都事陳秋巖唱和之什〉、〈依韻酬安御史〉二首、〈和安思承二絕〉
	合計 5 次，共 17 篇（首）。
18. 趙子溫	詩：〈趙僉憲監試東平歸〉
	詞：〈玉樓春・次韻答趙僉事〉、〈玉樓春〉（米如珠玉薪如桂）、〈玉樓春〉（尋常聚散頻驚歲）、〈玉樓春〉（野亭正在溪山際）
	合計 5 次，共 5 篇（首）。

（一）智仲敬，本名智京，仲敬為其字，自號訥齋，夙敏而有才，元初為曹州儒學教授，築「尚志齋」而居。劉敏中〈尚志堂詩〉形容其為人：「出入何坦坦，獨作囂囂遊。勢利不得詘，貧賤非所羞。我起為三歎，傑哉真吾儔。」〔註41〕〈訥齋先生真贊〉亦云：「風神超然，雍容以閑，而胸中剛直正大之氣，充乎兩間。」〔註42〕又，作於至元六年（1269）的〈尚志齋記〉提及其交友關係：「余與子游二十年矣，知子之悉者莫如余。」〔註43〕〈再用韻〉：「與君少小聚嬉戲，揆也如愚君頗智。君先卓立我猶懦，情愛相將見君意。雞窗事業十餘秋，詩壇酒陣陪君遊。感君慷慨不我棄，自慚青蒿倚松楸。」〔註44〕可知智仲敬為人坦蕩剛直，乃劉敏中的知己好友。其與智仲敬的詩文往來，多談人生、同遊賞花及飲酒之樂、健康狀況、生活感懷、贈與謝詞、祝賀壽慶及餞行等。

（二）魏鵬舉，本名魏有翼，鵬舉為其字，海州人，為劉敏中之表兄。曾充奧魯萬戶府掾、由烏江簿入臨京倉。至元二十九年（1292）任鎮江路判官，元貞二年（1296）得代。劉敏中與其詩文來往，多涉及送別、生活感懷、下棋、飲酒及祝賀等內容。

（三）張古齋，本名張謙，字受益，濟南人。至元間為江浙省掾，後調京師，除本省檢校，大德中累遷秘書監丞。平素蓄古物甚富，以博古稱，自號古齋。劉敏中〈張古齋真贊〉敘其人格：「寓跡宦途，獨鶴往來。或脫略畛畦，與造物者同往；或撫摩彝器，邈太始以為懷。或枕石而聆潺湲，或梯飈而履崔嵬。」〔註45〕其所往來詩文內容有贈別、詠物贈與及自得悠閑的生活情趣和感懷等。

（四）韓雲卿，本名韓從益，雲卿為其字，別號漁莊，安陽人，澍子，家有無名亭。累官江浙行省參政，入為翰林侍講，至治三年（1323）拜昭文

〔註41〕〔元〕劉敏中著；鄧瑞全、謝輝校點：《劉敏中集》，收入李軍等編：《元朝別集珍本叢刊》，頁238。

〔註42〕〔元〕劉敏中著；鄧瑞全、謝輝校點：《劉敏中集》，收入李軍等編：《元朝別集珍本叢刊》，頁172。

〔註43〕〔元〕劉敏中著；鄧瑞全、謝輝校點：《劉敏中集》，收入李軍等編：《元朝別集珍本叢刊》，頁25。

〔註44〕〔元〕劉敏中著；鄧瑞全、謝輝校點：《劉敏中集》，收入李軍等編：《元朝別集珍本叢刊》，頁346。

〔註45〕〔元〕劉敏中著；鄧瑞全、謝輝校點：《劉敏中集》，收入李軍等編：《元朝別集珍本叢刊》，頁169。

館大學士、商議中書省事。卒贈右丞魏郡公，諡文肅。劉敏中〈韓雲卿眞贊〉形容其人格風範：「神形于于，辭氣舒舒，靡剛靡柔，匪瓲匪徐。其蘊也，寂若不足；其發也，沛焉有餘。莫或得而親，亦莫得而疏。」〔註46〕二人來往詩文主題包括題詠圖畫、新居之賀、生活感懷及同遊之樂等。

　　（五）智仲信，爲智仲敬之兄長，有琴藝，劉敏中每稱「智先生」。劉敏中〈聽智先生彈琴並序〉云：「吾師老先生，其行己也恭，其事上也敬，其接人也信，其遇物也仁，其裁事也智，貴不能屈其道，貧不能易其志，而常以琴爲友，鼓之自適，未嘗不怡怡如也。……揆以不才，辱奉訓誨，門下有年矣，下愚不移，日深媿赧。」〔註47〕從中可知智先生爲人處世之道，以及二人之師友關係。其所往來詩文大抵爲賀壽、人生感懷、生活雜感及勸慰等。

　　（六）王彥博（1252～1333），本名王約，彥博爲其字，眞定人。性穎悟，風格不凡。從中丞魏初游，博覽經史，工文辭，務達國體，時好不以動其心。至元十三年（1276），翰林學士王磐薦爲從事，承旨魯火孫以司徒開府，奏授從仕郎、翰林國史院編修官，兼司徒府掾。既而辟掾中書，除禮部主事。二十四年遷監察御史，授承務郎。首請建儲，及修史事。時丞相桑哥銜參政郭佑爲中丞時奏誅右丞盧世榮等，故誣以他罪，約上章直佑冤。按治成都鹽運使王鼎不法，罷官除名，轉御史臺都事。南臺侍御史程文海入言事，多斥桑哥罪。桑哥怒，又以約與之表裏，六奏殺之，上不從。約以隴西地遠，請立行臺陝西，詔從之。三十一年，遷中書右司員外郎，成宗即位，調兵部郎中，改禮部郎中，拜翰林直學士、知制誥同修國史，除太常少卿，歷刑部尙書。大德十一年（1307）遷禮部尙書。至大間擢太子詹事丞，進副詹事，仁宗敬禮之。仁宗立，拜河南行省右丞，皇慶改元，召爲集賢大學士，延祐二年（1315）除樞密副使。至治二年（1322）致仕，三年，丞相拜住一新政務，尊禮老臣，傳詔起約，復拜集賢大學士，商議中書省事，以其祿居家，每日一至中書省議事。至順四年（1333）二月卒，年八十二。著有《史論》三十卷、《高麗志》四卷、《潛丘藁》三十卷，《元史》卷一百七十八有傳。劉敏中言及王約者，多敍野亭風情、心緒感懷、人生哲理、謝詞、壽詞及請

〔註46〕〔元〕劉敏中著；鄧瑞全、謝輝校點：《劉敏中集》，收入李軍等編：《元朝別集珍本叢刊》，頁172。

〔註47〕〔元〕劉敏中著；鄧瑞全、謝輝校點：《劉敏中集》，收入李軍等編：《元朝別集珍本叢刊》，頁400。

託爲文之作等。

　　（七）郭安道（1250～1331），本名郭貫，安道爲其字，號西野，保定清苑人。以才行見推擇，爲樞密中書掾，調南康路經歷，擢廣西道提刑按察司判官，會例格，授濟南路經歷。至元二十七年（1286）累遷監察御史，三十年，僉湖南肅政廉訪司事。大德初，遷湖北道，五年（1301）僉江西道，賑恤饑民，有惠政，入爲御史臺都事，八年，遷集賢待制，進翰林直學士，十一年除河東廉訪副使。至大二年（1309），入爲吏部考功郎，遂拜治書侍御史。四年，除禮部尚書，帝親書其官階曰嘉議大夫，以授有司。皇慶元年（1312），擢淮西廉訪使，尋留不遣，改侍御史，俄遷翰林侍講學士，明年，出爲淮西廉訪使。延祐二年（1315），召拜中書參政，明年，進左丞，加集賢大學士，五年，除太子詹事。六年，加太子賓客，謁告還家。至治元年（1321），復起爲集賢大學士，尋致仕。泰定元年（1324），遷翰林學士承旨，不起。至順二年（1331）年，以疾卒，年八十二。贈光祿大夫、河南行省平章政事、杜國，追封蔡國公，謚文憲。《元史》卷一百七十四有傳。劉敏中〈送郭安道赴濟南經歷〉其二云：「識君十載苦思君，玉潔春溫未要論。」〔註48〕兩人爲多年知交，詩文所敘包括相思懷抱、送行、生活雜感及病中感懷等。

　　（八）杜醉經（1235～1320），本名杜思敬，字敬夫，一字亨甫，醉經爲其號，晚號寶善老人，汾州西河人，寓沁州，豐第三子。事世祖潛邸，由鎮撫累遷治書侍御史，歷戶部侍郎、中書郎中，出爲順德路總管，改安西，就僉陝西省事，移汴梁路總管，入爲侍御史，拜中書參政，改四川行省左丞，疾不赴，致仕家居，輯醫方爲《濟生拔萃》十九卷。延祐七年卒，年八十六，謚文定。劉敏中詩文所及多爲生活雜詠感懷、留別、仕宦心情及祝壽等。

　　（九）趙子昂（1254～1322），本名趙孟頫，字子昂，號松雪道人，湖州人，宋宗室。性通敏，未冠試中國子監，不及仕而宋亡。至元二十三年（1286）行臺侍御程鉅夫，奉詔搜訪遺逸於江南，得孟頫，後奉詔入朝議法，不敢不言。二十四年授兵部郎中，二十七年遷集賢直學士。帝欲使孟頫與聞中書政事，孟頫固辭，有旨令出入宮門無禁。每見，必從容語及治道，多所裨益。二十九年出爲濟南路同知。成宗立，召修《世祖實錄》及《金書藏經》，事畢辭歸，大德三年（1299）仍授集賢直學士、提舉江浙儒學，遷泰州尹，未上。

〔註48〕〔元〕劉敏中著；鄧瑞全、謝輝校點：《劉敏中集》，收入李軍等編：《元朝別集珍本叢刊》，頁311。

至大三年（1310）召之京師，拜翰林侍讀，因與他學士撰定祀南郊祝文，及擬進殿名，議不合，尋復辭歸。仁宗即位，除集賢侍講、中奉大夫，延祐元年（1314）改翰林侍講學士，遷集賢侍講學士、資德大夫。三年，拜翰林學士承旨、榮祿大夫，帝眷之甚厚，以字呼之而不名。六年，請老歸，帝遣使賜衣幣，趣之還朝，以疾，不果行。至治二年卒，年六十九。追封魏國公，諡文敏。有《松雪齋文集》十一卷，又工書善畫，冠絕一時，頗掩其經濟之才與文章之名。《元史》卷一百七十二有傳。劉敏中與之所敘大抵爲生活感懷、病老情懷及感謝贈與之辭。

（十）趙文卿，嘗爲提舉，有《嘉山詩卷》。劉敏中〈蝶戀花〉詞序云：「文卿良友，素守確然，迥拔流俗，世所難能也。」可略知其品格操守。劉敏中詩文中多敘詠物、心緒感懷、祝壽賀娶及題跋圖畫等內容。

（十一）暢泊然（1247～1317），本名暢師文，純甫爲其字，號泊然，南陽人，徙襄陽。幼警悟，家貧無書，手錄口誦，過目輒不忘。至元五年（1268），陳時政十六策，丞相安童奇其才，辟爲右三部令史。十二年，從丞相伯顏平宋，十三年，編《平宋事蹟》上之。十四年，授東川行樞密院都事，盡心贊畫，多所裨益。十六年，安西王承制改四川北道宣慰司經歷，尋除承直郎、潼川路治中。十九年，承制改同知保寧路事，治尚平簡，反側以安。二十二年，僉西蜀四川道提刑按察司事。二十三年，拜監察御史，糾劾不避權貴，上所纂《農桑輯要》書。二十四年，遷陝西漢中道巡行勸農副使，置義倉，教民種藝法。二十八年，改僉陝西漢中道提刑按察司事。時更提刑按察司爲肅政廉訪司，就僉本道肅政廉訪司事，黜姦舉才，咸服其公。三十一年，徙山南道，罷民役、治祛惡不法。大德二年（1298），改山東道，入爲國子司業，七年，除陝西行中書省理問官，決滯獄，不少阿徇。頃之，以疾家居。九年，擢陝西漢中道肅政廉訪副使，又以疾不赴。十年，改太常少卿、轉翰林侍讀學士、朝請大夫、知制誥同修國史。至大元年（1308），修《成宗實錄》，賜鈔一百錠，不受。時制作多出其手。二年，加少中大夫。三年，請補外任，出爲太平路總管，時大旱，師文捐俸致禱，不數日，澍雨大降，遂爲豐年。皇慶二年（1313）復召爲翰林侍讀學士、中奉大夫、知制誥同修國史，奉旨撰文，賜銀貳鋌，不受。除燕南河北道肅政廉訪使，以病去官。延祐元年（1314），徵拜翰林學士、資德大夫，行至河南，復以病歸襄陽。四年秋，考河南鄉試歸，次襄縣，卒於傳舍，年七十一。追諡文肅。《元史》卷一百七十

有傳。劉敏中多向其言慶賀之辭、病懷愁緒及人生感懷等。

（十二）張敬甫，本名張德聚，敬甫為其字，晉寧人。大德己亥（1299）時為中書掾，延祐四年（1317）為興和路治中。劉敏中〈念奴嬌〉詞序言及二人相識經過、情誼互動和敬甫為人，中云：「大德己亥冬，余再至京師，聞中書掾東平張君敬甫以練達俊偉遊諸公間，名聲籍籍。已而識君於王禮部彥博家，歲餘，君掾秩滿，出尹余鄉陽丘。陽丘大縣，繁阜難治，君至，剔疣抉蠹，善政日聞。甲辰春，余還繡江野亭，實邇縣郛，君苟有暇，必從容就余，嘯詠相忘，追泉石之樂。是歲十月，君受代，自爾來益數，情益欵，而知益以深。」其餘作品，則多言遊賞之樂、題跋園亭、生活雅懷及感傷思念之情。

（十三）張子京，號西泉，監郡建昌，有三山堂。劉敏中有題堂記、詠物及生活雅懷之作。

（十四）曹幹臣，為陽丘邑人，劉敏中〈送曹幹臣之陽丘序〉〔註49〕云其幼年就學於濟南高敬齋，因「植志堅固，而材思澹捷，先生愛之」。後經高敬齋推薦，以為陽丘邑學校官，時在至元九年（1272）。劉敏中所寄詩文，或敘人生感懷，或為贈別序文。

（十五）高提學，生平事歷不詳。劉敏中多有祝壽之詞。

（十六）石仲璋，大德四年（1300）之冬十月，由侍御赴河南肅政廉訪使。劉敏中有對其歌頌、懷念及送別之辭。

（十七）安思承，名不詳，號竹齋，磁州人。劉敏中〈滿江紅〉詞序記其深交情誼：「至元丙戌（1286），敏中與廣平安思承同為御史，吾二人者，仕同，道同，齒同，而志意又同，以是交甚欵。」至元二十五年（1288）遷四川提刑副使，後還京為工部侍郎，終山東道肅政廉訪使，贈樞密副使武威郡公，諡忠肅，有《竹齋詩集》。劉敏中詩文多有送別、自敘懷抱及生活雜感之辭。

（十八）趙子溫，細部生平不詳，僅劉敏中作於大德十年（1306）冬〈書邵知事贐行詩卷後〉有言「僉憲廣平子趙公」、「子溫僉外臺，為執法，執法無妄與」等句。其餘詩詞多為接迎、懷思及邀遊之辭。

以上十八人，無論在顯赫的仕宦經歷，或是正直廉潔的人格品行上，幾

〔註49〕〔元〕劉敏中著；鄧瑞全、謝輝校點：《劉敏中集》，收入李軍等編：《元朝別集珍本叢刊》，頁154。

乎與劉敏中有相仿之處，當中除了魏鵬舉屬親人、智仲信有師友關係外，其
餘都是劉敏中在官場上所往來的同僚或長官。然而劉敏中與他們的交誼，卻
是比一般應酬祝賀的同僚還要親密，並形成一特定交友圈，彼此邀約，互贈
詩文，敘談心事，成為心靈上相互扶持的知交。

第二節　《中庵集》及《中庵樂府》的版本概況

　　劉敏中有雜史《平宋錄》及詩文詞合集《中庵集》傳世。《平宋錄》一名
《大元混一平宋實錄》，又名《丙子平宋錄》，有三卷，記載至元十三年（1276）
元軍巴顏攻下臨安及宋幼主北遷之事〔註50〕。《中庵集》，全名《中庵先生劉
文簡公文集》，元刻本載有二十五卷，大典本（亦即四庫本）則載二十卷，今
所見《中庵樂府》則是由《中庵集》獨立輯出，因其有版本上的異同，故於
敘述中探討。

一、《中庵集》的面貌

（一）《中庵集》的刊刻流傳

　　劉敏中的詩文全集，於元文宗至順年間（1330～1333）開始編纂，成於
元統二年（1334）或稍後，由敏中之女婿魏誼所主編，當時他正由中書戶部
尚書出為江淮財賦都總管。元刻本吳善〈中庵集序〉言：

> 以中閣先生劉公遺文自隨，屬府事清暇，擇屬吏之有文者劉灝、鄭
> 鎮孫，共編次之，錢唐葉森景修為之校正，碑銘、墓誌、序贊、記
> 傳、辭賦、古詩，凡若干篇，離為幾卷。府之僚佐爭欲捐金鋟梓，
> 公曰：「吾終不可以私事瀆公議也。」已而左轄耿公文叔、參政王公
> 叔能、憲副吾實吉泰公聞而嘉其事，下其書江浙儒司，以贍學羨錢

〔註50〕《平宋錄》三卷，舊題杭州路司獄燕山平慶安撰。按《欽定四庫全書總目提
　　　　要》：「此書黃虞稷《千頃堂書目》以為劉敏中作，今案《周明序》，稱平慶安
　　　　頃于行省，奏加巴顏封諡，建祠于武學故基，武成王廟之東。且鋟梓王行實
　　　　行于世。後又有『大德八年甲戌月（案：大德八年為甲辰，九月當建甲戌，
　　　　此蓋當時習俗之文，不合古例，謹附識於此），燕山平慶安開版印造《平宋錄》』
　　　　一行，俱不言新著此書。是此書實劉敏中所撰，慶安特梓刊以傳。後人以其
　　　　書首不題敏中姓名，未加深考，遂舉而歸之慶安耳。」是以《平宋錄》三卷
　　　　當是元劉敏中所撰。〔清〕紀昀總纂：《四庫全書總目提要》（石家莊：河北
　　　　人民出版社，2000年），卷五十一，頁1419。

成之。〔註51〕

此序寫於元統二年，參與編輯者尚有劉灝、鄭鎮孫，由葉森景爲之校正。編成後，由於經費不足，未能立即刊刻，雖有官府要員欲樂捐促成，魏誼卻以不能以私害公之由婉拒。直待耿文叔、王叔能、吾實吉泰等人投書推薦給與劉敏中有所交誼的吳善，吳善方以贍學經費幫助印行。〔註52〕

　　明初修撰《元史》時，劉敏中本傳載有《中庵集》二十五卷，乃指元刻本而言。待明成祖修撰《永樂大典》時，所據的《中庵集》已非元刻本二十五卷〔註53〕。此後，明代關於《中庵集》的流傳則是非常稀少，官方書目或僅載其名，不見其書，或者根本不載，民間目錄著錄亦是寥寥無幾。《四庫全書總目提要》云：

> 元史載劉敏中《中庵集》二十五卷。《文淵閣書目》作五冊，不著卷數。梁維樞《內閣書目》不載其名，則是時官書已佚。明藏書之家惟葉盛《綠竹堂書目》僅著於錄，亦無卷數。黃虞稷《千頃堂書目》雖有其名，而獨作三十五卷，與史不符。蓋虞稷所列諸書，乃遍徵各家書目爲之，多未親見其本，故卷數多訛，存佚不確，未可盡援爲據也。〔註54〕

姑且不論黃虞稷所著錄之三十五卷是否可能眞爲本人親見，卻因筆誤之差而與史不符。至少從《文淵閣書目》的成書年代來看，在明英宗之後的目錄學家們，多半未能親見《中庵集》面貌。

〔註51〕〔元〕劉敏中著；北京圖書館古籍出版編輯組編：《中庵先生劉文簡公文集》（北京：書目文獻出版社，1988 年《北京圖書館古籍珍本叢刊》本），冊九十二，頁 248。

〔註52〕〔元〕吳善〈中庵集序〉：「予待罪翰林，時公爲國子祭酒，嘗爲先大父文康公賦晚蓮堂，今公之書，予又獲董成之，故摭其實以爲序，覽者庶知予之非僭也。」〔元〕劉敏中著；北京圖書館古籍出版編輯組編：《中庵先生劉文簡公文集》，《北京圖書館古籍珍本叢刊》本，冊九十二，頁 248。

〔註53〕根據鄧瑞全和謝輝之考定，其理由有四：第一，《永樂大典》本和元刻本所收詩文數量上有所差異。一些文章或詩詞四庫本有而元刻本無，有些詩本兩首，元刻本僅存其一，而四庫本則兩首並存，或組詩同有四首，然四庫本之第四首卻不在元刻本四首之中。第二，同一篇目名稱有差異。第三，同一詩文內容有差異。第四，元刻本之詩文多脫去寫作年代及序注。則以元刻本刊刻於元統二年，可推斷元統二年至明永樂初年《永樂大典》成書這七十餘年間，又有人陸續收集劉敏中的遺文，重爲之編纂成書，此後亡佚，《永樂大典》所據者當是此本。見〈劉敏中《中庵集》考論〉，頁 14～15。

〔註54〕〔清〕紀昀總纂：《四庫全書總目提要》，卷一六七，頁 4292。

　　直至清乾隆時期，開四庫館廣徵天下書籍，館臣遍尋此書不得，遂從《永樂大典》中搜羅編輯成二十卷〔註 55〕，此後《中庵集》遂分元刻本和大典本兩大系統。依其版本流傳情形，以圖表示意如下：〔註 56〕

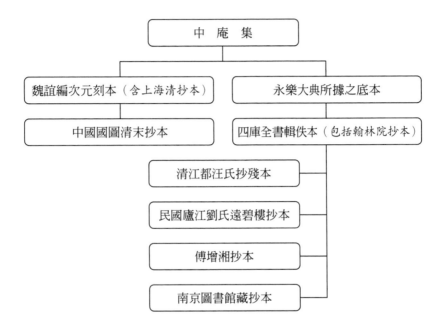

1. 大典本

　　清中葉前的《中庵集》流傳，乃以大典本爲主，據鄧瑞全、謝輝〈劉敏中《中庵集》考論〉、中國國家圖書館及其中國古籍善本目錄導航系統〔註 57〕、上海圖書館古籍書目數據庫〔註 58〕、臺灣國家圖書館及其中文古籍書目資料庫〔註 59〕等的交叉比對。由此而出的鈔本計有四種：

〔註 55〕　〈中庵集二十卷提要〉：「今從永樂大典所載搜羅裒輯，以類編次，尚可得二十卷，則所佚者不過十之二三矣。」〔清〕紀昀總纂：《四庫全書總目提要》，卷一六七，頁 4292。

〔註 56〕　本表引自鄧瑞全、謝輝：〈劉敏中《中庵集》考論〉，頁 15，並稍做修正，原作「元刻本二十五卷（魏誼編次）」，今補清抄本入，改「魏誼編次元刻本（含上海清抄本）」；原作「清末抄本」處，爲避免與前一抄本混淆，改「中國國圖清末抄本」。

〔註 57〕　中國國家圖書館：http://www.nlc.gov.cn/；中國古籍善本目錄導航系統：http://202.96.31.45/。

〔註 58〕　上海圖書館古籍書目數據庫：http://search.library.sh.cn/guji/。

〔註 59〕　臺灣國家圖書館：http://www.ncl.edu.tw/mp.asp?mp=2；中文古籍書目資料庫：http://ccs.ncl.edu.tw/rbookhtml/rbookhtml/nclrbook.htm。

（1） 清江都汪氏鈔本

僅存十一卷五冊（卷八至卷十八），半頁八行，行二十一字，無行格。有汪中、黃丕烈等人手校，「甘泉汪氏抄秘本之一」、「容夫校定」、「藝芸書舍」、「蕘圃手校」、「蕘翁」、「顧廣圻印」等印鑑，及黃丕烈、顧廣圻、陳鱣、沈生等人跋語。此本爲汪中從掌理閣書時所鈔藏，後轉歸黃丕烈所有，迭經汪士鐘、沈生氏等人收藏，是爲善本，今存臺灣故宮博物院。〔註60〕

（2） 清傅增湘鈔本

二十卷，目錄二卷，六冊，半頁十行，行二十一字，黑格，細黑口，四周單邊，爲傅氏據法氏善藏文津閣本傳寫。傅氏於抄錄完後，於 1928 年一校，又於 1931 年以元刻本校勘，但舛失過多，不能悉正，並非善本，現藏中國國家圖書館。

（3） 民國廬江劉氏遠碧樓抄本

二十卷，三冊，紅格，未知所出，現藏上海圖書館。

（4） 南京圖書館藏清鈔本

爲配鈔本，卷一至六、十七至二十配另一清抄本，疑爲清丁丙所抄錄。蓋因 1860 年杭州文瀾閣四庫全書散佚，丁丙曾積極蒐集、補抄，其《八千卷樓書目》載有《中庵集》抄本二十卷，於 1907 年將所藏書目全部售予南京江南圖書館。

另在中國國家圖書館有清乾隆間翰林院抄本二十卷，三冊，八行二十一字，紅格，白口，四周雙邊，此係四庫本《中庵集》底稿，不再計入。

2. 元刻本

元刻本《中庵集》全名《中庵先生劉文簡公文集》，爲國寶級之稀有孤本，現存於臺灣故宮博物院。此本二十五卷，二十四冊，十一行二十一字〔註61〕，黑格，爲元元統二年（1334）江浙儒司刊本，上有清同治九年（1870）楊紹和手書題識。據〈劉敏中《中庵集》考論〉所考，此書屢經清怡親王府、韓

〔註60〕 國立故宮博物院善本古籍資料庫：

　　　　 http://npmhost.npm.gov.tw/tts/npmmeta/RB/RB.html。

〔註61〕 鄧瑞全、謝輝〈劉敏中《中庵集》考論〉云：「今日所見之元刻本，半頁十一行，行二十二字，細黑口雙欄。」然細察國立故宮博物院善本古籍資料庫所提供之元刻本書影及趙萬里〈中庵樂府序〉，實爲半頁十一行，行二十一字，顯然與該文有出入，此以故宮博物院所建立之檔案爲主。

泰華、楊彥和等人收藏，後爲趙萬里先生購得，校錄其中樂府二卷，收錄於
1931 年出版的《校輯宋金元人詞》中。其《中庵樂府》序云：

> 劉敏中《中庵集》，韓小亭玉雨堂有元刻本。邵懿辰撰《四庫簡明目
> 錄標注》時似見之，顧久已無可蹤跡。近估人有持聊城楊氏書求售，
> 則元刻本《中庵集》二十五卷赫然在焉，篇首題中庵先生劉文簡公
> 文集，下題正議大夫前户部尚書魏誼編類。半葉十一行，行二十一
> 字，卷後有後學葉森校正一行，元刻《玉海》亦森所手校，而森爲
> 錢塘人，知此本乃浙刻矣。〔註62〕

從序中即可清楚知道元刻本的流傳及排版情形。另經搜索發現，尚有一〈劉
敏中《中庵集》考論〉中所未載的二十五卷清抄本，十一行二十一字，無格，
藏於上海圖書館，應爲此元刻本所出。

而由此刻本而流傳的清抄本有一種，二十五卷，十冊，十行二十四字，
無格，曾被傅增湘父子所收藏，現存於中國國家圖書館，爲目前元刻本流傳
較廣的版本，北京圖書館古籍珍本叢刊亦據此本影印。〔註63〕

（二）《中庵集》的版本特色

《中庵集》分元刻本系統和大典本系統，前者爲初刻之本，爲二十五卷；
而四庫本則輯自《永樂大典》，僅二十卷，不全。就內容而言，元刻本所收詩
文大大多於四庫本，在文獻上的價值自然較高，然而，卻因元刻本大量使用
異體字和俗體字、內容頗有脫漏，使得上下文意窒礙難通，以及字句錯謬、
目錄編次不夠嚴謹，與正文篇名不同、次序錯亂、脫漏篇名等問題。

四庫本的卷次雖然少於元刻本，然因隸屬於不同系統，又經四庫館臣的
校正修改，可資以對照元刻本的謬誤。但其問題則在脫漏文字、竄入他文、
更改譯名等方面，可見兩個版本各有優缺，即便兩相參定，也多須修改之
處。

今見北京圖書館影清抄本之元刻本，其目錄編次如下：碑記三卷、碑銘
墓誌八卷、序二卷、銘贊頌一卷、表牋冊奏議一卷、經疑策問雜著一卷、賦
詩七卷、樂府二卷。而四庫全書本之目錄編次爲：賦騷詩五卷、詩餘一卷、

〔註62〕趙萬里校：《校輯宋金元人詞》（臺北：臺聯國風出版社，1972 年 3 月）。
〔註63〕〔元〕劉敏中著；北京圖書館古籍出版編輯組編：《中庵先生劉文簡公文集》
　　　　（北京：書目文獻出版社，1988 年《北京圖書館古籍珍本叢刊》本），冊九十
　　　　二。

表奏議一卷、書啓序二卷、題跋一卷、記三卷、碑五卷、雜著一卷、墓銘一卷。以詩卷而言，元刻本五言七言交雜放置，四庫本則依其詩體分類排序，可見四庫本之分類比元刻本細膩。

在《中庵集》裡，碑銘贊頌佔了不少篇幅，除了可見朝中文武大臣的碑銘制誥，多出於劉敏中之手，並有鄉里人物或朝廷官宦前來請託徵言者。另在時政奏議的表現上，也可看出劉敏中的積極用世，以及當朝聖上對他的重視。吳善〈中庵集序〉言其「時政奏議，皆與國史相表裡，其庸有不傳也乎」，同為元刻本《中庵集》作序的韓性也盛讚道：

> 性觀公之文辭，不藻繪而華，不琢鏤而工，不屈折條幹而扶疎茂好，門樞戶鑰，庭旅陛列，進乎古人之作矣。其所記載，足以補太史氏之缺，傳之後學，披誦玩繹，得以審中和之音，而窺聖人政化之盛，教思無窮，非其它別集所可擬也。〔註64〕

《四庫全書總目提要》除了認同韓性對《中庵集》的評價外，也稱道：

> 其詩文率平正通達，無鉤章棘句之習。在元人中亦元明善、馬祖常之亞……其金石之文，如伯顏廟碑、哈剌哈孫、純直海、大達立、咬住、不阿里、李唐諸神道碑記，《大智全寺碑》、《罔極寺碑》，皆承詔撰述之作。今考《元史·哈剌哈孫傳》，即用敏中所撰墓碑。然不載在其宗正時，從世皇北巡，猝遇亂，突出破敵事。又不載其在中書省時，「每退食，延見四方賓使，訪以物情得失，吏治否臧，人材顯晦，年谷豐歉，采可行行之」數語。又「度地置兩倉」句「兩」字訛為「內」字。《純直海傳》亦用敏中碑，而其子達立諭降襄陽，取漢口，破婺賊，功不在純直海下。而《純直海傳》末乃附其子昂阿剌名無一語及大達立事，尤為舛漏。蓋《元史》倉猝成書，疏脫實多。不但重複割裂，如顧炎武所譏。則是集之存，併可訂史傳之訛異，不徒貴其文章矣。〔註65〕

綜合言之，《中庵集》在史料的貢獻上，可作為正史之校補，許多在《元史》上被簡省的重要人物事蹟、國家政策及社會風俗，都能藉此一窺全貌；在文學的表現上，除了「不藻繪而華，不琢鏤而工」、「平正通達」等特點外，曹

〔註64〕〔元〕劉敏中著；北京圖書館古籍出版編輯組編：《中庵先生劉文簡公文集》，《北京圖書館古籍珍本叢刊》本，冊九十二，頁249。
〔註65〕〔清〕紀昀總纂：《四庫全書總目提要》，卷一六七，頁4292。

元用更說他「其文禮備辭明，不爲奇澀語。其詩清婉，可追配唐賢。字畫有顏、米風度，求者縑素委積」〔註66〕，詩文字畫皆有所長，可見劉敏中《中庵集》不僅有文學的意義，更有史料上的價值。

二、《中庵樂府》的輯出

　　在四庫本中，劉敏中的詞附於卷六，名《中庵詩餘》；在元刻本中附於卷二十四、二十五，名《中庵樂府》。民國十一年（1922），朱祖謀（1857～1931）編《彊村叢書》收錄《永樂大典》本 32 首，補遺 1 首。近人趙萬里《校輯宋金元人詞》據元刻本《中庵集》卷二十四、二十五，收詞 144 首，並據元程鉅夫《雪樓集》補 1 首，據大典本《中庵集》補 4 首，共得 149 首，編爲《中庵樂府》，其序云：

> 以校四庫本，匪特篇第全非元刻之舊，其訛誤錯落，殆不勝僂指。
> 蓋庫本錄自永樂大典，當時館臣固未見原書也。庫本詩餘凡三十六
> 首，元刻則四倍之，然元刻無而庫本獨有者，亦得四首，其他各首
> 序題與元本亦時有出入，疑大典所據者爲又一刻本，否則無若是之
> 懸殊也。茲移錄元本樂府二卷如下，並以庫本疏校於行間。〔註67〕

唐圭璋編《全金元詞》劉敏中詞時，悉從趙校本錄出，再加以標點，然缺少版本文字的校記對參，並有錯別字之慮。整體而言，趙校本《中庵樂府》無論在數量上、版本上及字句校對上，都明顯優於其他。

　　元朝別集傳世珍稀，幸而自 2008 年 12 月開始，長春吉林文史出版社規劃陸續完成《元朝別集珍本叢刊》的校點工作，預定從三百種以上的別集中，選出五十種具一定代表性的別集，目前由鄧瑞全、謝輝校點之《劉敏中集》已率先問世。此本乃以臺灣故宮博物院所藏元元統二年《中庵先生劉文簡公文集》爲底本，以清文淵閣《四庫全書》中所收《中庵集》爲主要校本，並參考了各種清抄本。在元刻本之外，又據四庫全書本、方志及其他資料，補入集外文十篇，集外詩詞二十八首。附錄之中，則包括了散見於各處的劉敏中傳記資料四篇，前代學者對各種版本的《中庵集》的題跋十四篇，元刻本《中庵集》序二篇及唱和詩詞三首〔註68〕。該校注本藉由各版本之比對校勘，

〔註66〕〔元〕曹元用：〈勒賜故翰林學士承旨贈光祿大夫柱國追封齊國公劉文簡公神道碑銘并序〉，李修生主編：《全元文》，卷七五六，冊二十四，頁 267。
〔註67〕〈中庵樂府序〉，見趙萬里校：《校輯宋金元人詞》。
〔註68〕鄧瑞全、謝輝校點：《劉敏中集》，頁 10。

指出異名異文，增刪脫補，以註釋方式於詩文之後說明，有輯佚之功。本論文所引劉敏中詩文，悉以校點本《劉敏中集》為主，並與四庫本、元刻本參看；所引詞作內容，則據趙萬里校《中庵樂府》，行文中僅標名頁數，不另註解，論文末並附《中庵樂府》箋注一卷，將兩大版本的文字差異以校勘方式臚列出來，正文註釋仍以趙萬里校《中庵樂府》為主。

第三章　劉敏中詞的主題內容

從前一章節裡，可獲知劉敏中出生時，金代滅亡（1234）已近十年，北方地區已較為安定。劉敏中的祖先雖非高官大儒，卻也兩代出仕，頗有建業，並且給予他良好的教養。綜合時代背景和家庭環境兩大因素，這對劉敏中的生活態度和創作內涵無疑起了莫大的影響。從他的詞作當中，大抵可以感受到一股和平安定的氣象，這些都表現在他大量的酬唱詞及寫景詠物詞中，從其所交遊的對象、談論的內容以及生活情境等，都能密切呼應此一現象。

今將此一百四十九首詞，根據詞牌底下所訂定之題目、詞中小序，以及詞人自注語，依其內容性質大略分成酬贈應答、詠物託意、感時遣懷、即景抒情四大類別，以寫作數量多寡為探討次序。列表如下：

主題	子項	詞　作　名　稱
一、酬贈應答	（一）以詞代書	〈木蘭花慢・次韻答張直卿見寄〉、〈木蘭花慢・適得醉經樂章⋯⋯〉（待揩撐暮境）、〈木蘭花慢・會有詔止征南之行，復以木蘭花慢送還闕〉、〈滿江紅・病中呈諸友〉、〈滿江紅・次韻答暢泊然〉三首、〈念奴嬌・自述呈知己時有小言〉、〈沁園春・暢泊然純甫由山東⋯⋯〉（世事何窮）、〈沁園春・次前韻〉、〈沁園春・韓雲卿右司邀賞牡丹⋯⋯〉（先日空疎）、〈水龍吟・次韻答馬觀復左司九日〉、〈摸魚兒・九日上都答邢伯才〉、〈六州歌頭・暢純甫與姚牧庵郓城會飲⋯⋯〉二首、〈玉樓春・次韻答王太常〉、〈玉樓春・次韻，答趙僉事〉四首、〈最高樓・次韻答張縣尹〉四首、〈最高樓・寄張古齋受益⋯⋯〉（山家好）、〈清平樂・西野內翰奉使寄示佳篇⋯⋯〉二首、〈清平樂・用前韻，答郭幹卿〉二首、〈清平樂・此篇促遊山〉五首、〈滿庭芳・二舅魏知房戍沂州，見示此詞，因次韻〉、〈蝶戀花・次韻答魏鵬舉〉二首、〈蝶戀花・文卿良友⋯⋯〉（我似漏卮長不滿）、〈蝶戀花・益都馮寬甫⋯⋯〉（帶上烏犀誰摘落）、〈蝶戀花・次前韻，答智仲敬〉、〈鵲橋仙・張古齋送古銅研滴，書此為謝〉、〈鵲橋仙・謝人惠酒〉、〈菩薩蠻・次解安卿韻〉、〈南鄉子・次韻答魏鵬舉〉、〈感皇恩・張子京以春臺子瞻椅見許，以詞催之〉、〈定風波・次韻答人見寄〉、〈點絳唇・人至承以二絕句見貺⋯⋯〉（短夢驚回）等四十七首

	（二） 賀人喜慶	〈木蘭花慢・壽大智先生〉、〈木蘭花慢・八月二十五日為仲敬壽〉、〈滿江紅・至元丙戌……〉（十載京華）、〈滿江紅・十一月十六日，為蔡知事壽〉、〈念奴嬌・聖節進酒詞〉、〈沁園春・仲敬吾友歸自曹南，而壽辰適至……〉（萬里長風）、〈沁園春・壽張繡江參政〉、〈水調歌頭・長蘆商子文……〉（五福一日壽）、〈水調歌頭・戊辰年，壽烏總管〉、〈玉樓春・壽何平章〉、〈減字木蘭花・王彥博尚書由刑部遷禮部之明日，乃其壽旦，戲以小詞為賀〉、〈滿庭芳・壽何聰山平章〉、〈鵲橋仙・以紗巾竹扇為趙文卿壽〉、〈阮郎歸・壽太乙真人李六祖〉、〈南鄉子・壽何聰山〉、〈南鄉子・賀于冶泉尚書有子〉、〈西江月・壽杜醉經左丞〉、〈鷓鴣天・祖母壽日〉、〈鷓鴣天・壽潘君美〉、〈浣溪沙・賀石仲璋侍御父年八十五，拜司徒，五子皆貴仕〉、〈浣溪沙・賀趙文卿新娶〉、〈婆羅門引・壽大智先生〉等二十二首
	（三） 題贈戲作	〈木蘭花慢・贈貴游摘阮，時得名妾，故戲及之〉、〈木蘭花慢・代人贈吹簫趙生〉、〈念奴嬌・大德己亥多……〉（百花開後）、〈清平樂・古齋約余遊山，而因循不果，用韻戲作二首……〉二首、〈菩薩蠻・賈君彥明……其歸也，作長短句贈之〉（茅家來喫山城水）、〈西江月・戲呈仲敬，并其母兄〉、〈好事近・贈吹簫趙生〉、〈鳳凰臺上憶吹簫・贈吹簫東原趙生〉等九首
	（四） 餞送友朋	〈木蘭花慢・送親衛劉副使遷成都統軍，公號舜田〉、〈滿江紅・送李清甫赴西蜀提刑副使〉、〈滿江紅・送鄭鵬南經歷赴河東廉訪幕〉、〈沁園春・張君周卿將赴濟南提刑經歷，出示樂府，因其韻以餞之〉、〈菩薩蠻・送秦主簿赴宿遷〉二首、〈南鄉子・鵬舉兄致仕……〉（憶昔年華顯）、〈婆羅門引・送李士元之荊南提刑經歷〉、〈漁家傲・餞表兄魏鵬舉歸華亭寓居〉等九首
二、 詠物託意	（一） 抒情寄意	〈念奴嬌・仲庸集賢以冬日桃花……〉（探梅時候）、〈念奴嬌・又次前韻〉、〈沁園春・大德甲辰……〉（石汝何來）、〈沁園春・題戶部郎完顏正甫舒嘯圖……〉（華屋高軒）、〈沁園春・和省中諸公秋日海棠韻〉、〈水龍吟・王瓠山丞旨以賞牡丹水龍吟見寄……〉（牡丹何可無言）、〈水龍吟・陽丘南逾五里……〉（乾坤遺此方臺）、〈水龍吟・馬觀復左司以九日水龍吟韻賦神麕峰邀和……〉（物齊各自逍遙）、〈水龍吟・同張大經御史賦牡丹〉、〈水龍吟・次韻賦牡丹〉、〈摸魚兒・觀復以摸魚子賦神麕見示，次韻答之〉、〈清平樂・九月回至隆興〉、〈蝶戀花・雲卿寄長短句徵無名亭記，戲用其韻以答之〉、〈鵲橋仙・書合曲詩卷〉、〈鵲橋仙・至元甲申三月……〉（黃塵古驛）、〈臨江仙・芙蓉〉、〈鷓鴣天・題雙頭蓮〉二首、〈眼兒媚・賦秋日海棠，分韻得欄字〉、〈琴樓月・書合曲詩卷〉、〈沁園春・余既以太初命石……〉（石汝來前）等二十一首
	（二） 摹形寫物	〈清平樂・張秀實芍藥詞〉、〈清平樂・白芍藥〉、〈清平樂・野芳亭觀畫羅漢〉、〈破陣子・梓慶齋戒入山林……〉（盡道十分意巧）、〈鵲橋仙・上都金蓮〉、〈鵲橋仙・盆梅〉、〈菩薩蠻・盆梅〉、〈西江月・戲題五子扇頭〉、〈鵲橋仙・觀接牡丹〉等九首
三、 感時遣懷	（一） 撫時感事	〈破陣子・野亭遣興〉、〈菩薩蠻・山居遣興〉、〈鷓鴣天・秋日〉、〈烏夜啼・含暉亭芍藥謝〉、〈烏夜啼・因野亭杏為風雨所落〉、〈浣溪沙・元夕前一日……〉二首、〈感皇恩・立秋後一日有感〉、〈黑漆弩・村居遣興〉二首、〈南鄉子・老病自戲〉等十一首

	（二）憶舊懷人	〈木蘭花慢・代人作〉、〈最高樓・既作此詞，有懷張秀實公子幽居，復用前韻〉、〈減字木蘭花・有懷灤源勝槩樓舊遊〉、〈菩薩蠻・憶家庭月桂〉二首、〈太常引・憶歸〉等六首
四、即景抒情	（一）自然清景	〈玉樓春・雨中戲書〉、〈蝶戀花・曉至野亭〉、〈菩薩蠻・繡江即事〉、〈菩薩蠻・春雪後，訪友東山〉、〈阮郎歸・奉使由平灤之惠州山行〉、〈烏夜啼・閒適〉、〈烏夜啼・月下用前韻〉、〈菩薩蠻・月夕對玉簪獨酌〉等八首
	（二）情景相生	〈木蘭花慢・元夕後小雨〉、〈木蘭花慢・曉過盧溝〉、〈清平樂・大德癸卯……〉（茸茸碧草）、〈蝶戀花・清和即事〉、〈清平樂・山行見芍藥〉、〈卜算子・長白山中作〉、〈卜算子・望湖山〉等七首

　　由上表可知，《中庵樂府》所收詞篇，以酬贈唱和為大宗，有八十七首，約佔全數量 60%；其次是詠物託意之作，有三十首；感時遣懷詞合計十七首；屬於即景抒情方面的，有十五首。倘若又把寫景詠物歸為一大類來看，其實劉敏中詞大略可分為酬贈唱和與寫景詠物兩部分，但其中所涉內容情感紛雜不一，以下便就各個內容主題分四節探討。

第一節　酬贈唱和

　　在談論文學時，許多人往往站在抨擊的立場，批評其實用功能，以為有害其藝術性和崇高性，因而忽略其價值。黃文吉在討論到詞的實用功能時，特別指出文學應是「體一而用殊」的觀點，文學固然不是為某種用途而存在，但它能融入現實生活裡面，發揮各種不同的實用功能，例如即席填詞可用在賓筵別宴，佐歡寄情；作詞贈妓可以獻藝騁才；慶生作品頌德祈福，氣氛和樂安詳；唱和填詞，重視風雅，以詞會友；送別及其他，或酬答弔賀，或析理述懷〔註1〕。今觀劉敏中詞，乃以酬贈類為多，一般是作為與親友聯繫交誼的方式，間或藉此抒發個人心志情懷、哲思體會，除了具有實用的應酬功能外，也提升了內容表達的層次，使酬贈詞不單淪為表面敷寫而已，實屬難能。現將此八十七首作品，分成四個部分，依其寫作數量由多至少依序探討：

一、以詞代書

　　詞的實用功能之一，就是具有書信便箋的性質。詞人用簡短的文字，對收信人表達思念、感謝、祝福、邀約、自述近況、懷抱等等，都在此一範疇。

〔註 1〕黃文吉：〈從詞的實用功能看宋代文人的生活〉，收入《黃文吉詞學論集》（臺北：臺灣學生書局，2003 年 11 月），頁 1～19。

這種以詞代書的好處，吾人以爲便在其內容簡潔，文字凝練，情味深長，比長篇的書信更耐咀嚼品味，正所謂「紙短情長」也。例如〈鵲橋仙‧張古齋送古銅研滴，書此爲謝〉：〔註2〕

> 烏瞻三足，蟾看臍腹。矯首驚虯突兀。走來便吸繡江波，卻只是、陶泓舊物。　玄卿如故，毛生未禿。老楮猶堪一拂。此時才氣鬭誰先，看箇箇、驪珠吐出。（頁21）

這是一首感謝贈與而回饋撰作的詞。贈與的人是喜歡收藏古物、以博古著稱的張古齋，贈送的物品是滴水入硯的工具。上片先從研滴的外觀寫起，它是個刻有神鳥和蟾蜍形狀的用品，上頭更有隻昂首的無角龍，感覺十分奇特，雖是依動物外型仿造的用具，卻被描繪得栩栩如生，彷彿使用它時，會感受到一股生命活躍的力量。在描述完外觀後，則敘寫其「吸水入硯」的實用功能。下片筆鋒一轉，讓「文房四寶」齊聚一堂，並將它們擬人化。「玄卿」即陳玄，是墨的別稱，因其墨色黑，存放年代越陳越佳而稱之；「毛生」指毛穎，即毛筆，老舊的紙張則被稱作「老楮」。這些別具創意的命名，其實典出唐韓愈〈毛穎傳〉：「穎與絳人陳玄、弘農陶泓及會稽褚先生友善，相推致，其出處必偕。」劉敏中加以援引運用，準備好寫作的用具後，便不客氣地寫下「戰帖」，想要跟張古齋以文會友，彼此切磋寫作才能。

　　劉敏中大多藉由以詞代書的形式，來抒發個人的際遇或生活體會，從這類作品裡，更可直接觸探詞人的深層意識，體察爲詞的動機。如〈滿江紅‧病中又次前韻〉：

> 北去南來，凡幾度、風沙行李。離又合、新歡舊恨，古今何已。風鑑俄瞻衡宇外，月明照見寒江底。問朱絲白雪尚依然，知音幾。　無所作，誰成毀。非所望，何悲喜。謂人生得失，卷舒天耳。病骨支離羈思亂，此情正要公料理。但無言、手捉玉連環，東南指。（頁5）

這是一首在病中自抒感懷的作品，寫作對象是劉敏中的好友暢泊然〔註3〕，全

〔註2〕張謙，字受益，明水人。至元間擢江浙省，後調京師，除本省檢校，大德中累遷祕書監丞。平素蓄古物甚富，以博古稱，自號古齋。他是劉敏中舊在京師時的同僚，此時爲任章丘縣尹。

〔註3〕暢泊然，名暢師文（1247～1317），字純甫，號泊然，南陽人，徙襄陽。從伯顏平宋，授東川行院都事，至元二十八年（1291）累遷陝西憲僉，歷移山南、山東二道，入爲國子司業，大德七年（1303）除陝西行省理問，歷太常少卿、翰林侍讀，至大三年（1310）出爲太平路總管，皇慶二年（1313）復召爲翰林侍讀，陞翰林學士。延祐四年（1317）卒，年七十一。追諡文肅。

篇字句無不吐露老病愁苦的心聲。上片抒發在人世奔走辛勞、聚散離合的無奈，而且這種無奈是無法終止的。此時抬頭仰望屋宇之外，皎潔的月光正照向秋冬冰冷的江水裡，他所想到的，是自己的才華抱負只有寥寥幾位知己能夠明白。在這裡，劉敏中特以「朱絲白雪」為喻，將琴瑟和琴曲暗合個人的美材良質，但是知道自己真正心願的，卻是不多。儘管在第二章節裡談及劉敏中有許多應酬交往的對象，但這之中，絕大多數是受人之請，或者交際禮儀之作，真正深交的，也不過數十人，這在考察其作品內容時，便可就之中的深淺程度，知悉實情了。接續下片則欲表白心志，既然不做虧心背義之事，行的正、坐的正，又何須擔憂外在的毀譽？倘若不對世事懷抱得失心，那就不必為悲喜情緒所牽制了，所以他歸結到「人生得失，卷舒天耳」，所有的得失，是再平常不過的事了。只是自己帶著這一身憔悴衰疲的病骨頭到處流離，強烈羈旅之思，正需要像暢泊然這種知己來撫慰排遣。但是劉敏中卻又在情緒紊亂的當時，以「無言、手捉玉連環，東南指」作為無可奈何的結束，情節直轉急下，正反應出一種想做但又做不了的矛盾苦痛。

再如〈念奴嬌‧自述呈知己時有小言〉：

> 烏飛兔走，嘆勞生、浮世匆匆如此。眼底風塵今古夢，到了誰非誰是。擊短扶長，曲邀橫結，為問都能幾。悠悠長嘯，謾嗟真箇男子。
> 數載黃卷青燈，種蘭植蕙，頗遂平生喜。冷笑紛紛兒女語，都付春風馬耳。美景良辰，親朋密友，有酒何妨醉。高歌一曲，二三知己知彼。（頁7）

劉敏中此處所謂的知己是誰，他並未明說，但大抵可知是入選其友誼排行的前幾位好友。既然是面對最能理解自己的好友，詞中不免直接表露對世事的慨嘆。上片重心在「嘆」，先嘆時光飛逝，再嘆生活辛苦勞累，而人的一生就在四處奔波中消耗殆盡，但眼前的紛擾塵世卻又恍如一夢，最終是非又是誰來定論？既然如此，劉敏中要求的是自身的問心無愧，就如他十三歲時告訴同儕「自幼至老，相見而無愧色，乃吾志也」這句話一樣，須時時惕勵自己。以下的「擊短扶長，曲邀橫結」則是引用自唐杜牧〈望故園賦〉：「人固有尚，珠金印節；人固有為，背憎面悅；擊短扶長，曲邀橫結。」〔註4〕這是對險惡社會的批判：究竟這些欺負弱小、趨炎附勢、互相勾結的小人們，幾

〔註4〕〔唐〕杜牧撰、張松輝注譯：《新譯杜牧詩文集（上）》（臺北：三民書局，2002年10月），頁6。

時會得到報應？由此可見，劉敏中確實是個正直之士，作風毫不避忌。下片則一掃鬱悶的情緒，表明自己甘願過著簡樸單純的生活，在青熒的燈火下閱讀書籍，平時種蘭植蕙，並化用宋辛棄疾〈沁園春〉：「老子平生，笑盡人間，兒女怨恩。」表示對於人們的閒言閒語，也不去在意執著。心血來潮時，就邀約三五好友飲酒高歌，過的是「做自己」的生活，這也是一種看破紅塵後的灑脫。

又如〈玉樓春・次韻答王太常〉：〔註5〕

> 東生白日西生月。世累驅人何日徹。致身事業簣為山，過眼紛華湯沃雪。　心田莫說誰寬窄。室有空虛生夜白。醒時卻校醉時言，笑殺觀魚濠上客。（頁13）

這是一首徹悟人間世事，帶有莊子哲理的作品，所要傾訴的對象，是和劉敏中共進退的官場知交王約。上片寫道日子不斷流逝，周而復始，但世俗的牽累何時才能不再役使彼此的人生。接著他打了個比方，將一生致力奉獻的事業，形容為好不容易盛積而成的山，但美好卻不是永遠的，就像是被熱水澆淋過的雪，迅疾消逝，令人措手不及。既然如此，劉敏中選擇面對人生的態度就是保持內心的虛靜，不要有太多的慾念貪求，因而下片引出《莊子・人間世》：「瞻彼闋者，虛室生白，吉祥止止。」〔註6〕最末二句，劉敏中用近於反諷的作法，指出醒時和醉時所呈現的不同心態，這是會被在濠梁之上，看鯈魚出游從容的莊子所嘲笑的。

二、賀人喜慶

在日常生活中與人交往，大都會面臨到親友或長官之婚喪喜慶，例如祝壽、賀喬遷、入新居、賀新婚、弔亡者、慶升官等等，依照人情倫理，自然會根據交誼淺深，略表心意，使對方感受到人情溫暖，進而達到聯繫人際情感的效果。

在劉敏中賀人喜慶的詞作中，尤以壽詞最多。壽詞，本身含有將生命主

〔註5〕王約（1252～1333），字彥博，真定人。至元二十四年（1287）累遷監察御史，歷御史臺都事、中書右司員外郎，成宗即位，調兵部郎中，改禮部，拜翰林直學士，除太常少卿，歷刑部、禮部尚書。至大間擢太子詹事丞，進副詹事，仁宗敬禮之。仁宗立，拜河南右丞，召為集賢大學士，延祐二年（1315）除樞密副使。至治二年（1322）致仕，元統元年（1333）卒，年八十二。

〔註6〕〔清〕郭慶藩編：《莊子集釋（上）》（臺北：萬卷樓圖書有限公司，1993年3月），頁150。

題內化後的深層意蘊﹝註7﹞，它所代表的，不只是文學現象，更是文化的表徵。壽詞的蓬勃興盛是在南北宋之交，這與當時崇奉道教有極大關係。道教所講求的是長生昇仙，反映在壽詞上，內容也不脫如此。在上者迷信道教，以求壽考，當然在其生日時更喜歡聽到有關赤松彭祖、松椿龜鶴之類的吉祥話，下位者也以此逢迎，因此祝賀皇上、太后、宰執、長官生日的詞作就這樣不斷產生。影響所及，同僚、親友，以至父母、兄弟、妻子、兒女，也都流行用詞慶生，壽詞的對象就變成極為廣泛﹝註8﹞。金元時期，道釋二教流行，尤以全真教最為聞名，黃兆漢《金元詞史》特別獨立一節探討道釋詞人，這是金元詞壇的特殊現象，代表意義重大。在此環境的熏染下，人們對生命的延續或挾飛仙以遨遊，就更有所期待了。像〈沁園春・壽張繡江參政〉﹝註9﹞一詞，便受到道教的影響：

> 長白之英，為國生賢，魁然此公。看功名一出，江湖氣量，才華誰有，星斗心胸。霖雨鹽梅，隨宜適用，已見時和歲又豐。餘無事，但門庭清雅，車騎雍容。　　秋香笑指籬東。道擬共他年伴赤松。要河車挽水，雙瞳似月，丹砂伏火，兩頰還童。雪落花開，東阡北陌，折簡來呼白髮翁。高情在，是繡江綠野，黃閣清風。（頁9）

長白乃是東北地區最高的山，詞人謂東北地靈人傑，才會孕育出張繡江這般卓然的人才。又以江湖氣、星斗胸為喻，美稱其才華和胸襟氣度。更如天降甘霖般，善用政策治民，拔擢人才，使得年歲安和豐收，有所政績。對照壽星平時閒暇無事，只見門戶清幽，車馬華貴大方。下片幾乎用道教求仙語，例如以道教所祭祀尊奉的仙人赤松子，表達長生不死的祝福；「河車挽水，雙瞳似月，丹砂伏火，兩頰還童」句，是道教煉丹服食，以求返老還童，目光清明澄澈，這當然是對壽星容顏煥發、青春永駐的祈願。從中也可感受時人慕仙求道，憂懼病老的心理狀態。

　　然而，寫壽詞不一定都會流於堆砌，但是壽詞也並非容易好寫。宋沈義

﹝註7﹞ 李揚：〈生命與才情的詠嘆──宋代壽詞創作的審美描述〉，《閱讀與欣賞》，1995年6月，頁35。

﹝註8﹞ 黃文吉：〈從詞的實用功能看宋代文人的生活〉，收入《黃文吉詞學論集》，頁10。

﹝註9﹞ 張繡江，名張斯立，號繡江，章丘人。至元十六年（1279）任南臺御史，歷江浙行省員外郎、郎中，入為戶部侍郎，除中書參議，改戶部尚書，出僉江浙行省事，大德元年（1297）拜中書參政，七年以罪罷，仕至中書左丞。

父《樂府指迷》云:「壽曲最難作,切宜戒壽酒、壽香、老人星、千春百歲之類。須打破舊曲規模,只形容當人事業才能,隱然有祝頌之意方好。」〔註10〕宋張炎《詞源》卷下云:「難莫難於壽詞,倘盡言富貴則塵俗,盡言功名則諛佞,盡言神仙則迂闊虛誕,當總此三者而爲之,無俗忌之辭,不失其壽可也。松椿龜鶴,有所不免,卻要融化字面,語意新奇。」〔註11〕整合這些詞評家的看法,可以知道壽詞最好是避免庸俗浮誇的內容,要力求新奇,突破舊製,「隱然」有祝頌意。劉敏中的幾首壽詞,雖有應制之作,卻也不乏眞誠清新的作品,這當然和贈與的對象親近與否有所關係。例如〈木蘭花慢・八月二十五日爲仲敬壽〉:〔註12〕

> 對南山秋色,湖海氣、鬱崢嶸。更落葉疎風,黃花細雨,何限詩清。良辰醉中高興,料慇懃、喜見故人情。玉斝雲腴仙釀,木蘭花慢新聲。　　歸鴻遠目入青冥。相與慰飄零。儘起舞狂歌,新愁舊恨,一笑都平。平生事,天已許,道青霄有路上蓬瀛。隨分人間富貴,不妨遊戲千齡。(頁2)

仲敬,即智京,是和劉敏中交誼最深的人物。有別一般敷衍堆疊、缺乏深意的壽詞,這首壽詞是帶有對故人的喜愛,以及互相扶持安慰的情感。上片以景起始,寫面對南山的秋景、湖海的氣闊、山勢的聳拔,用以烘托智仲敬的人品氣格高超,將之比擬爲如三國陳元龍般具有豪俠之氣的人〔註13〕。此時正是秋天,更有落葉秋風,爛開的菊花,迷濛的細雨,觸引無限寫詩的情懷。在壽筵之中,好友歡喜相見,一邊暢飲美酒,一邊填詞助興。整體寫來語氣

〔註10〕〔宋〕沈義父:《樂府指迷》,唐圭璋《詞話叢編》本(北京:中華書局,1996年6月),冊一,頁282。

〔註11〕〔宋〕張炎:《詞源》,唐圭璋《詞話叢編》本,冊一,頁266。

〔註12〕智京,字仲敬,自號訥齋,凤敏而有才,元初爲曹州儒學教授。

〔註13〕《三國志・卷七・魏書七・陳登傳》:「陳登者,字元龍,在廣陵有威名。又掎角呂布有功,加伏波將軍,年三十九卒。後許汜與劉備並在荊州牧劉表坐,表與備共論天下人,汜曰:『陳元龍湖海之士,豪氣不除。』備謂表曰:『許君論是非?』表曰:『欲言非,此君爲善士,不宜虛言;欲言是,元龍名重天下。』備問汜:『君言豪,寧有事邪?』汜曰:『昔遭亂過下邳,見元龍。元龍無客主之意,久不相與語,自上大床臥,使客臥下床。』備曰:『君有國士之名,今天下大亂,帝主失所,望君憂國忘家,有救世之意,而君求田問舍,言無可采,是元龍所諱也,何緣當與君語?如小人,欲臥百尺樓上,臥君於地,何但上下床之間邪?』表大笑。備因言曰:『若元龍文武膽志,當求之於古耳,造次難得比也。』」〔晉〕陳壽撰,楊家絡主編:《新校本三國志附索引》(臺北:鼎文書局,2004年9月),頁229。

誠懇，毫不造作，完全與故舊情誼融合爲一。過片情緒逆轉，從遠望歸雁隱沒青天寫起，想起彼此漂泊的人生際遇，一路彼此慰藉，扶持至今，而再次見到友人的劉敏中，內心想來是激動的，彷彿要在一時間，把自己所有的悲苦歡樂都傾吐出來。於是他們起舞、狂歌、一笑，試圖忘卻新愁和舊恨，畢竟人生的事運，上天都已經爲我們安排決定了。末句再一次變化情緒，顯得灑脫自如，他以爲再去多想人間的富貴只是徒費辛勞，不如把煩惱都拋諸腦後，趁此佳節盡歡娛樂，也隱含好友能夠長壽千年的祝福。

再如〈婆羅門引‧壽大智先生〉：

> 草堂瀟洒，今年初種碧琅玕。更宜野菊幽蘭。便信先生於此，眞箇不求官。但西風攬鏡，落日憑欄。　　耕筆釣磻。算遭遇，未應難。好待青霄得路，穩上長安。良辰樂事，且展放尊前舞袖寬。天影外、秋色南山。（頁29）

這位大智先生，正是前述智仲敬的兄長智仲信，同時也是劉敏中的老師，行事恭敬，最擅鼓琴〔註14〕。上片從智仲信的住家環境寫起，他的草舍幽雅潔淨，還有今年剛種下的新綠竹枝，和原有的野菊幽蘭相互陪襯，環境顯得清雅宜人。而蘭、竹、菊三者，又正是「四君子」梅、蘭、竹、菊中的四分之三，它們所象徵的，是君子的清高品德，由此看來，智仲信的品格確實不凡。接著寫智仲信的志趣和生活情形，不在求官逐名，而是西風攬鏡、落日憑欄和耕筆釣磻。這是悠閒生活的寫照，有時在秋風中攬鏡自照，有時倚靠欄杆欣賞夕陽的美好，平時也常寫寫詩詞，垂釣怡情。最後則以一般壽詞的形式，祝賀智仲信能「青霄得路，穩上長安」，也不免飲酒作樂、跳舞娛樂，爲其祝福。整首詞讀來同樣沒有太多的奉承氣息，主要是寫智仲信的幽居恬淡生活、不同流俗的品性，下片雖有一、二句不免針對壽日所寫的祝福語，但大體而言，是首清新可喜的應酬之作。

祝賀的作品中，也有針對弄璋之喜而發的，如〈南鄉子‧賀于冶泉尚書有子〉：

> 千古一高門。不斷軒車駟馬塵。五色鳳毛新照眼，驚人。氣壓喧啾百鳥羣。　　語笑滿堂春。聳壑昂宵看已眞。玉唾成時十六七，知

〔註14〕〈聽智先生彈琴并序〉：「吾師老先生，其行己也恭，其事上也敬，其接人也信……揆以不才，辱奉訓誨，門下有年矣，下愚不移，日深媿報。」〔元〕劉敏中著；鄧瑞全、謝輝校點：《劉敏中集》，收入李軍等編：《元朝別集珍本叢刊》，頁400。

君。膝上摩挲不肯嗔。（頁 24）

詞題中的于冶泉尙書並不詳何人，遍覽《中庵集》也未有第二篇以上的作品出現，可知此人約莫是劉敏中的同僚，但止於點頭之交而已。上片起首二句寫于尙書家的富貴顯赫，出入陣仗氣派，也常有高官前來拜訪。次寫小嬰兒的相貌，使用鳳毛之典故，讚譽人子如父輩之不凡，看來十分亮眼，使人驚奇〔註15〕。接著引唐韓愈〈聽穎師彈琴〉：「喧啾百鳥羣，忽見孤鳳凰。」〔註16〕以鳳鳥的氣質勝過許多嘈雜的禽鳥爲喻，形容嬰孩的氣質特出於眾人之上。下片則寫全家人都浸淫在新生的喜悅當中，並言小孩子未來必定有出眾的表現，長大後也是能詩擅文的高手。儘管其中內容不脫美言讚許，但在描寫高官大戶、嬰孩的外在及氣質、家人們寵愛嬰孩時，形象刻畫生動，宛如發生在眼前，仍有可看之處。

亦有祝福新婚者，如〈浣溪沙・賀趙文卿新娶，文卿昆仲第六，所娶魏氏〉：〔註17〕

共說蓮花似六郎。從來魏紫冠群芳。多情恨不一時香。　　也甚春
風閒著意，許教國色嫁橫塘。海枯石爛兩鴛鴦。（頁 27）

這首祝賀新娶的小詞，先是從新郎趙文卿的外貌寫起，使用唐人張昌宗典故，暗合趙文卿的長相俊美。《新唐書・卷一〇九・楊再思傳》云：「易之兄司禮少卿同休，請公卿宴其寺，酒酣，戲曰：『公面似高麗。』再思欣然，翦縠綴巾上，反披紫袍，爲高麗舞，舉動合節，滿坐鄙笑。昌宗以姿貌倖，再思每曰：『人言六郎似蓮華，非也；正謂蓮華似六郎耳。』其巧諛無恥類如此。」〔註18〕因張昌宗與張文卿皆排行第六，有此巧合，故劉敏中拈而用之。將趙文卿比擬爲蓮花後，接著形容新娘有如牡丹之美艷，魏紫是牡丹花

〔註15〕《世說新語・容止》：「王敬倫風姿似父，作侍中，加授桓公公服，從大門入。桓公望之，曰：『大奴固自有鳳毛。』」〔南朝宋〕劉義慶編、徐震堮校箋：《世說新語校箋》（臺北：文史哲出版社，1989 年 9 月），頁 341。

〔註16〕〈聽穎師彈琴〉：「昵昵兒女語，恩怨相爾汝。劃然變軒昂，勇士赴敵場。浮雲柳絮無根蒂，天地闊遠隨飛揚。喧啾百鳥羣，忽見孤鳳凰。躋攀分寸不可上，失勢一落千丈強。嗟余有兩耳，未省聽絲篁。自聞穎師彈，起坐在一旁。推手遽止之，濕衣淚滂滂。穎乎爾誠能，無以冰炭置我腸。」錢仲聯編：《韓昌黎詩繫年集釋（二）》（臺北：學海出版社，1985 年 1 月），頁 1005。

〔註17〕趙文卿，嘗爲提舉，有《嘉山詩卷》。劉敏中〈蝶戀花〉詞序云：「文卿良友，素守確然，迥拔流俗，世所難能也。」可略知其品格操守。

〔註18〕開明書店編譯：《二十五史》（臺北：開明書店，1934 年 1 月），冊五，頁3930。

名貴的品種之一，而牡丹又是百花之冠，如此說來，新娘簡直是天下第一美女了。而這對俊男美女的結合，就像是將牡丹花嫁接在池塘裡，得其所歸，所以末句不免其俗地祝賀兩人感情堅貞不移、直到海枯石爛，都要像鴛鴦一般恩愛。

三、題贈戲作

　　此類包括了標題明示為題贈和戲以為詞的作品，也有兼合二意者。題贈之作，如〈木蘭花慢·代人贈吹簫趙生〉：

> 甚無情枯竹，使人喜、使人悲。愛太古遺音，承平舊曲，吹盡參差。
> 簫曲名見文選。千秋鳳臺人去，算風流、只有趙郎知。秋晚樓空月夜，
> 日長人靜花時。　　酒闌更與盡情吹。欲起不能歸。怕幽壑潛蛟，
> 孤舟嫠婦，掩泣驚飛。傷心少年行樂，奈春風、不染鬢邊絲。靜倚
> 欄干十二，醉魂飛上瑤池。（頁3～4）

這是一首代作之詞，從中可知趙生善於吹簫，簫聲動人。上片先寫趙文卿透過簫管，吹奏出足以左右悲喜情緒的樂音，將原本沒有情感的枯竹，重新賦予靈魂。自洞簫中吹出的是遠古流傳的美好音樂，以及太平時的古曲，千年來，在鳳臺上吹簫的蕭史已乘鳳離去，箇中的風雅餘韻，也只有趙生能體會了。關於蕭史，漢劉向《列仙傳·蕭史》云：「蕭史者，秦穆公時人也。善吹簫，能致孔雀白鶴於庭。穆公有女，字弄玉，好之。公遂以女妻焉，日教弄玉作鳳鳴，居數年，吹似鳳聲，鳳皇來止其屋。公為作鳳臺，夫婦止其上，不下數年。一旦，皆隨鳳凰飛去。」〔註19〕古有蕭史之善吹簫，而今有趙生之上友，特別是在秋天的夜晚，樓中靜寂無人，只有月色相伴，時間緩緩流逝，情韻渺渺悠遠。下片寫至酒筵將散，更要盡興吹奏，想要起身卻不能隨心所欲。繼而化用宋蘇軾〈前赤壁賦〉中的「舞幽壑之潛蛟，泣孤舟之嫠婦」〔註20〕句子，形容簫聲感人之深，可能使潛藏在幽谷中的蛟龍為之飛動，使不輕易表露情緒的寡婦也因而掩面哭泣。「傷心少年行樂，奈春風、不染鬢邊絲」，化用自宋辛棄疾〈鷓鴣天〉：「追往事，嘆今吾，春風不染白髭鬚。」寫老來的傷感，無奈春風不能使鬢髮回春。最後一行，則是寫獨飲後的醉態，

〔註19〕〔漢〕劉向撰；張金嶺注譯：《新譯列仙傳》（臺北：三民書局，1997年2月），頁112。

〔註20〕高海夫主編：《唐宋八大家文鈔校注集評：東坡文鈔（下）》（西安：三秦出版社，2004年10月），頁5800。

安靜倚靠在闌干上，醉酒後的靈魂彷彿就要飛上仙界，試圖找尋生命青春的出路，流露對年華逝去的淡淡傷感，另一方面，也有對延年益壽的想望。

戲作者如〈清平樂〉：

> 山靈久望。要看遊山狀。酒榼詩囊空放蕩。不肯凌風直上。　　快教去結山庵。安排暮歷朝探。整頓衰年杖屨，並君飛出危嵐。（頁17）

> 繁華敢望。自喜清貧狀。老屋三間空蕩蕩。幾冊閒書架上。　　客來或問中庵。平生虎穴曾探。隱几悠然不答，窗間笑指山嵐。（頁17）

該首詞序云：「古齋約余遊山，而因循不果，用韻戲作二首，一以促其期，一以道其山中之興以動之。」這裡即說出了兩首詞的重點，一個是催促遊山成行，另一則是想要遊山的興奮之情；然而，實際深究過後，會發現劉敏中所要表達的不僅是如此而已，還隱含了經歷人生風浪後的平靜心情，呈現出閒適自在的生活情境。

第一首是促遊山。劉敏中不說自己迫不及待想要遊山，反而請來山神，說是山神盼望兩人儘早賞遊山中景致，將山擬人化，轉換主客位置，頗予人驚喜之感。又說帶著酒器和存放詩稿的袋子，到處浪遊，卻不肯乘著風一路攀登上去。下片則顯示迫促之情，明白寫出要古齋快去邀請寺院裡的僧人，在早晨或傍晚帶領兩人遊山。末句則是對未來的懸想，在成行之前，他會整理出老年用的手杖和鞋子，到時候和古齋一同穿過山中的層層煙霧。可以想見，這兩位老頭子著實有隱者的氣質，拿的是枴杖，踏的是草鞋，走在煙霧迷濛的山林裡，漸漸自人世隱遁。特別是其中的「飛」字，動感十足，實有畫龍點睛的效果，唐圭璋〈論詞之作法〉說：「詞中動詞最要，往往一字能表現一種境界。」〔註21〕如此看來，「飛」字所呈現的效果，彷彿他們要前往的是另一個桃花源，或者說是仙境。

第二首道其志趣與幽居生活。首句開門即言自己不貪榮華富貴，自甘清貧，接著具體描述了清貧的生活境況，及嗜讀書的精神境界，從「老屋」、「空蕩蕩」、「閒書」這些詞彙看來，劉敏中確實是「自喜清貧」的。下片則出現一位來客，他好奇地探問劉敏中，一生可曾經歷險惡的遭遇？此處的問法，

〔註21〕唐圭璋：〈論詞之作法〉，收入趙爲民、程郁綴選輯：《詞學論薈》（臺北：五南圖書出版公司，1989 年 7 月），頁 624。

可能是疑問，也可能是明知故問。所謂「虎穴」，是比喻極危險的地方，倘若結合詞人生平來看，應是指當年和權臣桑哥鬥爭事，但劉敏中不好直說，只說「虎穴」，引人遐想。因此使來客感到不解，何以如今淡泊安貧，不似往昔那般激情。面對這個敏感的問題，常人或許會藉機大發議論，傾吐胸中鬱結之氣，但劉敏中卻是「隱几悠然不答，窗間笑指山嵐」，究竟是或不是，他並不正面迎答，只是倚靠在几案上，態度閒適淡泊，笑著指向窗外山中的朦朧霧氣。清李佳《左庵詞話》卷上云：「作詞結處，須有悠然不盡之意，最忌說煞，便直白無趣。」〔註 22〕劉敏中讓客人自行體會箇中奧妙，也留給讀者許多想像空間。

　　兼合題贈和戲作之意，如〈木蘭花慢・贈貴游摘阮，時得名妾，故戲及之〉：

> 此聲何所似，似琴語、更琅然。問太古遺音，承平舊曲，誰爲君傳。
> 知音素娥好在，只向人懷抱照人圓。一笑青雲公子，不應猶有塵緣。
> 松間玄鶴舞翩翩。山鬼下蒼煙。正閉戶焚香，流商泛角，非指非絃。
> 華堂靜無俗客，算風流、未減竹林賢。何日西窗酒醒，聽君細瀉幽
> 泉。（頁 2）

此詞既寫貴游彈奏的琵琶樂音，亦寫其得妾一事，其中不免有調侃之語，故爲戲作相贈。上片先引起懸疑：這個聲音到底像什麼呢？好像是琴聲，卻又比琴聲清朗。接著更問：這遠古流傳的音樂，太平時的古曲，究竟是誰爲你而傳承？繼兩層設問後，則帶出「名妾」，謂美人知己如故，相伴在貴游左右。但劉敏中卻忍不住調侃「青雲公子」，雙關其義，既指出貴游顯要的身分，卻又故作隱逸生活解，既然身爲「隱者」，當然就不應該再眷戀塵世了。下片又回到琵琶的樂音，輕快動人，能使松林間黑鶴輕快起舞，山神降下蒼茫的雲霧，十分具體地形容了抽象的聆聽心得。彈奏時，關起門戶，點燃薰香，聽著不像是由指絃撥彈而出的美妙音樂，在耳邊盤旋圍繞，像這種「非指非絃」的音樂，豈非天籟！接著寫貴游的性格和來往的對象，他所接待的廳堂裡，盡是高雅的客人，而風雅灑脫的性格，更可與竹林七賢相媲美，如此看來，這位貴游並非庸俗之人。最後劉敏中則向貴游約定了下次的相聚，來日西窗下，還要欣賞這如幽泉般的美樂。綜觀整首詞的轉折起伏都恰如其分，雖是戲作，仍是富有韻味。

〔註22〕〔清〕李佳：《左庵詞話》，唐圭璋《詞話叢編》本，冊四，頁 3105。

四、餞送友朋

自古多情傷離別，不管是爲了求取功名、升官赴任、或爲遷客流徙，都可能面臨離鄉背井，與親友分別的情況。劉敏中在餞送友朋時，幾乎是爲對方將遷官赴任而寫，詞中所流露出的感情，有勸慰也有不捨。寫得比較好的幾首，如〈滿江紅·送李清甫赴西蜀提刑副使〉：

> 萬古雲霄，誰辦得、妙齡勳業。長有恨、君恩未報，鬢毛先雪。紫詔俄從天闕下，繡衣已逐星軺發。但七千里外望庭闈，三年別。　　忠與孝，心應切。行與止，君須決。說蜀中父老，望君如渴。地迥無妨鷹隼繫，山深要靜狐狸穴。著新詩、收拾錦城春，歸來說。（頁5）

這是一首充滿期待與情意的送別之作，字裡行間沒有小兒女的依依，而是吐納豪氣的送行。上片寫道自古以來，有誰能在年輕時立下輝煌的功業，遺憾的大多是還來不及報答君恩、傾盡才能，就先鬢髮斑白了。而今皇帝的詔書已經頒佈，華麗的官服也已由使者代爲遞交，正是回報君恩的大好時機。續以「七千里外」狀蜀地之遙遠，又以「望」字刻畫思親之情，此去一別，便是三年。下片則又回到現實面，在忠與孝、行與止之間，必須有所取捨，何況蜀地的鄉親，是多麼期盼清甫的到來。以下二句寫的是四川的遼遠大地與幽靜的山林，沒有妨礙到猛禽自在遨翔，也適合狐狸藏身其中，這意謂著來到四川，足可讓李清甫發揮才能，不受妨礙，適合棲身。最末則有勸慰之語，希望李清甫將來離開蜀地後，能把新的詩作，連同那邊的錦繡春光，回來一併告訴。此處妙在將「錦城春」給收拾入腦海和詩詞中，將美好的景象予以具象化，使得送別不再那麼悲傷，而是充滿對未來再相見時的期待。

又如〈滿江紅·送鄭鵬南經歷赴河東廉訪幕〉：〔註23〕

> 宿酒初醒，秋已老、故人來別。情味惡、從前萬事，不堪重說。大抵男兒忠孝耳，此身如葉心如鐵。但始終夷險要扶持，平生節。　　湖海氣，詩書業。霜雪地，風雲客。問而今月旦，果誰豪傑。君去還經汾水上，依然照見齊州月。怕相思、休費短長吟，生華髮。（頁5）

這首送別詞的氛圍和前一首詞有雷同之處，都是充滿男兒的豪放氣概。上片先寫臨行前，設宴餞別，想起過往舊事，不忍重提。身爲男子漢，一生莫過於要孝敬父母和忠愛國君，如葉子一般，到了何處就落在何處，但是意志卻

〔註23〕鄭鵬南，名鄭雲翼，鵬南爲其字，永平人。大德五年（1301）任南臺御史，延祐二年（1315）累遷南臺都事。

要堅定如鐵。劉敏中說「始終夷險要扶持，平生節」，這雖是對鄭鵬南的期勉，但也是他自己一生奉行的原則，那便是要忠君愛國，持守志節，斷不可在國家有危難、需要有人撐持大局時，臨陣退縮，或是不愛惜羽毛，隨之同流合汙。到了下片，是對鄭鵬南的稱許，「湖海氣，詩書業」是說他有豪氣，又飽讀詩書；「霜雪地，風雲客」是形容懷抱高遠霜潔的志向，品評當今眾多人物，鄭鵬南就是那才能出眾的豪邁之士！在此別離時刻，劉敏中也不免感性地勸慰「君去還經汾水上，依然照見齊州月」，想念的時候，就抬頭看看月亮，雖分隔遙遠，但彼此所見仍是同一個月亮，只怕相思惱人，不要費心苦吟作詩，以免早生白髮。

　　再如〈南鄉子〉：

　　憶昔嘆華顛。一別曾驚十五年。醉裏知君明便去，留連。酒盡更闌
　　不肯眠。今更老於前。二十年間又別筵。安得柳絲千百丈，纏聯。
　　不放東吳萬里船。（頁24）

前有詞序云：「鵬舉兄致仕，寓家松江。今年秋，獨舟至歷下，顧予繡江野亭。憶兄往年由南中赴調北上，過繡江，宿女郎山下，予會焉。時有詩云：『南北分飛十五年，歸來相見各華顛。祇應又作明朝別，酒醉更闌不肯眠。』詰旦，兄別去，距今又二十寒暑，悲喜恍惚，乃情何如。酒中兄喟曰：吾數日當又南矣。因成小詞，舉觴為壽，以發一笑。」魏鵬舉乃是劉敏中的表兄〔註24〕，二人交往頻繁，手足之情彌堅。當年南北分離十五載，曾有詩為證，而今匆匆二十年又逝矣，再次見面又更衰老了。兩人相見，內心悲喜交雜，喜的是久違故人，悲的是數日後又要再度分手。詞中所言，大抵是針對詞序而發，發抒對別離的感觸，文字淺顯易懂，情意卻深刻動人。此中寫道「醉裏知君明便去」的留戀不捨之情，又說「酒盡更闌不肯眠」，因為相見時難，絲毫不肯放過任何談話的時機，於是熬夜閒話，不肯睡眠。最為生動的是，劉敏中以誇張、形象化之筆，欲將「柳絲千百丈」，將魏鵬舉給「纏聯」留下，明知不可得，卻還是極盡慰留之意，絕「不放」船隻把人接走。

第二節　詠物託意

　　詠物詞，顧名思義，便是以「物」為描寫的對象。但是寫物卻又不能淪

〔註24〕魏有翼，字鵬舉，海州人，為劉敏中之表兄。至元二十九年（1292）任鎮江
　　　　路判官，元貞二年（1296）得代。

爲謎語，或使人感覺晦澀，不知所云。宋張炎《詞源》卷下云：「詩難於詠物，詞爲尤難。體認稍眞，則拘而不暢，模寫差遠，則晦而不明。要須收縱聯密，用事合題。一段意思，全在結句，斯爲絕妙。」〔註25〕詠物之難，難在如何吻合題目，卻又不能太生硬、太隱晦。劉敏中在〈張御史牡丹唱和詞卷序〉裡，也有對詠物作品的見解：

> 然人之一身，萬物備焉，接於外故或感於中，感於中故必形於言。
> 言之形也，寓諸物而已，此風賦比興之義所從而出也。屈原以美人
> 香草登於騷雅，宋廣平以梅花見於詞賦，孰謂二公之賢而有不可乎。
> 故君子之言也，惟其趣向寄寓何如耳，豈繫物哉？〔註26〕

他提到人心受到外物感發而訴諸文學作品，具有抒情功能。而文字又是萬物得以寄託的所在，文人們藉由不同的表述方式，將內心有所感悟啓發的情意，表現在創作上，如屈原有香草美人之喻，廣平之託意於梅花詞等，以爲一首好的詠物詞，要看是否有「趣向寄寓」。夏承燾論宋代詠物詞時，將其分爲單純描寫事物形象、搬弄典故及有寄託的詠物詞三類，也說有寄託者最爲可貴〔註27〕。但「寄託」究竟爲何？清沈祥龍《論詞隨筆》說：「詠物之作，在借物以寓性情。凡身世之感，君國之憂，隱然蘊於其內，斯寄託遙深，非沾沾焉詠一物矣。」〔註28〕也就是說，詠物須有寄託才有價值，詞人通過所要描寫的物，來表達內心情志，而非泛泛描寫。

現將劉敏中三十首詠物作品，分爲兩類探討：

一、抒情寄意

詠物固然以深刻的家國之憂、身世之感爲佳，但觀劉敏中所生長的時代，元代已經安定下來，不再是國家危急存亡之秋，自然沒有像宋金遺民一樣的哀婉寄託。劉敏中在世時，朝廷政治黑暗，政權鬥爭不斷，他所面臨的困境，

〔註25〕〔宋〕張炎：《詞源》，唐圭璋《詞話叢編》本，冊一，頁261。

〔註26〕〔元〕劉敏中著；鄧瑞全、謝輝校點：《劉敏中集》，收入李軍等編：《元朝別集珍本叢刊》，頁160。

〔註27〕〈談有寄託的詠物詞〉：「在宋詞裏，除了多數寫閨情的以外，還有不少詠物詞。這些詠物詞大約可以分爲三類：第一類是單純描寫事物形象，沒有什麼寓意的，如史達祖的《雙雙燕》、吳文英的《宴清都‧連理海棠》等。第二類是搬弄典故，毫無意義的。第三類最可貴，即是有寄託的詠物詞。」夏承燾：《唐宋詞欣賞》（香港：中華書局，2002年5月），頁132。

〔註28〕〔清〕沈祥龍：《論詞隨筆》，唐圭璋《詞話叢編》本，冊五，頁4058。

是如何不受老病羈纏，然後傾盡忠義肝膽，糾舉內亂不法，以及要用什麼態度來看待名利場內的亂象。或許比起其他詞人國破家亡的處境，不見得有很深刻的寄託，但大致上，劉敏中能夠藉由詠物詞來表現自己的人生體會，抒發小我的情思，也有其獨特之處。如〈水龍吟〉：

乾坤遺此方臺，賦詩名字從吾起。十分高處，更宜著箇，含暉亭子。無數青山，一時為我，飛來窗裏。渺浮天玉雪，江流忽轉，風雨在、寒藤底。　嘗試登臨其上，把閒愁、古今都洗。長空澹澹，無言目送，飛鴻千里。看取明年，四圍松菊，一番桃李。放籃輿杖屨，醒來醉往，自今朝始。（頁 10～11）

前有詞序云：「陽丘南逾五里，余別墅在焉。地方僅二畝，南西北皆巨溝，崖壁嶄絕。下為通達，人由其中，東垂蔽古藤，晦密尤峻。繡江遠來觸巽隅，刮足而北，餘流復西，漸達於坤維，周覽上下，歸臺宛然，因取淵明語，命之曰『賦詩之臺』。南偏少東尤高敞，東向為小亭，軒戶始開，而長白湖山諸峯林壑，奔躍來見，明姿晦態，與繡江相表裏。復取謝靈運語，命之曰『含暉之亭』。亭之築，實至元辛卯前重陽一日也。戲作樂府〈水龍吟〉一首，書於壁，以識其始，且以為老子醉後浩歌之資云。」這首詞約當作於至元二十八年（1291），寫於隱居時期，詞序介紹了陽丘別墅的地理位置、賦詩臺和含暉亭命名的緣由，亦可看出其作文寫景的功力，較柳宗元山水遊記毫不遜色。

劉敏中的別墅佔地不大，南西北都是幽深的溝壑，山崖十分陡峭突出，下方是通達的道路，走在其中，看見東邊有許多古藤遮垂住通道，顯得高峻隱密。自繡江的東南邊再往北去，河流都往西邊匯聚，逐漸到達西南方，遍覽上下，小山清楚地叢聚在眼前，見此佳景，則引晉陶淵明〈歸去來兮辭〉之「登東皋以舒嘯，臨清流而賦詩」〔註29〕，命為「賦詩之臺」。東南邊還有個亭子，附近有長白湖山諸峯林壑，劉敏中為寫人與自然之景的相遇，更說「奔躍來見」，把自然擬人化，描繪活潑生動，彷彿大自然正張開雙手歡迎詞人的來訪，因此援引南朝宋謝靈運〈石壁精舍還湖中作〉：「昏旦變氣候，山水含清暉。清暉能娛人，遊子憺忘歸。」〔註30〕命之為「含暉亭」。而這首詞

〔註29〕〔晉〕陶淵明著；龔斌校箋：《陶淵明集校箋》（臺北：里仁書局，2007 年 8 月），頁 454。

〔註30〕〈石壁精舍還湖中作〉原詩：「昏旦變氣候，山水含清暉。清暉能娛人，遊子憺忘歸。出谷日尚早，入舟陽已微。林壑斂暝色，雲霞收夕霏。芰荷迭映蔚，蒲稗相因依。披拂趨南徑，愉悅偃東扉。慮澹物自輕，意愜理無違。寄言攝

就是在亭之築後，為記錄其來由而寫的。在這山水環抱、幽僻靜謐的居處生活，興致來時則登山舒嘯，臨流賦詩，其實與陶、謝的生活頗有相似之處，加以二人都是山水田園詩派的代表人物，風格質樸自然，有出塵之語，此中應有嚮慕之意。

　　詞之上片寫道，站在含暉亭上，以青山「飛」來姿態，寫乍見驚喜之情，復又看著渺遠瑩白的水浪不斷沖激，聲勢壯大，忽而捲起狂風，下起大雨，打在枯藤上，展現奔騰壯闊的氣勢。當然，坐在含暉亭裡，不只可欣賞白浪沖激，也適合飲酒賞月，其〈含暉亭獨酌〉便云：「偶把危亭酒，田翁為我留。月鉤斜挂晚，江練遠明秋。破帽欹黃菊，西風吹白頭。便茲成懶散，吾道信悠悠。」〔註 31〕下片寫登臨情狀。登高之後，煩惱一概拋諸腦後，眼看天空遼闊廣漠，不加言語，只以目光相送飛鳥千里遠去，有悠遠縹緲的情懷。唐杜牧〈登樂遊原〉有云：「長空澹澹孤鳥沒，萬古銷沉向此中。」〔註 32〕這本是在高處詠史憑弔的詩歌，飛鳥無蹤、往事銷沉，無限感慨。然而，劉敏中是以樂觀欣喜的心情面對人生，他想像明年此時，四周將種滿松竹桃李，一片生機盎然的景象，到時候他要挂杖漫步，醒的時候歸來，酒醉時前往賞遊，顯現其豁達、忘懷得失的一面。

　　又如〈鷓鴣天・題雙頭蓮〉二首：

> 脉脉誰教並蒂芳。情緣何許苦難量。西風香冷同幽怨，落日紅酣對
> 晚粧。　　波浩蕩，月微茫。湘靈寂寞下橫塘。不堪回首鴛鴦浦，
> 一樣相思祇斷腸。（頁 25）

> 一段清香雲錦秋。雙花開處儘風流。只應無語常相並，卻是多情不
> 自由。　　湘水怨，漢濱愁。淡煙斜日兩悠悠。凌波不下橫塘路，
> 對立西風共倚羞。（頁 26）

如雙頭蓮這類的相思纏綿作品，在《中庵樂府》中並不多見。詞人主要是將蓮花擬人化，把雙頭蓮想作一對情意深厚的戀人，繼而鋪陳相思情愁。第一首上片先從蓮花並蒂相偎的姿態，聯想男女情愛緣分的難以思量。再以嗅覺、觸覺、視覺等摹寫手法，描繪出秋風下，涼風吹送而來的蓮花幽香，彷彿正

　　　　生客，試用此道推。」〔南朝宋〕謝靈運著；顧紹柏校注：《謝靈運集校注》
　　　　（鄭州：中州古籍出版社，1987 年 8 月），頁 113。

〔註 31〕〔元〕劉敏中著；鄧瑞全、謝輝校點：《劉敏中集》，收入李軍等編：《元朝別
　　　　集珍本叢刊》，頁 235。

〔註 32〕〔唐〕杜牧撰、張松輝注譯：《新譯杜牧詩文集（上）》，頁 107。

訴說鬱結在心中的愁怨，到了傍晚，橘紅色的夕陽更灑落在花上，彷彿是化了妝的女子，臉蛋嬌羞可愛。下片依循時間的流逝，從日暮寫到夜晚，水塘下，月色朦朧，想像有水神孤獨地步下了水塘。站在鴛鴦棲息的水濱上，卻禁不起回想過往情事，因爲同樣的思念只會教人心傷。寫來情致動人，但傷感太過，是可惜之處。

　　第二首情感收斂許多，情韻悠遠，上片將蓮花的香氣比喻爲一段織有鮮麗圖案的絲織品，其開放的姿態十分美好動人，只是兩朵花就像無語對坐的人兒一樣，富於情感卻沒有自己的空間。下片將場景放大，只見夕陽下煙霧裊裊，兩朵蓮花彼此並立在秋風中含羞不語，予人無限想像空間。

　　再如〈水龍吟‧同張大經御史賦牡丹〉：

> 春風一尺紅雲，粉蕤金粟重重起。天香國色，宜教占斷，人間富貴。
> 最喜風流，粧臺卯酒，欲醒還醉。算年年歲歲，花開依舊，問當日、
> 人何似。　　休說花開花謝，怕傷它、老來情味。依稀病眼，故應
> 猶識，舊家姚魏。無語相看，一杯獨酌，幽懷如水。料多情、笑我
> 蒼顏白髮，向風塵底。（頁 11）

這是一首寫牡丹之富貴風流，進而感傷年華老去的作品。上片先形容一大片牡丹花的壯觀景象，在春風吹拂下，牡丹嬌嫩的花朵、金色的花蕊，層層搖曳生姿。牡丹之色香更非他花可比，佔盡了人間的顯貴富裕。一邊飲酒，半醉半醒之間，想到時間流轉，花仍是開得如此豔麗，詞人不禁與花對話：當年的我，看起來又是如何？其實劉敏中心知肚明，花縱然「老」了，但是謝了又會有再開的一天，而人當然不是如此。下片道出自己的老眼昏花、蒼顏白髮的模樣，手裡握著酒杯，心境平和，正和牡丹無語相看。此刻劉敏中不禁猜想，是否多情的牡丹會嘲笑自己已垂垂老矣呢？詞中將牡丹比擬爲人，透過單方面的話語來陳述自己的情懷，是其靈活處。

　　又一首〈次韻賦牡丹〉：

> 曉來露濕仙衣，盛開更比初開重。春風也惜，頹然薄怒，不堪搖動。
> 天上人間，我許唯有，司花會種。想年年京洛，紅塵紫陌，都占斷、
> 繁華夢。　　醉裏依稀有語，只清詩、可爲光寵。有香萬斛，從今
> 准備，公來迎送。風雨難憑，綵雲回首，總成無用。喚玉壺、留取
> 一枝春在，作中庵供。（頁 11～12）

上片寫清早牡丹盛開的容貌，花上朝露凝結，連春風也愛惜牡丹清高脫俗、

不容侵犯的品格，但它卻承受不住搖落。「頩然薄怒」本指女子憤怒臉色大變貌，典出戰國宋玉〈神女賦〉：「頩薄怒以自持兮，曾不可乎犯干。」〔註 33〕寫巫山神女不可干犯的微怒姿態，表現其矜持守禮。宋蘇軾加以運用，其〈和陶和胡西曹示顧賊曹〉云：「頩然疑薄怒，沃盥未可揮。」〔註 34〕後又爲劉敏中所借鑒。但觀天上和人間，劉敏中以爲只有管理百花的女神才能夠照料種植，更想起每年的京都，牡丹都在大街小巷占盡繁盛美好的夢。下片則在酒醉迷茫之中，隱約有了靈感，想以清新的詩篇來讚詠牡丹。接著使用誇飾筆法，形容牡丹香氣四溢，像是能用容量萬斛的盛器來置裝，好像在迎人一般。然而劉敏中卻也興起了憐花之感，在風雨之中受到摧折的牡丹，豈能再向往昔那般美好？於是他決定以行動表示憐惜，馬上「喚玉壺、留取一枝春在，作中庵供」，如此一來，牡丹便能在溫室之中綻放美姿了。

二、摹形寫物

　　另一類詠物詞，多用形式短巧的小令，以白描手法，描寫萬物的外在形象或內在神韻。如〈清平樂・白芍藥〉：

> 何年金屑。飛上玲瓏雪。一樹風情誰解說。只有盈盈夜月。　　牡丹紅藥相誇。鉛華各自名家。爲向看花人道，此花不在鉛華。（頁16）

這是一首風格清新的小令，上片先形容白芍藥上沾附黃色花粉的姿態，續寫能欣賞白芍藥清雅之姿者少，只有那晶瑩無瑕的明月，能烘托出芍藥之美。這裡以明月之潔白柔美，襯出白芍藥淡雅脫俗形象，並說這情趣只有明月可知，也營造出夜晚寧靜安詳的情境。下片再以牡丹、紅芍藥作爲和白芍藥比較的對象，它們競相爭豔，一濃美，一淡美，都各有所美。趣味的是，劉敏中將白芍藥予以人性化，唯恐人們不能體會其美，還會「向看花人道，此花不在鉛華」。

　　再如〈破陣子〉：

> 盡道十分意巧，不知一段天成。捉得山中獨腳鬼，變作人間有尾丁。奇哉見未曾。　　說破何愁脫牯，把來真是持平。得力最宜高處柱，行倦還堪立地憑。衰年吾友生。（頁 18～19）

這是一首描寫手杖的詞。前有詞序云：「梓慶齋戒入山林，見成鐻，乃加削焉，而鐻成若神。莊周謂為以天合天，蓋材之生，蟠錯曲直，莫不有自然之質。制器者因其質之自然，用其巧而不以巧自私，則巧存而器全，是之謂以天合天者歟。今之杖有韻書所謂老人杖者，著橫握焉，枘鑿而膠之至密也。然未幾何，以杌桅棄者恆十七八。僉衛友竹劉君獨能得成杖，時削而出之，人直以為枘鑿之妙，而莫知得梓慶之道也。吁！世之言工拙何如哉。解秘書安卿得是杖，因古齋乃輒以見寄，把玩扶攜，深愜病軀，作樂府〈破陣子〉謝之。」這段話介紹了《莊子》裡梓慶削木的典故，並言獲贈手杖的經過。《莊子·達生》云：「梓慶削木為鐻，鐻成，見者驚猶鬼神。」〔註35〕是形容木匠鬼斧神工的技藝。按莊子中的這則寓言，主要是說明以天合天的道理，按照大自然的本性和規律去改造，不以人滅天。因莊子肯定自然界的生命和人無異，都是依照自己的本性來生存，在改造的過程中，必須依乎天理、因其固然，這是道家和諧自然觀的實現。因此取得木材時，其本性本來盤曲交錯，彎曲挺直，但器者因其質之自然，利用其技藝，卻不佔為己有，那麼技巧就能完整呈現，而器物也能保全自然本性。

劉君所削成的手杖，迭經解安卿、張古齋之手，送到劉敏中手中，剛好得到利用——「深愜病軀」，因而有此作品。上片是寫獲贈手杖時，驚奇於手工之巧妙，並用生動靈活的描繪，寫取材和加工的經過，有如「捉得山中獨腳鬼，變作人間有尾丁」。下片是寫手杖的實用功能，以及收到禮物的喜悅之情。手杖把來持平，最適合在登高時攜帶前行，如果走累了也能在原地站立休息，靠著木杖的力量支撐著，簡直是晚年生活的好伴侶，故云「衰年吾友生」，將手杖人性化了。

又如〈菩薩蠻·盆梅〉：

　　纖條漸見稀稀蕾。孤根旋透溫溫水。但得一枝春。誰嫌老瓦盆。　　寒愁芳意懶。移近南窗煖。卻怕盛開時。香魂來索詩。（頁23）

這首詞寫的是悉心照料盆梅的經過，從字裡行間可看出詞人的惜花愛花、小心呵護的一面。上片先從觀察盆梅的生長情形寫起，梅花纖細的枝條上已逐漸長出稀疏的蓓蕾，接著劉敏中仔細為梅花添水澆灌，使盆中獨生的根吸收到溫暖的水，只要梅花能夠開放，誰又會嫌棄它是在老瓦盆中長成的呢？下片則寫盆梅遇寒，遲遲不肯開放，不忍心讓它受寒的劉敏中，連忙將花盆移

〔註35〕〔清〕郭慶藩編：《莊子集釋（上）》，頁658。

至南窗，吸收陽光的溫暖。但他又難免擔心「香魂來索詩」，這裡或可理解為詞人對梅花盛開後將要凋謝的憐惜之情，或是出於想歌頌梅花姿態的心情，而藉由花魂來催促成稿。

第三節　感時遣懷

　　景物的轉變，時序的更迭，或是某個事件的引發，都會觸動文人的心情。本節所要討論的，就是關於因時序變化、生活情境或某一事件所觸發所寫的作品，可以感慨、傷懷、遣興，也可以回憶和懷人，抒情味道濃厚。這裡針對劉敏中的十七首作品，略分兩個部分討論：

一、撫時感事

　　從前列的作品主題分類表中，可以發現劉敏中的撫時感事之作，大都是寫在晚年野居山林、療養病痛的時候。山居生活，終日與自然為伍，不受塵俗干擾，一方面為他帶來自在適意的樂趣，或有感於野亭種種，或是村居心得；另一方面，也透露了老弱病殘之苦，變得傷感多愁。如〈鷓鴣天‧秋日〉：

　　　　竹瘦桐枯菊又開。遠山合抱水縈回。幾行銀篆蝸行過，一朵梨花蝶
　　　　舞來。　　秋意思，悶情懷。懶將閒事強支排。倚欄目送歸鴻盡，
　　　　萬里晴空入酒杯。（頁 26）

這首詞描述了秋日裡的生活情境，也抒發了慵懶鬱悶的心情。上片著重在秋景的描繪，有瘦竹、枯桐、爛開的菊花，放眼望去有青山環繞，流水盤旋往復，回到眼前是幾行蝸牛爬過的痕跡，還有蝴蝶被梨花所吸引而翩飛起舞的姿態。視覺效果豐富，畫面由靜而動，由遠景觀照至近景特寫，次第鋪陳，是一幅絕佳的秋景。面對佳景，照理說會使人心情舒爽愉悅才是，沒想到下片中的詞人心情卻有點煩悶，做事也提不起勁來，心情低落，只是倚靠在欄杆上，看著歸雁漸漸遠去，一邊喝酒，看著極遠的天空映入了酒杯之中，隱含了落寞悵惘的心情，只是此時究竟是為何事而煩悶，他並沒有直接點出。

　　又如〈感皇恩‧立秋後一日有感〉：

　　　　雲月淡幽窗，黃昏微雨。窗外梧桐共人語。秋來情味，便覺今宵如
　　　　許。斷腸楊柳苑，芙蓉浦。　　青鬢易消，朱顏難駐。行樂光陰水
　　　　東注。山林朝市，兩地笑人返袂。傷心都付與，潘郎句。（頁 27～
　　　　28）

相較於前一首秋日感懷的作品，這首詞作可明顯看出在立秋後，感嘆韶華易逝、青春不再的情緒。而感時之作，必借景以形之〔註36〕，故本篇採用先景後情的寫作手法，上片先點染周圍景致和環境氛圍，正是日暮黃昏，下著毛毛細雨，窗外月亮在雲中若隱若現，雨打在梧桐葉上，點點滴滴像是與人談話，而望著楊柳苑、芙蓉浦，便興起無限感傷。下片則道出詞人心情，原來所愁的是濃黑的鬢髮容易消褪，青春的容顏卻難以停留，美妙的遊樂的時光一如東流水，逝去不復返。又想到自己一生徘徊奔走在官場和山居之間，屢仕屢隱，而今青春不再，不免傷心落淚，所以只好將感傷的心情都託付在潘岳的文章裡。

再如〈烏夜啼・含暉亭芍藥謝〉：

> 含暉亭下春風。錦雲叢。臨到開時別去，苦忽忽。　人乍到。花已老。酒瓶空。惟有一溪流水，照詩翁。（頁26）

含暉亭是劉敏中平日休閒的去處，其命名源由及築亭年代在〈水龍吟〉詞序已有敘述，這首詞主要是他至含暉亭賞芍藥，有感於花謝的抒懷之語，上片寫花，下片寫人。含暉亭下，春風徐來，叢開的芍藥就像天上聚集的彩雲，只是它的花期是如此短暫。人方才前來賞玩，花就已衰老凋零，所以劉敏中只好獨自把酒飲盡，特寫自己臨流照看的景況。整首詞表面雖寫花老花落，卻又何嘗不是自身的寫照，看著凋零的芍藥，有如攬鏡自照，同樣反射出自己衰殘的影像。

又如〈南鄉子・老病自戲〉：

> 老境日蹉跎。無計逃他百病魔。強打支撐相伴住，難呵。也是先生沒奈何。　耳重眼花多。行則欹危語則訛。暗地自憐還自笑，休麼。智者能調五臟和。（頁30）

劉敏中年輕時身體狀況就不佳，雖有志於讀書功名，卻是神疲氣耗，苦其力之不足〔註37〕。到了老年，更是病痛纏身，備受折磨，無論詩或詞，多處幾乎有感嘆老病的痕跡。例如〈明月上東牖〉〔註38〕其一：「我病不能寐，開簾

〔註36〕〔清〕沈祥龍：《論詞隨筆》，唐圭璋《詞話叢編》本，冊五，頁4057。
〔註37〕〈樂齋賦並序〉：「余年十六始志於學，求之於師，叩之於友，朝披夕誦，未嘗或輟，蓋有志於功名也。既而神疲氣耗，寢焉成疾。由是每苦其力之不能，則輒哭泣悲憤不能自已。」〔元〕劉敏中著；鄧瑞全、謝輝校點：《劉敏中集》，收入李軍等編：《元朝別集珍本叢刊》，頁219。
〔註38〕〔元〕劉敏中著；鄧瑞全、謝輝校點：《劉敏中集》，收入李軍等編：《元朝別

納清輝。」或其五：「明月上東窗，照我多病軀。」或〈和王彥博都事韻〉：「病眼簿書良有愧，白頭風雪更堪哀。」〔註 39〕或〈多病〉：「多病少人事，長憂買藥錢。緩行同鶴步，息氣學僧禪。」〔註 40〕諸如此類，皆道盡長期與病魔纏鬥的無奈。這些病痛或許多少是遺傳自家族，試看其家中親人的健康狀況，爺爺和父親都是以疾卒，弟弟和兒子也都年紀輕輕就夭折病逝，這種無可奈何的遺傳，使得劉敏中不得不割裂他的仕宦生活，屢次因老病而回鄉休養。

病痛讓人煩惱，於是劉敏中在詞中調侃自己一日不如一日，想逃離病魔糾纏卻苦無對策，想藉由意志力克服也難以如願。況周頤《蕙風詞話》卷四：「『耳重』即『重聽』，讀若『輕重』之『重』」〔註 41〕。寫其老年耳背老花，又說走路歪斜不穩，講話則是顛三倒四，錯誤頻頻，敘述寫實生動。私底下自憐也自笑，只希望能調理好五臟機能，使其和順，能夠早日恢復健康。

二、憶舊懷人

重遊故地、重逢故人、或是不經意想起往昔的人事物，都會使人墜入記憶的漩渦裡，不斷翻騰旋滾。無論過去令人感覺美好或是哀傷，到了一定年紀再去回味，隨著閱歷的增長，感覺總是有異。如〈減字木蘭花·有懷灤源勝槩樓舊遊〉：

> 江山勝槩。天與飛樓供眼界。上得樓頭。銷盡人間萬古愁。　　　十年京國。兩鬢黃塵歸未得。捲地泉聲。辜負憑欄帶月聽。（頁 19）

灤水上有「江山勝槩樓」，早年劉敏中嘗數次來到此地憑欄遠眺。這首詞作乃在懷念過往遊歷勝槩樓的心情。站到高處，目力所及盡是廣闊的天空和高樓，還能消除人間長久以來的愁緒。而這深沉的愁緒是什麼呢？下片則言，在京城任官十年，經歷許多世事，年老歸鄉時，卻覺得人生到頭來如夢一場。接著以景語作結，可以想見劉敏中獨倚在欄杆上，披著一身淡淡月色，聽泉流沖激而來的聲音，想必是有更多的想法卻盡在不言中吧。

又如〈菩薩蠻·憶家庭月桂〉二首：

集珍本叢刊》，頁 223。

〔註 39〕〔元〕劉敏中著；鄧瑞全、謝輝校點：《劉敏中集》，收入李軍等編：《元朝別集珍本叢刊》，頁 317。

〔註 40〕〔元〕劉敏中著；鄧瑞全、謝輝校點：《劉敏中集》，收入李軍等編：《元朝別集珍本叢刊》，頁 360。

〔註 41〕〔清〕況周頤：《蕙風詞話》，唐圭璋《詞話叢編》本，冊五，頁 4507。

新枝舊孕嬌無力。翠銷香霧闌干濕。秋月與春風。深紅復淺紅。　　相
思幽夢苦。夜夜西窗雨。且莫怨芳菲。惜花人欲歸。（頁 23）

眼中有此妖嬈色。花中無此風流格。一月一番新。一年都是春。　　盈
盈花上月。幾度圓還缺。不去捲金荷。奈渠花月何。（頁 23）

這兩首小詞是懷念家中庭院所栽植的月桂樹而發。第一首的上片寫的是月桂
樹新長出枝椏後，嬌嫩無力的模樣，等到綠枝上的霧氣消融了，欄杆上則一
片濕潤。在季節的更迭裡，花開深紅復又淺紅。下片寫相思之苦，西窗下夜
夜有雨，使人難以成眠，但千萬不要埋怨香花芳草，愛花的人就要回去了。
而此惜花人，自然就是劉敏中自己了。第二首則重在月桂嫵媚多姿的外貌，
極言其美好風韻的品格，是其他花種所不及的。而此花一月即翻新一次，生
命力強，一年四季都像是春季裡的風景。加以有月亮的陪襯，若不去收起桌
上的金荷，又能對花和月怎麼樣呢？想當然爾，這是反詰語氣，花月是自然
所賜予的寶藏，並不會受燭光干擾而黯淡失色。

　　再如〈太常引・憶歸〉：

無窮塵土與風濤。名利兩徒勞。解印便逍遙。算只有、淵明最高。
小窗幽圃，種蘭栽菊，心遠氣應豪。海上摘蟠桃。不許見、秋霜鬢
毛。（頁 29）

這首詞乃在回憶過往辭官歸隱的心情，詞中可見其解官逍遙後的痛快，雖無
法確知為哪一次的歸隱，但從其行文看來，應非單為老病而發所作，很可能
是經歷官場傾軋、人事鬥爭後，倦怠而歸所寫。上片首句便以「塵土」、「風
濤」為喻，暗指自己經歷過無數艱險的遭遇，卻體悟到追求名和利都是白費
心力，只有罷官回鄉後才感覺自在，不受拘束，回顧過去罷官歸隱的人中，
大概也只有陶淵明最屬清高了。下片則寫隱居後的生活。平時在窗邊清幽的
園圃裡，種植蘭花和菊花，因為遠離塵俗紛擾，感覺爽快而無拘束。最後則
有對生命延續的期待，希望能「海上摘蟠桃」〔註 42〕，將仙桃服下後，有青
春常駐的效果。從前面以來的探討，可知劉敏中對於老病催促的無奈，因此
他難免會在寫作時，抒發遊仙的想望，如〈滿江紅・次韻答暢泊然〉：「賴多

〔註 42〕據《論衡・訂鬼》引《山海經》：「滄海之中，有度碩之山，上有大桃木，其
　　　　蟠屈三千里。」又據《太平廣記》卷三引《漢武內傳》載：「七月七日，西王
　　　　母降，以仙桃四顆與帝。帝食輒收其核，王母問帝，帝曰：『欲種之。』王母
　　　　曰：『此桃三千年一生實，中夏地薄，種之不生。』帝乃止。」

情問我，病歟貧耳。一寸灰心寒欲盡，數莖綠髮愁難理。說青帝高處有仙鄉，無人指。」或是〈復和呈仲敬〉其六：「生年不滿百，未幾顏已枯。安得揚州鶴，跨懸金酒壺。遐舉登蓬山，浩蕩凌九區。」〔註43〕也是人之常情。

〈木蘭花慢・代人作〉：

> 渺雲閒天淡，離別意、一銷魂。憶金縷珠喉，冰絃玉笋，明月幽人。
> 風流舊家心事，指南山、松栢託慇懃。煙草夕陽別浦，梨花暮雨重
> 門。　　浪憑歸夢覓行雲。腸斷幾黃昏。甚百種淒涼，一般寂寞，
> 兩地平分。多情料應有語，道卿卿、不惜鎖窗春。爲謝倩桃風柳，
> 不禁鞍馬紅塵。（頁2～3）

這首代人作在四庫本題作「憶別」，是回憶男女分離時的哀悽不捨。上片重在離別，首先以清淡的天色、渺遠飄盪的浮雲，渲染離別時的場景，相愛的兩人被迫分別，使人哀戚腸斷。回想起唱出金縷曲的美妙歌喉，還有彈奏音樂的纖纖十指，明月下那個幽居的人。但是從前那些美好韻事，卻只能藉由南山上長青的松柏來表示情意。接著又回到寫景，河岸邊夕陽斜照，雜草上煙霧瀰漫；傍晚的雨濛濛，沾濕了城外的梨花樹。這裡亦比喻離情時的哀戚，女子如梨花帶淚，難分難捨。下片多敘相思，分別以後，只能憑藉作夢來追尋心儀對象的身影。其中的「一般寂寞，兩地平分」，其實與宋李清照〈一剪梅〉中的「一種相思，兩處閒愁」〔註44〕有異曲同工之妙，情人雖分隔兩地，但寂寞相同。而情感深摯的女子，卻怕窗外的景色觸動春愁，連忙把窗戶緊閉，不忍多看繁盛的春景。此係引用唐李商隱〈訪人不遇留別館〉：「卿卿不惜鎖窗春，去作長楸走馬身。」而良人也因離別了心愛的女子，不捨地踏上路途，徒留遠去的背影。

第四節　即景抒情

牽動文人敏感的神經，觸發文人創作的動機之一，便是自然景物。陸機

〔註43〕〔元〕劉敏中著；鄧瑞全、謝輝校點：《劉敏中集》，收入李軍等編：《元朝別集珍本叢刊》，頁343。

〔註44〕〈一剪梅〉：「紅藕香殘玉簟秋。輕解羅裳，獨上蘭舟。雲中誰寄錦書來，雁字回時，月滿西樓。　　花自飄零水自流，一種相思，兩處閒愁。此情無計可消除，才下眉頭，卻上心頭。」〔宋〕李清照著；王學初校註：《李清照集校註》（臺北：里仁書局，1982年5月），頁23～24。

〈文賦〉：「遵四時以嘆逝，瞻萬物而思紛；悲落葉於勁秋，喜柔條於芳春。」〔註45〕便是因有感於四時變遷、萬物生衰而引起文思。劉勰《文心雕龍·物色篇》亦云：「春秋代序，陰陽慘舒，物色之動，心亦搖焉。蓋陽氣萌而玄駒步，音律凝而丹鳥羞，微蟲猶或入感，四時之動物深矣。……歲有其物，物有其容；情以物遷，辭以情發。一葉且或迎意，蟲聲有足引心。況清風與明月同夜，白日與春林共朝哉！是以詩人感物，連類不窮，流連萬象之際，沉吟視聽之區；寫氣圖貌，既隨物以宛轉，屬采附聲，亦與心而徘徊。」〔註46〕〈明詩篇〉又云：「人稟七情，應物斯感，感物吟志，莫非自然。」〔註47〕鍾嶸《詩品·序》也說：「氣之動物，物之感人。故搖蕩性情，形諸舞詠。」〔註48〕文人莫不是因「物色相召」，繼而「辭以情發」，往往將情繫於景，使情景交融。

　　基於自然景物和文學創作間的密切關係，自然景物的變化，會激發人類的思想感情。在劉敏中十五首寫景抒情的作品裡，大致可歸爲客觀描寫景致，以及將主觀感情託付於景二種，使得情景相生，景中含情。

一、自然清景

　　一般詞人在寫景時，或是主觀書寫，或以客觀描摩，藉外在的具體景物來襯托內在抽象的情感。前者通常主觀將景物賦予感情，直接使用了情語；後者是省略情語，透過所見景物實予描述，進而襯托出抽象的心情〔註49〕。王國維《人間詞話》說：「一切景語，皆情語。」〔註50〕所以即使是客觀描述外在景物，字句中也隱含了詞人抽象的心思。今以劉敏中的寫景詞來看，多是清新可喜的小品，而且畫面靈活生動，無論色彩或景象都很豐富。清李佳《左庵詞話》卷下云：「王摩詰詩中有畫，畫中有詩。詞家描景造句，往往堪

〔註45〕〔晉〕陸機：〈文賦〉，見郭紹虞選編：《中國歷代文學論著精選（上）》（臺北：華正書局，1991 年 3 月），頁 136。

〔註46〕〔梁〕劉勰著、范文瀾注：《文心雕龍註》（北京：人民文學出版社，2008 年 4 月），頁 693。

〔註47〕〔梁〕劉勰著、范文瀾注：《文心雕龍註》，頁 65。

〔註48〕〔梁〕鍾嶸：《詩品·序》，見郭紹虞選編：《中國歷代文學論著精選（上）》，頁 270。

〔註49〕陳滿銘：〈常見於詩詞裡的兩種寫景法──主觀與客觀〉，《增修詩詞新論》（臺北：萬卷樓圖書，1999 年 8 月），頁 53。

〔註50〕王國維著、馬自毅注譯：《新譯人間詞話》（臺北：三民書局，2007 年 11 月），頁 193。

以入畫，尤爲工峭，寫作丹青，愈令人讀之不厭。」〔註51〕而劉敏中寫自然
清景的小詞，正適合用來題畫。

如〈玉樓春・雨中戲書〉：

> 玉簪葉趂芭蕉大。低映階墀高映座。雨來時節一般鳴，點點聲聲相
> 磨和。　　芭蕉重被風吹破。狼藉玉簪看又過。瀟騷長與兩相宜，
> 賴有竹君三五箇。（頁14）

這首詞描寫的是玉簪、芭蕉和竹子佇立在風雨中時的各種樣貌，主要採用白
描手法，表現閒適生活的樂趣。上片先以玉簪和芭蕉作對比，因玉簪葉小，
故襯托出芭蕉葉之大。兩者高矮不同，其姿態也各有妙處，矮小的玉簪能遮
隱臺階，高大的芭蕉能遮藏座席。每當下雨的時候，滴滴答答的聲音便互相
應和。繼聽覺摹寫之後，下片就視覺所見，寫風雨過後，那些被吹破的芭蕉
葉、被打亂的玉簪花，還好外邊種了幾株修竹，伴隨著沙沙的風聲，十分適
宜。

又如〈蝶戀花・曉至野亭〉：

> 臨水衰葵攲欲倒。三兩幽花，更比初開好。何處飛來金鳳小。碧筵
> 開徹忘憂草。　　月桂新栽枝葉少。一朵妖紅，點破江煙曉。最愛
> 牽牛隨意繞。回欄青錦遮圍了。（頁20）

繼含暉亭之後，野亭是劉敏中在元貞元年（1295）由國子司業以病歸歷下，
在隔年春天來到繡江後所整治的休閒去處。根據〈野亭記〉的描述，這個地
方近於江流，有杏樹桃李，雜卉間列，春花「亂發如綺」；夾江有萬株高柳，
佳禽異鳥，往來飛鳴；低頭可見游魚跳躍上下。江之西皆爲綠野，南山則翳
長林，乍隱乍見，如翠屏見簾幃間。秋天有峰騰谷湧，清晨更有奇異的雲海。
此處風景絕佳，劉敏中因此「徐而思其名，則曰邑，邑外曰郊，郊外曰野，
今爲亭於茲焉，斯野矣……余能知野之樂，而不能集眾野而爲一野之樂，而
亭能之。然則野之至莫如亭，乃名曰『野亭』。」〔註52〕

清晨行至野亭的景象又是如何？上片可見水邊衰老的葵花，看起來傾斜
欲倒的樣子，還有三三兩兩盛開的野花，和某處飛來的金色小花。地上青草
綿延如筵席，上頭還長滿了忘憂草。下片先寫新栽的月桂，再特寫一朵妖豔

〔註51〕〔清〕李佳：《左庵詞話》，唐圭璋《詞話叢編》本，冊四，頁3164。
〔註52〕〔元〕劉敏中著；鄧瑞全、謝輝校點：《劉敏中集》，收入李軍等編：《元朝別
　　　　集珍本叢刊》，頁28。

的紅花,「點破」二字,彷彿先將早晨的江霧想作帷幕,再把亮眼的紅花推出舞臺,使紅白兩色形成強烈對比,靜景中又有動態。這種用法係出自宋辛棄疾〈滿江紅‧山居即事〉:「幾個輕鷗,來點破一泓澄綠。」而詞人最愛看村民清早牽牛散步的場景,周圍的欄杆上也都爬滿了如錦緞似的青苔。整體而言,此詞勝在摹寫,畫面色彩豐富,黃、紅、綠、白等色交錯排列,恰如其分地勾勒出野亭清曉充滿生機的面貌,語語都在目前。〔註53〕

或如〈菩薩蠻‧月夕對玉簪獨酌〉:

> 遙看疑是梅花雪。近前不似梨花月。秋入一簪涼。滿庭風露香。　　舉杯香露洗。月在杯心裏。醉眼月徘徊。玉鶯花上飛。(頁30)

在月夜裡獨自對著玉簪花飲酒,把醉眼中的玉簪形象和香氣,結合月色一一表出,正是這首詞所描寫的內容。而劉敏中鍾愛玉簪,實有獨特意義,其〈玉簪賦〉有言:

> 余家有玉簪數本,當其始開,宛然良簪也,清麗閑灑,有出塵之姿,然世罕有知貴者。余方窮處,門巷蕭條,蓬藋蓊翳,非有臺榭觀賞之助,益歎花之不遇也,故為之賦云。……況乎溫潤比君子之德,清貴與冠首之名。宴罷免坡仙之醉墮,頭白謝杜甫之不勝。其清麗閑遠,蓋有得乎絕俗之高情也。嘻!金堂瓊樹,爾生是宜分,乃託我於家巷之棲遲。〔註54〕

玉簪的清麗閑灑、出塵之姿,有如君子溫潤的德行,絕俗之高情,故得到劉敏中的賞愛。大凡文人「拈花惹草」,多少有其偏好,如陶潛之愛菊、林逋之愛梅、周敦頤之愛蓮、鄭思肖之愛蘭等,不同種類,各呼應其性格。

　　詞之首句以遠觀的角度,將玉簪誤認作如梅花落地的白雪,靠近前看,卻又覺得不像如梨花布地的溶溶月色。此時正是充滿涼意的秋天,晚風輕拂,整個庭院都飄送著玉簪的清香。劉敏中不禁舉起酒杯,玉簪上的露水便滴入杯中,和著露水的酒釀,或許因此變得更香甜。此時天上的明月倒映在杯子

〔註53〕按王國維《人間詞話》論「隔與不隔」,以為語語都在目前,便是不隔。寫情如「生年不滿百,常懷千歲憂。晝短苦夜長,何不秉燭遊。」「服食求神仙,多為藥所誤。不如飲美酒,被服紈與素。」寫景如「采菊東籬下,悠然見南山。山氣日夕佳,飛鳥相與還。」「天似穹廬,籠蓋四野。天蒼蒼。野茫茫。風吹草低見牛羊。」皆是不隔之作。王國維著、馬自毅注譯:《新譯人間詞話》,頁63～64。

〔註54〕〔元〕劉敏中著;鄧瑞全、謝輝校點:《劉敏中集》,收入李軍等編:《元朝別集珍本叢刊》,頁217。

裡，隨著酒水蕩漾。趣味的是，詞人在醉後的世界裡，看著月亮緩慢移動，彷彿是白雪在花上飛旋。整體而言，詞人雖是醉意朦朧，卻沒有絲毫失態，反而流露出純真可愛的一面，陶醉在自己的月夜想像裡。

二、情景相生

當情感和景物融合而一，物皆著我之色彩，眼前的風景就不再是沒有生命的客觀物體。劉敏中的寫景抒情之作，大抵是藉由景物的感染而引起心緒，如〈木蘭花慢・曉過盧溝〉：

> 上盧溝一望，正紅日、破霜寒。儘渺渺飛煙，蒽蒽佳氣，東海西山。依稀玉樓飛動，道五雲深處是天關。柳外弓戈萬騎，花邊劍履千官。
> 寒窗螢雪一生酸。富貴幾曾看。問今日誰教，黃塵疋馬，更上長安。空無語，還自笑，恐當年、貢禹錯彈冠。擬把繁華風景，和詩滿載歸鞍。（頁1）

由「黃塵疋馬，更上長安」句，可知此詞係在重返京都的途中所作。上片著重在登高所見的壯闊景色，一大清早，劉敏中登上盧溝橋，太陽才要露臉，一拂霜寒濃重的氛圍。在水氣迷濛、晨霧繚繞之中，極目眺望，京城的風光無限，東有渤海，西有太行山支脈，皇宮就掩映在流動的彩雲間，看起來有如樓閣飛動一般，此係化用唐杜羔妻趙氏〈聞杜羔登第〉：「長安此去無多地，鬱鬱蔥蔥佳氣浮。」接著詞人又化用岑參〈奉和賈至舍人早朝大明宮〉：「花迎劍珮星初落，柳拂旌旗露未乾。」〔註55〕聯想軍營外有萬騎持弓執戈，威武雄壯；朝廷內，千官重臣則是配戴劍履，尊貴顯達。下片則用囊螢映雪典故〔註56〕，表明自己一生刻苦讀書，寒酸清貧，卻視富貴如浮雲。自從罷官隱居後，而今再度跋涉奔波，「黃塵疋馬，更上長安」，又是誰的安排呢？此話無異隱含了對前途的怨嗟與憂慮。詞人的疑慮或許可以理解，因為他「恐當年、貢禹錯彈冠」，這裡「錯彈冠」，應是指元世祖至元年間以監察御史身

〔註55〕 〈奉和賈至舍人早朝大明宮〉原詩：「雞鳴紫陌曙光寒，鶯囀皇州春色闌。金闕曉鐘開萬戶，玉階仙仗擁千官。花迎劍佩星初落，柳拂旌旗露未乾。獨有鳳凰池上客，陽春一曲和皆難。」〔唐〕岑參著；陳鐵民、侯忠義注：《岑參集校注》（臺北：漢京文化事業有限公司，2004年3月），頁196。

〔註56〕 車胤囊螢，典見《晉書・車胤傳》：「胤恭勤不倦，博學多通。家貧不常得油，夏月則練囊盛數十螢火以照書，以夜繼日焉。」孫康映雪，典出《魏書・孫康傳》：「孫康少清介，交遊不雜，家貧無油，嘗映雪讀書，後官至御史大夫。」

分彈劾權臣桑哥，因未果而罷官歸鄉一事，按至元間，巨奸專政，竊生殺柄，脅制外內，視臺憲善良如仇敵〔註 57〕，許多正直的大臣深受迫害。因此，劉敏中借用漢代貢禹的典實，以其多次上書元帝，抨擊朝廷弊政，又以剛直敢言名重於時，作爲自己的寫照〔註 58〕。劉敏中之遭遇與貢禹頗爲相似，貢禹之友爲王吉，劉敏中在官場上的知交乃王約，但劉敏中在彈劾桑哥不報後，其友王約亦因桑哥事件而被罷官除名，「錯彈冠」一語，即表自愧與遺憾，無能援救好友，另一方面，也是埋怨朝廷不辨忠奸，舉措失當。寫到最後一句時，詞人其實已經對未來做了最壞的打算，倘若前途未卜的話，屆時京城裡的繁華風光，都將「和詩滿載歸鞍」。自古文人喜歡站在高處，或俯瞰或眺望，其實正是破除狹隘、限制的最佳方式，藉著所處之高，可以了解高拔卓絕與平面視野的不同，更可能領略心遊物外、洗滌心靈的智慧，同時建構一個具有時空想像的圖畫文字〔註 59〕。劉敏中亦然，他在盧溝橋上，想像京城的風光，種種回憶襲上心頭，使整首詞隱含了欲進又欲退的複雜情緒。黃永武也說：「一臨高處，那分寒冷寂寞且不必說，即使你能望盡天涯路，映入眼簾的千山萬徑，就給你一種『歧路滿眼』的惶惑。」〔註 60〕

再如〈木蘭花慢‧元夕後小雨〉：

> 澹春陰如霧，釀春雨、洒春城。便羅綺風柔，園林氣暖，巷陌塵輕。
> 鼇山頓成瀟洒，恰上元過也罷燒燈。到處柳金梅雪，一時水綠山青。
> 午慵夢斷破微晴。驀聽賣花聲。憶北苑尋芳，南園載酒，節近清明。
> 韶華向人如舊，莫青春行樂負平生。說與東君知道，先迎舞燕歌鶯。

（頁 3）

此詞係寫春雨遍灑大地的各種景象，以及喜春之情。上片全是寫景，首以天空陰暗如霧，準備醞釀春雨，繼而城池籠罩在濛濛春雨之中，漸次掀開序幕。這時春風如絲綢一般輕柔，園林空氣暖和，街道裡塵埃清輕。元宵過後，燈

〔註 57〕〔元〕劉敏中著；鄧瑞全、謝輝校點：《劉敏中集》，收入李軍等編：《元朝別集珍本叢刊》，頁 106。

〔註 58〕《漢書‧卷七十二‧王吉傳》：「吉與貢禹爲友，世稱『王陽在位，貢公彈冠』，言其取舍同也。」〔漢〕班固撰；〔唐〕顏師古注：《漢書》（臺北：宏業書局，1978 年 8 月），頁 3066。

〔註 59〕王隆升：《宋詞的登望意識與境界》（臺北：文津出版社，1998 年 9 月），頁 72。

〔註 60〕黃永武：〈登高望遠〉，《抒情詩葉》（臺北：九歌出版社，1989 年 9 月），頁 237。

山因不再燃放而顯得冷清，恰好與春陽拂照下的柳樹和盛開如雪的梅花形成對比，周圍一時水色青綠，山色蒼翠。下片轉為抒情，詞人正在屋內午寐，忽而窗邊傳來一陣聲響，劃破微晴的天空，原來是叫賣花的聲音。夢斷之後，回想起往年在北面的園林裡遊賞，在南方的園圃裡飲酒，時光荏苒，轉眼又近清明節了，韶華依舊，只是「莫青春行樂負平生」。末則以活潑的春燕和黃鶯作結，牠們既舞且歌，就像是負責接迎春神的使者，增添了春日之可愛。

又如〈蝶戀花‧清和即事〉：

> 池館清和風色軟。筍綠梅黃，細雨忙新燕。榴蕁尚含紅一半。荷錢亂疊青猶淺。　　心緒未炊腸已斷。病損形骸，自是追陪懶。一縷麝煙斜作篆。日長慵把重簾捲。（頁 21）

依照詞中呈現出的景物來看，本詞當作於夏日。上片重在景色鋪陳，下片多敘病中情懷。首句先寫池苑館舍的天氣清朗溫和，景色柔美，筍綠梅黃，新燕忙著築巢，榴蕁的花只是半吐，初生的小荷葉疏疊雜長，顏色青淺。一連串的敷彩設色，有綠、有黃、有黑、有紅，使景色豐美，突出夏日旺盛的生命力。對此佳景，劉敏中卻一點兒也振奮不起來，原來是病體憔悴，心情慵懶，肝腸寸斷，房內點燃的麝煙斜行如篆字，連起身捲簾的力氣都沒有了。像這類具備婉約之風，頗似李清照之作，算是劉敏中詞作中比例較少者，也讓人欣賞到一向豪放曠逸的他，還有如此纖柔細膩的一面。

第四章　劉敏中詞的形式技巧

　　歷來詞家論作詞之法，大抵可從其詞調聲律、篇章結構、虛實筆法、比興寄託、修辭技巧、語言特色等方面著手，根據個別詞人的特點加以考察。以劉敏中詞論之，可自其調律聲情、修辭技巧及語言特色加以考察，茲分四節探討。至於章法結構，則於各章節分析詞作內容時一併論述。

第一節　調律多用小令，聲情詞意相諧

　　詞最初稱作曲詞、曲子詞，表示它是一種合樂的文學。詞人創作，又叫倚聲填詞，這是因為詞人必依樂家製成之曲調，根據其句度長短、字音輕重、抑揚高下等等，使文情和聲情一致。詞與曲調之間，彼此相輔相成，使歌詞可透過其句式、音韻組織等錯綜變化，用以詮釋樂曲，促進情感；另一方面，不同的詞調和聲情，也提供詞人不同的抒情效應，有助於抒發情感和表達思想。因此，本節所要觀察的，是劉敏中詞的擇調情形，及其作品內容與詞調的搭配效果。

一、小令調律為主

　　填詞當先選調，在《中庵樂府》一百四十九首詞中，共使用了三十六種詞調，其中以〈清平樂〉、〈木蘭花慢〉、〈菩薩蠻〉、〈沁園春〉等四種詞調最常出現，其餘如〈滿江紅〉、〈蝶戀花〉、〈鵲橋仙〉等，也頗受劉敏中喜愛。現將三十六種詞牌統計如下：

調　名	數量	調　名	數量	調　　名	數量	調　　名	數量
清平樂	17	最高樓	6	六州歌頭	2	臨江仙	1
木蘭花慢	11	念奴嬌	5	破陣子	2	眼兒媚	1
菩薩蠻	11	南鄉子	5	減字木蘭花	2	秦樓月	1
沁園春	10	鷓鴣天	5	滿庭芳	2	好事近	1
滿江紅	8	烏夜啼	4	阮郎歸	2	鳳凰臺上憶吹簫	1
蝶戀花	8	浣溪沙	4	感皇恩	2	定風波	1
鵲橋仙	8	西江月	3	卜算子	2	太常引	1
玉樓春	7	摸魚兒	2	黑漆弩	2	漁家傲	1
水龍吟	6	水調歌頭	2	婆羅門引	2	點絳唇	1

　　從表格中可以看出，劉敏中填詞有集中於某幾種詞牌的現象，而且所填者多為小令。目前普遍認知的小令、中調、長調字數劃分之別，乃是清毛先舒所提出，其《填詞名解》卷一云：「凡填詞五十八字以內為小令；自五十九字始，至九十字止，為中調；以外者俱長調也。此古人定例也。」〔註1〕這種依照字數多寡的分法，過於機械拘執，若詞有變體，當多一字、少一字時，就須歸入他調，豈不荒謬？因此，清萬樹《詞律·發凡》駁說：「所謂定例，有何所據？若以少一字為短，多一字為長，必無是理。如〈七娘子〉，有五十八字者，有六十字者，將名之曰小令乎？抑中調乎？如〈雪獅兒〉，有八十九字者，有九十二字者，將名之曰中調乎？抑長調乎？」〔註2〕鄭騫〈再論詞調〉一文，亦駁斥這種穿鑿附會、於古無據的說法，改採用另一劃分標準：「大概七八十字以下即是小令，八九十字以上即是長調。」〔註3〕這種統計法較不受拘泥，也能說服大多數的研究者。依此原則，大抵是以八十字為界，《中庵樂府》符合八十字以上的長調，有〈木蘭花慢〉、〈滿江紅〉、〈沁園春〉、〈水龍吟〉、〈最高樓〉、〈念奴嬌〉、〈摸魚兒〉、〈水調歌頭〉、〈六州歌頭〉、〈滿庭芳〉、〈鳳凰臺上憶吹簫〉等十一個詞調，總計五十五首詞，約佔全數 37%，其餘

〔註1〕〔清〕毛先舒：《填詞名解》，收錄於查培繼輯：《詞學全書》（臺北：廣文書局，1971 年 4 月），頁 29。

〔註2〕陳良運主編：《中國歷代詞學論著選》（南昌：百花洲文藝出版社，1998 年 8 月），頁 389。

〔註3〕鄭騫：〈再論詞調〉，《從詩到曲》（臺北：中國文化雜誌社，1971 年 7 月），頁 96。

都是小令，可見劉敏中填詞多取小令。

　　瞭解詞之體製後，有助於分析其詞情。體製短小的，適合婉約之詞；體製較大的，宜於抒發奔放激烈或慷慨悲涼的情感。吳梅《詞學通論》云：

　　　　凡題意寬大，宜抒寫胸襟者，當用長調，而長調中就以蘇辛雄放之作爲宜。若題意纖仄，模山範水者，當用小令或中調。〔註4〕

劉敏中詞中小令，多是閒適之作，長調則多敘悲鬱豪壯之情，正是能根據不同寫作內容，擇取適當的詞調，茲各舉一例作爲說明。小令如〈鵲橋仙‧觀接牡丹〉：

　　　　栽時白露，開時穀雨。培養工夫良苦。閒園消息阿誰傳，算只是、司花說與。　　　寒梢一拂，芳心寸許。點破凡根宿土。不知魏紫是姚黃，到來歲、春風看取。（頁30）

此詞係寫觀賞花農嫁接牡丹的過程。上片點出種植的時節是秋天，花期約莫在明年初夏，而花神是負責傳遞花信的使者。下片描寫牡丹花出芽的樣子，在帶有寒意的風裡，突圍冒出宿土。而這株花將來會長成魏紫牡丹或是姚黃牡丹，詞人並未說明，僅說到了明年春天便知分曉，實在留給讀者許多想像空間。清況周頤《蕙風詞話續編》卷一評此詞道：「接花入題詠，於劉詞僅見。……牡丹係草本，白露已深秋，能於深秋接草木花，其技精於今人遠甚。唯詞歇拍云：『不知魏紫是姚黃，到來歲、春風看取。』當接花時，不能預定其色品，詎昔之接，異於今之接耶，惜其法不可得而考矣。」〔註5〕是以劉敏中觀接牡丹詞，不但寫其觀花興致，更有對時人栽花養花的紀錄，乃具有文化上的意義，只是誠如況周頤所言，其嫁接法究竟爲何，則不可得知。

　　長調如〈水龍吟‧次韻答馬觀復左司九日〉：

　　　　二豪侍側何知，舉頭一幕青天大。歸盤樂矣，丁寧更說，閒居粉黛。我見沙鷗，蓋嘗有問，無言意對。道試看自古，忘機未了，空無益、又遺害。　　　萬事宜須自得，笑衰翁、幾時方會。今朝重九，西風杖屨，一番輕快。滿地黃花，清泉酌醴，新詩嚼膾。若東籬老子，能來共此樂，吾當拜。（頁11）

───────────

〔註4〕　吳梅：《詞學通論》（臺北：臺灣商務印書館，1969年12月），頁42。
〔註5〕　〔清〕況周頤：《蕙風詞話續編》，唐圭璋《詞話叢編》本，冊五，頁4544～4545。

這是一首歌頌隱居之樂的作品，並抒發對人間機心巧詐的感嘆，表現出放曠、揮灑縱橫的意態。上片先以二豪陪侍左右，共看遼遠青天的場景，凸顯出雄豪壯闊的胸襟。後引用唐韓愈〈送李愿歸盤谷序〉語〔註6〕，且藉由「沙鷗」這個忘機友，自抒遠離機巧世界後的歸隱之樂，慨嘆自古以來，那些爭權奪利、忘機未了而遺留禍害的人。這種能夠安於淡泊、閒適忘機的生活，通常是親身體會過人生風浪後的人，才能領悟箇中道理。下片描寫重陽節日的活動，並邀請馬觀復能來共享這番樂趣，一起當著秋風，穿著草鞋，拄著枴杖，懷抱輕鬆的心情上山去。然後在滿地菊花的環境裡，喝幾杯美酒，寫幾首詩，大塊吃肉，享受人生。

二、聲情與詞情的搭配

不同詞調，宜於抒發的情感內容也就不同。詞調表情之婉轉纏綿，或是激昂慷慨，都有不同的抒情效應，這都得透過對聲情的探討，才能進一步欣賞其與詞作內容的符應。王易《詞曲史》說：

> 宮律詞調，聲響文情，皆屬一貫。就作者言：則本情以尋聲，因聲以擇調，由調以配律。就詞體言：則本律而立調，因調而定聲，以聲而見情。〔註7〕

這是說詞人會照自己所要表達的感情去選擇詞調，但詞調也需要詞人按譜填詞以彰顯其聲情。然而，唐五代及北宋初期之作品，類皆調外無題，如〈更漏子〉必寫夜長難寐之情，〈浪淘沙〉宜抒世事無常之感〔註8〕，基本上聲情與詞情是一致的。龍榆生〈研究詞學之商榷〉云：

> 詞本倚聲而作，則詞中所表之情，必與曲中所表之情相應。故唐、五代乃至北宋柳永、秦觀、周邦彥諸家之作，類多本意，不復於調外標題。蓋聲詞本不相離，倚聲製詞，必相吻合故也。〔註9〕

然而，在詞樂久亡的今日，關於某一曲調之為哀為樂，已難得知。目前尚且能要考察聲調表情的辦法，大抵可從歸納精於音樂韻律的詞人作品，綜合多

〔註6〕 〈送李愿歸盤谷序〉：「清聲而便體、秀外而惠中，飄輕裾，翳長袖，粉白黛綠者，列屋而閒居，妒寵而負恃，爭妍而取憐。……嗟盤之樂兮，樂且無殃。」高海夫主編：《唐宋八大家文鈔校注集評：昌黎文鈔》，頁344～345。

〔註7〕 王易：《詞曲史》，頁267。

〔註8〕 俞感音：〈填詞與選調〉，收入趙為民、程郁綴選輯：《詞學論薈》，頁433。

〔註9〕 龍榆生：〈研究詞學之商榷〉，收入《龍榆生詞學論文集》（上海：上海古籍出版社，1997年7月），頁90。

人的傾向來看，或者取用最先所填之詞，細玩其音節態度，另外也可藉當時通行曲調來觀察詞情。許多聲韻學家及詞評家，也會透過考察句度安排、韻之疏密、四聲平仄等，逐漸歸納出各詞調之表情。以下則就其調律剛柔、句式奇偶及用韻疏密三方面，觀察劉敏中詞之內容與聲情的搭配。

（一）調律剛柔

詞情有剛柔之別，不同的派別傾向，偏好的詞調也各不相同。王易《詞曲史》曰：

> 蓋詞有剛柔二派，調亦如之；毗剛者，亢爽而雋快；毗柔者，芳悱而纏綿。賦情寓聲，自當求其表裏一致，不得乖反。若〈雨霖鈴〉、〈尉遲杯〉、〈還京樂〉、〈六醜〉、〈瑞龍吟〉、〈大酺〉、〈繞佛閣〉、〈暗香〉、〈疏影〉、〈國香慢〉等調，則沉冥凝咽，不適豪詞；〈六州歌頭〉、〈水調歌頭〉、〈水龍吟〉、〈念奴嬌〉、〈賀新郎〉、〈摸魚兒〉、〈滿江紅〉、〈哨遍〉等調，則揮灑縱橫，未宜側豔。〔註10〕

吳熊和《唐宋詞通論》列舉了婉約與豪放詞派之詞調偏好：

> 婉約派常用〈訴衷情〉、〈蝶戀花〉、〈臨江仙〉、〈雨霖鈴〉之類婉轉纏綿、淒咽清怨之調；豪放派詞常用〈滿江紅〉、〈水調歌頭〉、〈賀新郎〉之類激越奔放、慷慨悲涼之調。〔註11〕

俞感音〈填詞與選調〉也歸納了幾種詞調表情：

> 尋常習用之調，最宜書寫悽壯熱烈之情者，有如〈虞美人〉、〈破陣子〉、〈滿江紅〉、〈念奴嬌〉、〈水龍吟〉、〈賀新郎〉、〈桂枝香〉、〈水調歌頭〉、〈八聲甘州〉、〈六州歌頭〉之類，咸以聲情激越，讀之便覺生氣凜然，而聲韻配合之間，亦各有其激壯之致。〔註12〕

由此看來，婉約派喜歡的多是舒緩和暢、沉冥凝咽的調子，例如：〈雨霖鈴〉、〈尉遲杯〉、〈還京樂〉、〈六醜〉、〈瑞龍吟〉、〈大酺〉、〈繞佛閣〉、〈暗香〉、〈疏影〉、〈國香慢〉、〈訴衷情〉、〈蝶戀花〉、〈臨江仙〉等；豪放派喜用健捷激裊、可揮灑縱橫的調子，例如：〈六州歌頭〉、〈水調歌頭〉、〈水龍吟〉、〈念奴嬌〉、〈賀新郎〉、〈摸魚兒〉、〈滿江紅〉、〈哨遍〉、〈虞美人〉、〈破陣子〉、〈桂枝香〉、〈八聲甘州〉等調子。茲舉《中庵樂府》剛柔詞調各一例，幽咽纏綿如〈臨

〔註10〕王易：《詞曲史》，頁267。
〔註11〕吳熊和：《唐宋詞通論》（杭州：浙江古籍出版社，1989年3月），頁129。
〔註12〕俞感音：〈填詞與選調〉，收入趙為民、程郁綴選輯：《詞學論薈》，頁438。

－75－

江仙・芙蓉〉：

> 見說瑤池池上路，雪香花氣蔥蘢。一雙依約玉芙蓉。煙波孤夢斷，
> 風月兩心同。　　千古情緣何日了，此生何處相逢。不堪回首怨西
> 風。殘芳秋淡淡，落日水溶溶。（頁25）

上片由花及情，傾訴在煙霧蒼茫的海上，孤獨夢醒，情人的心意互通交流，同懷相思。下片情中有怨，哀愁自古情緣難了，有情人聚首不易，孤寂寥落的情懷在字句間蔓延開來，只見芙蓉殘花凋零，秋色清冷淡薄，夕陽斜照在大海上，延續未盡的情思，情韻綿邈，與詞情正能相應。

瀟灑健捷如〈念奴嬌〉：

> 百花開後，殿餘春、只有翻階紅藥。人似春光留不住，半夜東風作
> 惡。寥落離懷，蒼涼行色，更與花前酌。浩歌一曲，鳥啼花自飛落。
> 瀟洒誰復如君，溪山如此，何限山中樂。政爾功名相促迫，眼底西
> 臺東閣。我識君才，青雲明日，萬里秋天鶴。有時還夢，野亭亭下
> 嚴壑。（頁6）

其詞序云：「大德己亥冬，余再至京師，聞中書掾東平張君敬甫以練達俊偉遊諸公間〔註13〕，名聲籍籍。已而識君於王禮部彥博家，歲餘，君掾秩滿，出尹余鄉陽丘。陽丘大縣，繁阜難治，君至，剗疣抉蠹，善政日聞。甲辰春，余還繡江野亭，實邇縣郛，君苟有暇，必從容就余，嘯詠相忘，追泉石之樂。是歲十月，君受代，自爾來益數，情益狎，而知益以深。憶昔言曰：吾當去矣，途既戒矣，先生豈有言乎？余諗之曰：敬甫，子以敬自銘者也。人之才不同，概言則有能有不能，無可無不可，二者而已。若吾子無可無不可者歟，以無可無不可之才，而行之以敬，則異時功業之所就，非余所得慮者，子惟持子之敬，愼子之才而已矣。衰懷激烈，不覺黯然，於是飲之酒，而贈之以歌，實乙巳三月下澣一日也。」這裡交代了劉敏中與張敬甫相識的經過、情誼互動，以及對張敬甫通曉世情、善政日聞的稱許。當中的「吾當去矣，途既戒矣」，是劉敏中在面對仕宦道路時，失望之餘，進而求退的心情，但他認為張敬甫能以「敬」自銘，不輕易放棄，反而能在官場上游刃有餘。相較之下，兩人的行事風格有所不同，使得劉敏中難免感到「黯然」、「衰懷激烈」，因而寫下此詞。

上片以景開頭，首先化用南朝齊謝朓〈直中書省〉：「紅藥當階翻，蒼苔

〔註13〕張德聚，字敬甫，晉寧人。延祐四年（1317）為興和路治中。

依砌上。」藉由百花開後的晚春景象，烘托寥落情懷。人生就像美好的春天一樣，短暫停留後便無情離去，留下的片片殘花，只是突顯出孤單惆悵、蒼茫淒涼的心情，於是劉敏中藉著飲酒高歌，看著鳥啼花落，回想自己的行藏出處。到了下片，轉為對張敬甫的稱許和期待，與上片的激烈衷懷恰成對比，最末二句，以夢見野亭亭下巖壑，表示對過往兩人共同「嘯詠相忘，追泉石之樂」的懷想，足見兩人交遊之深。

（二）句式奇偶

句式的長短與奇偶，也會影響到感情的表達。龍沐勛〈論句度長短與表情關係〉一文表示：「長短句歌詞的形式之美，是根據『奇偶相生、輕重相權』的八字法加以錯綜變化而構成的。」〔註14〕這個意思是說，長短句的安排，會依照不同曲調抑揚之音節、所表達的情感起伏，並吸收詩歌的音節加以調劑。而單句和雙句所搭配的詞情效果又是如何呢？鄭騫有言：

> 多數詞調的組成，都是雙式句比較多，單式句比較少。越是講究音律的詞家所常用的調子越是如此，音樂性越高的調子越是如此。這種雙多單少的配合方式，使詞的音律舒徐和緩，不近於立體而近於平面。這是構成陰柔美的條件之一。自然，詞調的音律也有縱橫跌宕，近於立體不近於平面的，如〈水調歌頭〉、〈歸朝歡〉這兩個調子。他們之所以縱橫跌宕，正因為其中句式單多雙少。但像這樣的調子，不僅在詞調裏占多數，而且只有稱為豪放派，不甚拘音律的詞人才用。〔註15〕

雙句較多的詞調，音律比較舒徐和緩，會形成陰柔之美；單句較多的詞調，音律縱橫跌宕，多為豪放派詞人所用。基本上，純用單句或雙句的比較少，若能將單雙句搭配使用，會讓情感更有層次起伏。以下乃就劉敏中所用詞調，歸納其句式：

句　式	詞調（括號內為闋數）	總闋數
單多雙少	清平樂（17）、滿江紅（8）、蝶戀花（8）、最高樓（6）、南鄉子（5）、烏夜啼（4）、水調歌頭（2）、六州歌頭（2）、破陣子（2）、臨江仙（1）、秦樓月（1）、好事近（1）、定風波（1）、太常引（1）、點絳唇（1）	60

〔註14〕龍沐勛：〈論句度長短與表情關係〉，《倚聲學——詞學十講》（臺北：里仁書局，1996年1月），頁37。
〔註15〕鄭騫：《景午叢編》（臺北：中華書局，1972年1月），頁59～60。

雙多單少	木蘭花慢（11）、沁園春（10）、鵲橋仙（8）、水龍吟（6）、念奴嬌（5）、西江月（3）、摸魚兒（2）、滿庭芳（2）、婆羅門引（2）、眼兒媚（1）	50
純用單句	菩薩蠻（11）、玉樓春（7）、鷓鴣天（5）、浣溪沙（4）、阮郎歸（2）、卜算子（2）、漁家傲（1）	32
純用雙句	鳳凰臺上憶吹簫（1）	1
單雙相等	減字木蘭花（單句結尾）（2）、感皇恩（單句結尾）（2）、黑漆弩（雙句結尾）（2）	6

　　從表格中可以看出劉敏中偏好單多雙少的詞調，也有純用單句者，至於單雙句相等者，也多以單句結尾。這樣的句式，節奏分明，宜於吐露爽直的內容，多為豪放派所取，由此亦見劉敏中的創作傾向。茲舉二例說明：

　　單句多、雙句少的詞調如〈南鄉子・次韻答魏鵬舉〉：

> 英譽藹西秦。襟量溫和別有春。落筆妙詞新可喜，精神。玉葉瓊葩不染塵。　　俊逸鮑參軍。誰道儒冠誤卻身。相見莫談塵世事，銷魂。趁取追歡語笑頻。（頁24）

這首詞上片一句一讚，先稱許魏鵬舉的美好聲名傳播至關中陝西一帶，再說其性情態度溫順平和，又說其文采可喜，更言其人格氣質，如同光潤如玉的花葉般清新脫俗，不染塵俗，勾勒出立體的人物形象。下片化用唐杜甫〈春日憶李白〉[註16]「俊逸鮑參軍」句和〈奉贈韋左丞丈二十二韻〉[註17]之「紈袴不餓死，儒冠多誤身」句，以英俊灑脫、超群拔俗的參軍鮑照，與魏鵬舉相襯托，凸顯魏鵬舉仕宦生涯之順遂。分別許久的兩人，再次見面，不願多談煩心的瑣事，只要趁著難得的時光相談追歡就好。全篇句句押韻，加以單句較多，呈現出輕快豪邁、縱橫跌宕的節奏，與喜見故人的興奮之情互

[註16]　〈春日憶李白〉：「白也詩無敵，飄然思不群。清新庾開府，俊逸鮑參軍。渭北春天樹，江東日暮雲。何時一樽酒，重與細論文。」華正書局編輯部：《杜詩鏡銓》（臺北：華正書局，1978年9月），頁177。

[註17]　〈奉贈韋左丞丈二十二韻〉：「紈袴不餓死，儒冠多誤身。丈人試靜聽，賤子請具陳。甫昔少年日，早充觀國賓。讀書破萬卷，下筆如有神。賦料揚雄敵，詩看子建親。李邕求識面，王翰願卜鄰。自謂頗挺出，立登要路津。致君堯舜上，再使風俗淳。此意竟蕭條，行歌非隱淪。騎驢三十載，旅食京華春。朝扣富兒門，暮隨肥馬塵。殘杯與冷炙，到處潛悲辛。主上頃見徵，欻然欲求伸。青冥卻垂翅，蹭蹬無縱鱗。甚愧丈人厚，甚知丈人真。每於百僚上，猥誦佳句新。竊效貢公喜，難甘原憲貧。焉能心怏怏，只是走踆踆。今欲東入海，即將西去秦。尚憐終南山，回首清渭濱。常擬報一飯，況懷辭大臣。白鷗沒浩蕩，萬里誰能馴。」華正書局編輯部：《杜詩鏡銓》，頁168～170。

相諧暢。

雙句多、單句少的詞調如〈木蘭花慢〉：

> 待揩撐暮境，道比舊、不爭多。奈白日難留，丹心易感，綠髮全皤。行樂處，渾一夢，憶黃公壚下幾回過。振策千峯絕頂，濯纓萬里長河。　　紅塵世事費瑳磨。人海駕洪波。悵學古無成，於今何補，謾爾蹉跎。閒攬鏡，還獨笑，甚蒼顏一皺不曾酡。忽報鳴鞭送酒，開軒自洗空螺。（頁2）

其詞序云：「適得醉經樂章，讀未竟而彥博尙書有兵廚之餉，因用其韻。書二本，一呈醉經，一謝彥博。」這首詞所呈的對象有二，一是醉經〔註18〕，一是彥博，兩人都是劉敏中的摯友。劉敏中因得醉經詞，又獲彥博贈與美酒，故書此詞以表謝意，並以述說近日心境爲主。

全篇幾乎是劉敏中的惆悵嘆老、嘆世之音，自上片「待揩撐暮境」開始，自道晚年所求不多，無奈時光難以挽留，而今白髮蒼蒼，只能獨自傷懷往事。劉敏中藉由晉王戎在黃公酒壚前傷懷嵇康和阮籍典故〔註19〕，回想當年意氣風發，驅馬馳騁，固守著高潔的品格。到了下片，他開始感嘆人世間的事情費盡心機，身在紅塵世俗裡，必須經歷各種磨練與考驗，只是又恨自己學古無成，老大徒傷悲，攬鏡自照時，只能空笑以對。就在情緒低潮、難以平復之時，「忽報」二字，恰如鳴鐘，驚醒獨坐憂愁的人兒，原來是好友送酒招待，使得劉敏中趕忙「開軒自洗空螺」，正因最後的驚喜之情，才得以平衡詞中哀傷的情緒，不致耽溺沉淪。全篇雙句爲主，節奏顯得舒徐和緩，正適合詞人娓娓訴說傷愁的心情。

（三）用韻疏密

用同一調，選韻不同，所表見之聲情，隨即發生差別。同爲仄韻，而用上去聲韻，與用入聲韻者，聲容自異。同爲平韻，而用發揚洪亮之韻部，如

〔註18〕 杜思敬（1235～1320），字敬夫，一字亨甫，號醉經，晚號寶善老人，汾州西河人，寓沁州，豐第三子。事世祖潛邸，累遷治書侍御史，歷戶部侍郎、中書郎中，出爲順德路總管，改安西，就僉陝西省事，移汴梁路總管，入爲侍御史，拜中書參政，陞左丞，致仕家居，輯醫方爲《濟生拔萃十九卷》。延祐七年卒，年八十六。諡文定。

〔註19〕 《晉書・卷四十三・王戎列傳》：「嘗經黃公酒壚下過，顧謂後車客曰：『吾昔與嵇叔夜、阮嗣宗酣暢於此，竹林之游亦預其末。自嵇、阮云亡，吾便爲時之所羈紲。今日視之雖近，邈若山河！』」開明書店編譯：《二十五史》，冊二，頁1021。

東鐘江陽戈麻等韻，與用柔靡淒清之韻部，如支微齊灰寒刪等韻者，情態亦殊〔註20〕。選韻固然重要，但韻位的安排也會影響詞情，用韻過密，容易予人急促迫切之感；用韻較緩，則較舒徐平和，龍榆生說：「大抵兩句或三句一協韻，聲情最爲和適，句句協韻，則聲調緊促，宜抒迫切情感。」〔註21〕正表出韻位使用的原則。如〈清平樂・張秀實芍藥詞〉，便是用韻緊密的代表：

> 牡丹花落。夢裏東風惡。見說君家紅芍藥。盡把春愁忘卻。　　隔
> 墻百步香來。數叢爲我全開。拚向絲雲堆裏，醉時同臥蒼苔。（頁
> 16）

這首詞上半闋連用四仄韻，聲情促迫，寫的是睡夢中，東風猛烈吹落牡丹的場景。見此情景，詞人的憐花之情油然而生，好在張秀實捎來芍藥花開、邀與共賞的訊息，才使他「盡把春愁忘卻」。下半闋四句三叶平韻，音節變得舒徐，寫的是來到張秀實家，隔牆便可聞到芍藥花香，隨著花香的牽引，看見的是芍藥數叢全開的盛況，使暫時忘卻春愁的劉敏中，不自覺的走向芍藥花叢中，一邊賞花，一邊飲酒，還打算酒醉時就躺在長滿綠苔的石頭上，表現其自在開朗的胸懷。

用韻較疏緩者，如〈沁園春・暢泊然純甫由山東僉憲謝病歸襄陽，以樂府〈沁園春〉見寄，次韻奉答〉：

> 世事何窮，遇合無媒，飛昇有丹。看兵鏖蝸角，爭知地窄，雲垂鵬
> 翼，豈信天寬。一語侯封，九階夜轉，白髮十年不調官。人曾說，
> 道本來分定，枉了心艱。　　苟非吾有誠難。問廣廈、何時千萬間。
> 羨柴扉草閣，自成瀟洒，斜風細雨，不用遮闌。麾去青驄，呼來白
> 鳥，要伴扁舟畫裏看。遨遊耳，儘才情風調，付與溪山。（頁8）

這首詞韻位相隔較遠，上下闋都有四句成一個片段，構成莊嚴整肅的氣象，宜於鋪張排比，顯示雍容博大的器宇。上片首先感嘆知遇不易，世事沒有窮盡，想成仙可通過服丹，但欲見到投合的人卻無人引薦。繼而以兵鏖蝸角和雲垂鵬翼對比，比喻鬥爭激烈的人事，以及開闊寬廣的人生。劉敏中所領悟的，是人生命分有定的道理，有些人「一語侯封，九階夜轉，白髮十年不調官」，有的人卻是一生潦倒不遇，既然如此，那又何須白費心力強求？由此可

〔註20〕俞感音：〈填詞與選調〉，收入趙爲民、程郁綴選輯：《詞學論薈》，頁439～440。
〔註21〕龍榆生：〈創製新體樂歌之途徑〉，收入《龍榆生詞學論文集》，頁130。

見，劉敏中並非汲汲於功名富貴之人，他甚至有「羨柴扉草閣」之想，只願過著清閒幽居的生活，麾去青驄，呼來白鳥，將自然的一切當作自己的伙伴，然後把自身的才情風調，都託付給溪山。

第二節　點化前人典故，再現自有風采

蓋詩詞有不能直言，或是委曲其意時，適當地引用故實，不爲使才堆砌者，通常能收到幾種效果：一是避免語詞繁累，表複雜曲折之意，化千言於片詞之內；二是便於比況與寄託，凡不願吐露、不易直率表達之意，皆可由此代言；三是美化篇章、曲盡事理〔註 22〕。典實的來源，可爲語典，可爲用事，前者是指引用前人詩詞文章入詞，後者重在歷史事件的提煉借用，以此表達思想、抒發感情。無論用語典、事典，都要如清沈祥龍《論詞隨筆》所言：「用成語，貴渾成，脫化如出諸己。」〔註 23〕又說：「詞不能堆垛書卷，以夸典博。」〔註 24〕因此，詩詞並非不能用典，也不須一味否定其價值，只要自然拈出，脫化渾成，一樣能使作品增色不少。

一、化用語典

自晚唐、五代迄宋初，詞率以婉約柔媚爲依歸，自北宋蘇軾一出，乃擴大詞境，無意不可入，無事不可言，擺脫了詞爲豔科之藩籬，並建立詩化的風格。蘇軾的「以詩爲詞」，不僅從唐人名家等詩集裡覓取秀語警句，加以變化使用，還會雜以經、史、子語，拓廣語彙。到了南宋辛棄疾，更進一步衝破詞與散文的界線，廣泛使用經、史、子、語，豐富了詞的思想內涵，形成「以文爲詞」〔註 25〕之特點，較蘇軾更爲縱橫奇逸〔註 26〕。清吳衡照《蓮子

〔註 22〕陳弘治：《詞學今論》（臺北：文津出版社，1991 年 7 月），頁 226～230。

〔註 23〕〔清〕沈祥龍：《論詞隨筆》，唐圭璋《詞話叢編》本，冊五，頁 4059。

〔註 24〕〔清〕沈祥龍：《論詞隨筆》，唐圭璋《詞話叢編》本，冊五，頁 4058。

〔註 25〕自北宋古文運用推展後，宋詩即深受影響；而北宋人視詞如詩後，詩之習性亦漸影響詞。然當時由於詞之發展未臻圓熟，士人復未盡全心爲之，故僅有限拓展，而未及全面突破。至南宋，散文已然絕對擅勢，語錄亦蔚爲風氣；益以士人對詞體觀念之演變；復逢國勢不振、朝政紊亂，忠臣義士迭遭罷黜，胸中憤懣極欲一吐爲快，於爲「以文爲詞」，乃沛然成勢。其特點包括以白描達意、以散文句法措詞、多錄經史子語、多採語體入詞、好注入議論、好檃括前人文章等六項。見王偉勇：《南宋詞研究》（臺北：文史哲出版社，1987 年 9 月），頁 103～111。

居詞話》卷一云:「辛稼軒別開天地,橫絕古今。《論》、《孟》、《詩小序》、《左氏春秋》、《南華》、《離騷》、《史》、《漢》、《世說》、《選學》、李、杜詩,拉雜運用,彌見其筆力之峭。」〔註27〕清劉熙載《詞概》亦云:「稼軒詞龍騰虎擲,任古書中理語瘦語,一經運用,便得風流,天姿是何敻異。」〔註28〕說的都是辛詞對典故的巧妙運用。

到了以蘇辛為宗的劉敏中,也同樣融匯運用古人辭語及故實入詞,舉凡經、史、子、集語,皆有所用。雖不如蘇、辛用語入事之多,但吾人可從其中徵引的書籍和對象,推敲劉敏中的引用心理,以及典故在篇章中的意義。然而,隨著時間的積累,同一典故的使用者日漸增加,引用成習後,再次使用的機會也越來越多,凡一字一句,都可能根源自某個典籍。為避免瑣碎斷章之嫌,這裡僅就其顯著者,依照經、史、子、集次序,其下又以出現頻率,由多至少,徵引數則說明:

（一）經　語

在經語部分,劉敏中主要引自《詩經》、《論語》、《孟子》,並旁及《尚書》、《易經》、《左傳》等經典,信手拈來,毫無生澀之感。

1. 詩　經

（1）〈念奴嬌·聖節進酒詞〉:「湛露恩隆,南山慶遠。」湛露,《詩經·小雅》篇名,其首句曰:「湛湛露斯,匪陽不晞。」此以比喻君主之恩澤。

（2）〈玉樓春·大德癸卯……故云〉:「只許相思勞寤寐。」化用《詩經·周南·關雎》:「窈窕淑女,寤寐求之。求之不得,寤寐思服。」指無時無刻都在思念之中。

（3）〈最高樓〉（文章好）:「木瓜暫比空函往,瓊瑤已報滿車歸。」語出《詩經·衛風·木瓜》:「投我以木桃,報之以瓊瑤。」此指劉敏中與張古齋詩文信箋的酬贈往返,自謙文采不如對方。

〔註26〕陳滿銘在〈古語古句在蘇辛詞裡的運用〉一文中,統計蘇軾共用了七十七種作品,凡二百七十二見;辛棄疾計用一百十九種作品,凡九百八十九見。由此看出,蘇軾固然有入以經、史、子語的篇什,但為數尚少,遠不如化用集語為多;而辛棄疾除了使用集語外,更多的是將經、史、子裡的古文句語入詞。見陳滿銘:《增修詩詞新論》,頁166～210。

〔註27〕〔清〕吳衡照:《蓮子居詞話》,唐圭璋《詞話叢編》本,冊三,頁2408。

〔註28〕〔清〕劉熙載:《詞概》,唐圭璋《詞話叢編》本,冊四,頁3693。

（4）　〈清平樂・西野內翰奉使……且以奉旂旆一笑云〉：「辦了皇華事業。」皇華，《詩經・小雅》中的篇名，其首句云：「皇皇者華，于彼原隰。」〈序〉謂：「皇皇者華，君遣使臣也。送之以禮樂，言遠而有光華也。」此指奉命出使，事務重大。

（5）　〈木蘭花慢・會有詔止征南之行，復以〈木蘭花慢〉送還闕〉：「悠悠軒旆下東秦。」語本《詩經・小雅・車攻》：「蕭蕭馬鳴，悠悠旆旌。」此寫軍容壯盛。

（6）　〈水調歌頭・長蘆商子文伯父元鼐國寶……書此詞以遺之〉：「紾臂鬩墻者。」語本《詩經・小雅・常棣》：「兄弟鬩於牆，外禦其務。」比喻兄弟相爭於內。

（7）　〈六州歌頭〉（江城會飲）：「人不見，搔首立，望餘馨。」語用《詩經・邶風・靜女》：「愛而不見，搔首踟蹰。」謂已不見人，只能在原地以手搔頭，佇立等待，徒望芳德。

2. 論　語

（1）　〈沁園春・張君周卿將赴濟南提刑經歷，出示樂府，因其韻以餞之〉：「我問行藏，掀髯一笑。」語本《論語・述而》：「用之則行，舍之則藏。」指出處行止。

（2）　〈最高樓〉（江風遠）：「舞雩春煖詠而歸。」語本《論語・先進》：「莫春者，春服既成。冠者五六人，童子六七人，浴乎沂，風乎舞雩，詠而歸。」此以樂道遂志、隱居恬淡的生活。

（3）　〈玉樓春・次韻答王太常〉：「致身事業蕢為山。」語本《論語・子罕》：「譬如為山，未成一蕢；止，吾止也！譬如平地，雖覆一蕢；進，吾往也！」指致力獻身的功業如盛積而成的山。

（4）　〈水調歌頭・戊辰年，壽烏總管〉：「沸鳴絃，歌五袴。」語本《論語・陽貨》：「子在武城，聞弦歌之聲。」原謂子游以禮樂為教，故邑人皆弦歌。後以「鳴弦」泛指官吏治政有道，百姓生活安樂。

（5）　〈最高樓〉（吾衰矣）：「吾衰矣，廢治不重澆。」吾衰矣，語出《論語・述而》：「甚矣吾衰也！久矣吾不復夢見周公。」蓋因孔子盛時，志欲行周公之道，故夢寐之間，或如見之。至其老而不能行也，則無復是心，亦無復是夢，因而自嘆其衰之甚。劉敏中藉以感嘆自己已經衰老，無所用處了。

（6）　〈沁園春〉（石汝來前）：「偃蹇難親，昂藏不語，無乃於予太簡乎。」
化用自《論語・雍也》：「居簡而行簡，無乃太簡乎？」謂太初嚴高聳
難以親近，外在超群魁梧，默默矗立著，相對於自己而言，豈不是太
隨便散漫。

3. 孟　子

（1）　〈滿江紅〉（我笑前人）：「但物來即應，盡心焉耳。」語出《孟子・
梁惠王上》：「寡人之於國也，盡心焉耳矣。」意謂待人接物，只求盡
心盡力。

（2）　〈摸魚兒・九日上都次韻答邢伯才〉：「鳴雞吠狗。盡里社追隨。」
語出《孟子・公孫丑上》：「雞鳴狗吠相聞，而達乎四境，而齊有其民
矣。」形容鄉野田舍人群聚居的情景。

（3）　〈水調歌頭・長蘆商子文伯父元鼎國寶……書此詞以遺之〉：「紾
臂鬩墙者。」語本《孟子・告子下》：「紾兄之臂而奪之食。」意謂兄
弟失和。

（4）　〈六州歌頭〉（窺天以管）：「一曲滄浪詠，都分付，野鷗聽。」語
見《孟子・離婁上》：「有孺子歌曰：『滄浪之水清兮，可以濯我纓；
滄浪之水濁兮，可以濯我足。』」指把高潔自持的心意託付給野鷗。

（5）　〈最高樓〉（吾衰矣）：「脅肩又見病於畦。」引用《孟子・滕文公
下》：「脅肩諂笑，病于夏畦。」指聳起肩膀，裝出笑臉，形容極端諂
媚的樣子。

4. 尚　書

（1）　〈沁園春・壽張繡江參政〉：「霖雨鹽梅，隨宜適用。」以及〈南
鄉子・壽何聰山〉：「要見和羹事業成。」語出《尚書・說命下》：「若
作和羹，爾惟鹽梅。」指殷高宗命傅說為相的言辭，稱他是國家極需
要的人，後因用以稱美相業的言辭。

（2）　〈水調歌頭・長蘆商子文伯父元鼎國寶……書此詞以遺之〉：「五
福一曰壽。」《尚書・洪範》：「五福：一曰壽，二曰富，三曰康寧，
四曰攸好德，五曰考終命。」

（3）　〈滿庭芳・壽何聰山平章〉：「眷倚在吁俞。」語見《尚書・堯典》：
「帝曰：『吁！咈哉！』」又《益稷》：「禹曰：『都！帝，慎乃在位。』
帝曰：『俞！』」此用以稱讚何聰山為受朝廷倚重的老臣。

5. 易　經

（1）　〈最高樓〉（吾衰矣）：「觸藩曾看羸其角。」引用《易・大壯》：「羝羊觸藩。羸其角。」公羊撞擊藩籬，角被困在藩籬中，比喻碰壁，進退兩難。

6. 左　傳

（1）　〈木蘭花慢・送親衛劉副使遷成都統軍，公號舜田〉：「三軍賈勇，威震江壖。」語本《左傳・成公二年》：「齊高固入晉師，桀石以投人，禽之，而乘其車，繫桑本焉。以徇齊壘，曰：『欲勇者，賈余餘勇。』」形容軍隊勇氣十足，名聲威震江邊一帶。

（二）史　語

劉敏中在史語的運用上，較無特定使用之書籍，通常是根據所要表述的情境，再援引相關典實，包括有《史記》、《後漢書》、《三國志》、《晉書》、《北史》、《舊唐書》、《宋史》等。

1. 史　記

（1）　〈水調歌頭・長蘆商子文伯父元鼎國寶……書此詞以遺之〉：「添是商顏四皓，減即西周二老。」四皓，指秦末隱居商山的東園公、用里先生、綺里季、夏黃公。四人鬚眉皆白，故稱商山四皓。高祖召，不應。後高祖欲廢太子，呂后用張良計，迎四皓，使輔太子，高祖以太子羽翼已成，乃消除改立太子之意。典見《史記・留侯世家》。西周二老，指伯夷、叔齊，殷末孤竹君的二個兒子。伯夷，名元，字公信。叔齊，名智，字公達。相傳其父遺命要立次子叔齊為繼承人。叔齊讓位給伯夷，伯夷不受，叔齊也不願登位，先後都逃到周國。周武王伐紂，二人叩馬諫阻。及殷亡，恥食周粟，隱於首陽山，采薇而食，遂餓死。典見《史記・伯夷列傳》。這裡不取事，僅取其人名，比附借光，意謂多一個就能組成商山四皓，少一個就變成西周二老。

2. 後漢書

（1）　〈水調歌頭・戊辰年，壽烏總管〉：「沸鳴絃，歌五袴，已三年。」典見《後漢書・廉范傳》：「范乃毀削先令，但嚴使儲水而已。百姓為便，乃歌之曰：『廉叔度，來何暮？不禁火，民安作。平生無襦今五袴。』」後以「五袴」作為稱頌地方官吏施行善政之詞。

3. 三國志

（1） 〈水龍吟・馬觀復左司……因以命石〉：「羨白眉、故家文會。」
原指三國時馬良，其眉中有白毛，故稱爲「白眉」。典見《三國志・
蜀志・馬良傳》：「馬良字季常，襄陽宜城人也。兄弟五人，並有才名，
鄉里爲之諺曰：『馬氏五常，白眉最良。』良眉中有白毛，故以稱之。」
後稱眾人中較優秀傑出的人才。」

4. 晉　書

（1） 〈卜算子・長白山中作〉：「怪得朝來爽氣多。」典見《晉書・王
徽之傳》：「嘗從桓行，值暴雨，徽之因下馬排入車中，謂曰：『公豈
得獨擅一車！』桓嘗謂徽之曰：『卿在府日久，比當相料理。』徽之
初不酬答，直高視，以手版柱頰云：『西山朝來，致有爽氣耳。』」形
容面對長白高山時，感覺早晨盡是涼爽之氣。

5. 北　史

（1） 〈摸魚兒・九日上都次韻答邢伯才〉：「何須更說，鼻醋吸三斗。」
典見《北史・崔弘度傳》：「時有屈突蓋爲武侯車騎，亦嚴刻。長安爲
之語曰：『寧飲三斗醋，不見崔弘度。』」指令人難食之物。

6. 舊唐書

（1） 〈浣溪沙・賀趙文卿新娶〉：「共說蓮花似六郎。」典見《新唐書・
楊再思傳》：「易之兄司禮少卿同休，請公卿宴其寺，酒酣，戲曰：『公
面似高麗。』再思欣然，翦縠綴巾上，反披紫袍，爲高麗舞，舉動合
節，滿坐鄙笑。昌宗以姿貌倖，再思每曰：『人言六郎似蓮華，非也；
正謂蓮華似六郎耳。』其巧諛無恥類如此。」張昌宗行六，故云。這
裡僅是用來稱美趙文卿的長相俊俏。

7. 宋　史

（1） 〈西江月・戲題五子扇頭〉：「眼下竇郎丹桂。」典見《宋史・竇
禹鈞傳》：「儀學問優博，風度峻整。弟儼、侃、偁、僖，皆相繼登科。
馮道與禹鈞有舊，嘗贈詩，有『靈椿一株老，丹桂五枝芳』之句，縉
紳多諷誦之，當時號爲『竇氏五龍』。」比喻秀拔的人才。

（三）子　語

在子語方面，以引用《莊子》最多，其他尚有《世說新語》、《老子》、《淮

南子》、《楞嚴經》、《揚州芍藥譜》、《小說》。劉敏中好引老、莊語，可能與其嚮往隱逸高士的生活脫不了干係，老莊的齊物我、一死生、逍遙觀等，正好能給予一個在宦海中目睹是非波濤的人啓示，使其重新面對人生，從執迷中解脫超出。其下也會介紹到劉敏中有引自陶淵明、謝靈運、王維等人詩文，他們嚮往山水、歌詠自然的心態，也可與老、莊一併參照。

1. 莊　子

（1）　〈木蘭花慢・次韻答張直卿見寄〉：「誰能齊物似蒙莊。」蒙莊即莊子，齊物是春秋戰國時老莊學派的一種哲學思想。認爲宇宙間一切事物，如生死壽夭、是非得失，物我有無，都應當同等看待。這一思想，集中反映在莊子的《齊物論》中。

（2）　〈滿江紅・十一月十六日，爲蔡知事壽〉：「滿意祝莊椿。」〈鷓鴣天・壽潘君美〉：「靈椿樹下玉蘭芽。」皆語出《莊子・逍遙遊》：「上古有大椿者，以八千歲爲春，八千歲爲秋。」爲祝人長壽之詞。

（3）　〈滿江紅・次韻答暢泊然〉：「寶珠出自重淵底。」化用《莊子・列御寇》：「千金之珠，必在九重之淵。」比喻值得珍藏的佳作總要經過長久的醞釀。

（4）　〈滿江紅〉（我笑前人）：「天壤內、神奇腐朽，有所窮已。」典出《莊子・知北遊》：「故萬物一也。是其所美者爲神奇，其所惡者爲臭腐。臭腐復化爲神奇，神奇復化爲臭腐。」謂天地間，就算是神妙奇特的事物，也會有腐爛朽敗、窮盡的一天。

（5）　〈水龍吟・馬觀復左司……因以命石〉：「物齊各自逍遙，何知鷃小鯤鵬大。」語本《莊子・逍遙遊》：「北冥有魚，其名爲鯤。鯤之大，不知其幾千里也。化而爲鳥，其名爲鵬。鵬之背，不知其幾千里也。怒而飛，其翼若垂天之雲。是鳥也，海運則將徙於南冥。南冥者，天池也。」這是莊子齊物、逍遙思想的反映。莊子認爲萬物自適判準難定，都應同等看待，終而肯定一切人與物的獨特意義及其價值。並主張萬物各任其性，不受外物所累，即可逍遙自在，到達神人、至人的境界。

（6）　〈六州歌頭・暢純甫與姚牧庵……答純甫〉：「何必要，椿與菌，校年齡。」語出《莊子・逍遙遊》：「朝菌不知晦朔，蟪蛄不知春秋……上古有大椿者，以八千歲爲春，八千歲爲秋。」何須要將椿和菌這兩

個生命懸殊的生物，拿來較量年齡長短。

（7） 〈六州歌頭〉（窺天以管）：「物化無窮已。」語見《莊子‧齊物論》：「昔者莊周夢爲胡蝶，栩栩然胡蝶也；自喻適志與！不知周也。俄然覺，則蘧蘧然周也。不知周之夢爲胡蝶與，胡蝶之夢爲周與？周與胡蝶，則必有分矣。此之謂物化。」指事物變化無窮無盡。

（8） 〈六州歌頭〉（窺天以管）：「夢裏高車駟馬，蘧然覺、甕牖柴扃。」語見《莊子‧大宗師》：「成然寐，蘧然覺。」謂富貴繁華如夢，轉瞬成空。

（9） 〈玉樓春‧次韻答王太常〉：「室有空虛生夜白。」語出《莊子‧人間世》：「瞻彼闋者，虛室生白，吉祥止止。」比喻心境若能保持虛靜，不爲欲念所蒙蔽，則能純白空明，眞理自出。

2. 世說新語

（1） 〈西江月‧壽杜醉經左丞〉：「春風玉樹諸郎。」見南朝宋劉義慶《世說新語‧言語》：「謝太傅問諸子姪：『子弟亦何預人事，而正欲使其佳？』諸人莫有言者。車騎答曰：『譬如芝蘭玉樹，欲使其生於階庭耳。』」此用以稱美佳子弟。

（2） 〈南鄉子‧賀于冶泉尙書有子〉：「五色鳳毛新照眼，驚人。」典出南朝宋劉義慶《世說新語‧容止》：「王敬倫風姿似父，作侍中，加授桓公公服，從大門入。桓公望之，曰：『大奴固自有鳳毛。』」形容嬰孩的相貌亮眼，使人驚奇。

（3） 〈菩薩蠻‧送秦主簿赴宿遷〉其二：「看君自是豐年玉。」典見南朝宋劉義慶《世說新語‧賞譽》：「世稱庾文康爲豐年玉，稚恭爲荒年穀。」喻可貴的人才。

（4） 〈滿江紅‧次韻答暢泊然〉：「黃絹好、朝吟暮翫，愛之無已。」〈水龍吟‧王瓠山承旨以賞牡丹〈水龍吟〉見寄……次韻答之〉：「黃絹飛來。」典出南朝宋劉義慶《世說新語‧捷悟》：「魏武嘗過曹娥碑下，楊脩從，碑背上見題作『黃絹幼婦，外孫齏臼』八字。魏武謂脩曰：『解不？』答曰：『解。』魏武曰：『卿未可言，待我思之。』行三十里，魏武乃曰：『吾已得。』令脩別記所知。脩曰：『黃絹，色絲也，於字爲絕。幼婦，少女也，於字爲妙。外孫，女子也，於字爲好。齏臼，受辛也，於字爲辭。所謂『絕妙好辭』也。』魏武亦

記之，與脩同，乃歎曰：『我才不及卿，乃覺三十里。』」形容文筆絕妙，令人喜愛。

（5）　〈滿江紅〉（我笑前人）：「我笑前人，癡絕甚、搔瓜鑽李。」鑽李，典見南朝宋劉義慶《世說新語・儉嗇》：「王戎有好李，賣之，恐人得其種，恆鑽其核。」對前人吝嗇分享的行為感到可笑。

3. 老　子

（1）　〈最高樓・既作此詞，有懷張秀實公子幽居，復用前韻〉：「尋寂寞，覓希夷。」語見《老子》：「視之不見名曰夷，聽之不聞名曰希。」謂清靜無為，任其自然。

（2）　〈蝶戀花・雲卿寄長短句徵無名亭記，戲用其韻以答之〉：「若道無名名可棄。無名名處曾留意。」劉敏中此言有受道家棄絕名聲的影響，關於「無名」一詞，《老子》云：「道可道，非常道，名可名，非常名。無名天地之始，有名萬物之母。」王弼注：「凡有皆始於無，故未刑無名之時，則為萬物之始。」《莊子・逍遙遊》云：「至人無己，神人無功，聖人無名。」謂不追求名聲。

4. 淮南子

（1）　〈水龍吟・馬觀復左司……因以命石〉：「儘共工怒觸，巨靈善擘。」典見漢淮南王劉安《淮南子・天文訓》：「昔者共工與顓頊爭為帝，怒而觸不周之山，天柱折，地維絕。天傾西北，故日月星辰移焉；地不滿東南，故水潦塵埃歸焉。」古代傳說中的天神共工，與顓頊爭為帝，有頭觸不周山的故事。

5. 楞嚴經

（1）　〈水調歌頭・戊辰年，壽烏總管〉：「富貴與難老，真作地行仙。」地行仙，原為佛典中所記的一種長壽的神仙。《楞嚴經》卷八：「人不及處有十種仙：阿難，彼諸眾生，堅固服餌，而不休息，食道圓成，名地行仙……阿難，是等皆於人中鍊心，不修正覺，別得生理，壽千萬歲，休止深山或大海島，絕於人境。」後因以喻高壽或隱逸閒適的人。

6. 揚州芍藥譜

（1）　〈清平樂・山行見芍藥〉：「欲說揚州舊譜，怕渠分外淒涼。」揚

州舊譜，係指宋王觀撰《揚州芍藥譜》。揚州芍藥，自宋初名於天下，與洛陽牡丹俱貴于時。《宋史‧藝文志》載為之譜者三家，其一孔武仲，其一劉攽，其一即觀此譜。而觀譜最後出，謂可紀者有三十三種，具列其名，至今獨存。其後論所稱，唐張祜、杜牧、盧仝之徒，居揚日久，無一言及芍藥，意古未有如今之盛，因而劉敏中唯恐加深芍藥無人欣賞的孤寂感。

7. 小　說

（1）　〈滿江紅‧十一月十六日，為蔡知事壽〉：「待此時、滿意祝莊椿，揚州鶴。」揚州鶴，典見南朝梁殷芸《小說》：「有客相從，各言所志，或願為揚州刺史，或願多貲財，或願騎鶴上昇。其一人曰，腰纏十萬貫，騎鶴上揚州，欲兼三者。」此用以祝福蔡知事諸事如意。

（四）集　語

清王士禎《花草蒙拾》云：「詞中佳語，多從詩出。」〔註29〕王國維《人間詞話》亦云：「故最工之文學，非徒善創，亦且善因。」〔註30〕指的是詞人創作時，善於借鑒前人詩詞中的典範及創作經驗。儘管創作貴在有新意，但若能適時借鑒前人佳句，翻陳出新，鎔鑄再造，亦是一種創造。而且借鑒前人佳語，甚至比完全自出機杼要難上好幾倍，其難處則在如何考量內容情意的需求，避免斷章取義、張冠李戴之嫌，使鎔鑄後的新詞，渾然天成，儼然如己出，而不見雕琢刻鏤痕跡。

宋人填詞時，就有借鑒唐詩之喜好，或直採唐人詩句及前人成語，或用換骨奪胎諸法，不易其意而造其語，或規摹其意而形容之。王偉勇〈縱論兩宋詞人借鑒唐詩之技巧〉一文，曾就兩宋詞壇借鑒唐詩之現象，分四類九技巧探討之，可見宋人大量借鑒唐詩之風尚〔註31〕。當然，填詞不單可借用唐人詩句，甚至唐以前詩文、唐以後詞文，都能入詞。本節先將討論借鑒詩詞

〔註29〕〔清〕王士禎：《花草蒙拾》，唐圭璋《詞話叢編》本，冊一，頁675。

〔註30〕王國維著、馬自毅注譯：《新譯人間詞話》，頁209。

〔註31〕此四大類九技巧為：一曰字面之借鑒，包含（一）截取唐詩字面；（二）鎔鑄唐詩字面。二曰句意之借鑒，包含（一）增損唐詩字句；（二）化用唐詩句意；（三）襲用唐詩成句；（四）合集唐詩成句。三曰詩篇之借鑒，係專指檃括唐詩篇章而言，包含（一）局部檃括唐詩；（二）全闋檃括唐詩。四曰其他類，包含（一）引唐詩人故實；（二）綜合運用各技巧。王偉勇：《宋詞與唐詩之對應研究》（臺北：文史哲出版社，2004年3月），頁21～69。

的部分，並將劉敏中詞之鎔鑄技巧簡化為三大類，接著再看以文句入詞的情形。

　　在化用詩詞方面，第一類是直接襲用原句，自然重現，這在劉敏中詞中詩有二例，詞有一例。〈南鄉子‧次韻答魏鵬舉〉：「俊逸鮑參軍。」引用自唐杜甫〈春日憶李白〉：「清新庾開府，俊逸鮑參軍。」用以形容魏鵬舉文詞贍逸，有如鮑照。〈木蘭花慢‧代人作〉：「多情料應有語，道卿卿、不惜鎖窗春。」後句係引用唐李商隱〈訪人不遇留別館〉：「卿卿不惜鎖窗春，去作長楸走馬身。」表示情感深摯的人兒想必有許多話想說，卻怕觸動春愁，還把窗戶閉上。〈最高樓〉：「吾衰矣，廢治不重澘。朽木更堪圍。觸藩曾看羸其角，脅肩又見病于畦。」引用自南宋辛棄疾〈最高樓〉：「吾衰矣，須富貴何時。富貴是危機。」其中，辛棄疾又是摘自《論語‧述而》「甚矣吾衰也」句，這是對人生經歷的總結和感嘆，表示政治上充滿危機。

　　第二類是將字句經過錘鍊加工，借鑒翻新，鎔鑄後再行使用，當中可能經過截取、增損、挪移、倒裝等改易過程。劉敏中在化用前人詩歌時，分別取晉、南朝詩人有三：陶淵明、謝靈運、謝朓；唐詩人有十：王維、杜甫、高適、岑參、韋應物、韓愈、白居易、盧仝、杜羔妻趙氏、杜牧；宋詩人有七：宋真宗、歐陽修、王安石、蘇軾、黃庭堅、陳師道、陸游，其中以徵引杜甫詩最多，達十首之多，約莫可知其雅愛杜詩的程度。以下則依其徵引數量由多至寡排序：

1. 杜　甫

（1）　〈木蘭花慢‧送親衛劉副使遷成都統軍，公號舜田〉：「燦星纏寶校，跨天駟、日華邊。」化用唐杜甫〈魏將軍歌〉：「星纏寶校金盤陁，夜騎天駟超天河。」寫劉副使才略超凡，騎著裝備奢華的駿馬，前往成都赴任。

（2）　〈滿江紅‧送鄭鵬南經歷赴河東廉訪幕〉：「怕相思、休費短長吟。」化用唐杜甫〈渝州候嚴六侍御不到先下峽〉：「不知雲雨散，虛費短長吟。」勸慰鄭鵬南相思惱人，不要費心苦吟。

（3）　〈沁園春‧暢泊然純甫由山東……次韻奉答〉：「問廣廈、何時千萬間。」化用唐杜甫〈茅屋為秋風所破歌〉：「安得廣廈千萬間，大庇天下寒士俱歡顏。」意謂何時才能有廣廈蔭庇貧寒人家。

（4）　〈摸魚兒‧九日上都次韻答邢伯才〉：「嘆萍蓬、此生無定。」化

用唐杜甫〈將別巫峽贈南卿兄瀼西果園四十畝〉:「苔竹素所好,萍蓬無定居。」感嘆一生漂泊無定。

（5） 〈水調歌頭·長蘆商子文……書此詞以遺之〉:「七十古來稀。」化用唐杜甫〈曲江〉之二:「酒債尋常行處有,人生七十古來稀。」言國寶、國用、國器三兄弟有長壽之福。

（6） 〈六州歌頭〉（窺天以管）:「飯白芻青。」化用唐杜甫〈入奏行贈西山檢察使竇侍御詩〉:「為君酤酒滿眼酤,與奴白飯馬青芻。」比喻對待僕馬優厚。

（7） 〈玉樓春·壽何平章〉:「泰山高壓羣山小。齊魯百城青未了。」化用唐杜甫〈望嶽〉:「岱宗夫如何?齊魯青未了。……會當凌絕頂,一覽眾山小。」形容泰山高峻,齊魯各城鬱鬱葱葱,生意盎然。

（8） 〈最高樓·寄張古齋受益……同一笑云〉:「兒童不解針垂釣。」化用唐杜甫〈江村〉:「老妻畫紙為棋局,稚子敲針作釣鈎。」比喻安於拙陋的淳樸生活。

（9） 〈南鄉子·鵬舉兄致仕……以發一笑〉:「不放東吳萬里船。」化用唐杜甫〈絕句〉之三:「窗含西嶺千秋雪,門泊東吳萬里船。」對魏鵬舉表達慰留之意。

（10） 〈南鄉子·次韻答魏鵬舉〉:「誰道儒冠誤卻身。」化用唐杜甫〈奉贈韋左丞丈二十二韻〉:「紈袴不餓死,儒冠多誤身。」對仕宦生涯窮困不遇之反詰。

2. 蘇 軾

（1） 〈最高樓·寄張古齋受益……同一笑云〉:「興來便作尋花去,醉時不記插花歸。」化用宋蘇軾〈答王鞏〉:「子有千瓶酒,我有萬株菊。任子滿頭插,團團見花不見目。醉中插花歸,花重壓折軸。」比喻行樂忘俗,自在暢遊的生活。

（2） 〈眼兒媚·賦秋日海棠,分韻得闌字〉:「檀心暈紫,翠袖凝丹。」化用宋蘇軾〈黃葵〉:「檀心自成暈,翠葉森有芒。」烘托秋日海棠嬌豔的容貌。

（3） 〈浣溪沙〉（世事恆河水內沙）:「檢得閒書能引睡。」化用宋蘇軾〈次韻答邦直子由〉:「忘懷杯酒逢人共,引睡文書信手翻。」寫閱讀閒書、閒居愜意的生活。

（4）　〈浣溪沙〉（世事恆河水內沙）：「煖來薄酒勝煎茶。」化用宋蘇軾〈薄薄酒〉二首其一：「薄薄酒，勝茶湯；觕觕布，勝無裳。」指在寒冷的冬天喝著溫熱的薄酒，勝過烹煮的茶水。

（5）　〈水龍吟・次韻賦牡丹〉：「春風也惜，頩然薄怒，不堪搖動。」化用宋蘇軾〈和陶詩一百二十首・和胡西曹示顧賊曹〉：「頩然疑薄怒，沃盥未可揮。」其中，蘇軾又是借鑒戰國宋玉〈神女賦〉：「頩薄怒以自持兮，曾不可乎犯干。」意謂春風也愛惜牡丹清高脫俗、不容侵犯的品格，但它卻承受不住搖落。

3. 韓　愈

（1）　〈清平樂・野芳亭觀畫羅漢〉：「天龍鬼物青紅。」唐韓愈〈謁衡嶽廟遂宿嶽寺題門樓〉：「鬼物圖畫填青紅。」指用青紅各色顏料繪製的天龍鬼神。

（2）　〈南鄉子・賀于冶泉尚書有子〉：「氣壓喧啾百鳥羣。」化用唐韓愈〈聽穎師彈琴〉：「喧啾百鳥羣，忽見孤鳳凰。」喻嬰孩的氣質特出於眾人之上。

（3）　〈蝶戀花〉（簾底青燈簾外雨）：「咫尺巫山無路去，浪憑青鳥丁寧語。」化用唐韓愈〈華山女〉：「仙梯難攀俗緣重，浪憑青鳥通丁寧」。表達對魏鵬舉的思念之情。

4. 謝靈運

（1）　〈水龍吟・陽丘南逾五里……老子醉後浩歌之資云〉：「含暉亭子。無數青山，一時為我，飛來窗裏。」化用南朝宋謝靈運〈石壁精舍還湖中作〉：「昏旦變氣候，山水含清暉。清暉能娛人，遊子憺忘歸。」形容山中景色。

（2）　〈最高樓〉（吾衰矣）：「閒隨沙鳥淡忘歸。」化用南朝宋謝靈運〈石壁精舍還湖中作〉：「清暉能娛人，遊子憺忘歸。」形容在大自然中怡然忘返的歸隱之樂。

5. 王　維

（1）　〈木蘭花慢・送親衛劉副使遷成都統軍，公號舜田〉：「何如渭城客舍，對青青柳色惜離筵。」化用唐王維〈渭城曲〉：「渭城朝雨浥輕塵，客舍青青柳色新。」表達送行的不捨之情。

（2）〈最高樓〉（吾衰矣）：「偶逢林叟歡成醉。」化用唐王維〈終南別業〉：「偶然值林叟，談笑無還期。」用以表達歸隱之思。

6. 白居易

（1）〈沁園春·仲敬吾友歸自曹南……以侑歡云〉：「區區更問，紫綬朱衣青布衫。」化用唐白居易〈王夫子〉：「紫綬朱紱青布衫，顏色不同而已矣。」指平步青雲，享受高官厚祿。

（2）〈眼兒媚·賦秋日海棠，分韻得欄字〉：「玉容寂寞闌干淚，細雨豆花寒。」這裡化用唐白居易〈長恨歌〉：「玉容寂寞淚闌干，梨花一枝春帶雨。」形容海棠花一如寂寞的女子，在欄杆旁暗自垂淚，綿密的小雨打在豆花上，感覺寒冷。

7. 杜　牧

（1）〈水龍吟·陽丘南逾五里……老子醉後浩歌之資云〉：「長空澹澹，無言目送，飛鴻千里。」化用唐杜牧〈登樂遊原〉：「長空澹澹孤鳥沒，萬古銷沉向此中。」寫天空遼闊，目送飛鳥千里遠去。

（2）〈感皇恩·張子京以春臺子瞻椅見許，以詞催之〉：「禪榻鬢絲，繩床烏几。」化用唐杜牧〈題禪院〉：「今日鬢絲禪榻畔，茶煙輕颺落花風。」頭靠在禪床邊，背墊著烏皮几坐在繩床上，形容自在的生活。

8. 陶淵明

（1）〈最高樓〉（江風遠）：「東籬日落悠然坐。」化用晉陶淵明〈飲酒〉之五：「采菊東籬下，悠然見南山。」形容黃昏時悠閒自在的情景。

9. 謝　朓

（1）〈念奴嬌〉（百花開後）：「百花開後，殿餘春，只有翻階紅藥。」此係化用南朝齊謝朓〈直中書省〉：「紅藥當階翻，蒼苔依砌上。」描寫百花綻放過後，晚春的廳堂階上，只有被風吹掃翻落的紅藥殘片。

10. 高　適

（1）〈鵲橋仙·謝人惠酒〉：「門前剝啄問誰來，驚不起、簷間噪鵲。白衣錦字，清樽玉絡。」化用唐高適〈重陽〉：「豈有白衣來剝啄，亦從烏帽自欹斜。」指門外有客叩訪，鵲鳥啼噪不怕生，負責傳達的吏人附上書信、一壺清酒和玉飾的馬籠頭。

11. 岑　參

（1）　〈木蘭花慢‧曉過盧溝〉：「柳外弓戈萬騎，花邊劍履千官。」化
用了岑參〈奉和賈至舍人早朝大明宮〉：「花迎劍珮星初落，柳拂旌旗
露未乾。」寫軍營外的萬騎威武雄姿，朝廷內千官重臣的尊貴顯達。

12. 韋應物

（1）　〈西江月‧壽杜醉經左丞〉：「畫戟清香宴寢。」化用唐韋應物〈郡
齋雨中與諸文士燕集〉：「兵衛森畫戟，宴寢凝清香。」形容居家的擺
設裝飾。

13. 盧　仝

（1）　〈蝶戀花‧益都馮寬甫……寄之一笑〉：「七盌何須，一啜都醒卻。
兩腋清風無處著。夢尋盧老翔寥廓。」化用唐盧仝〈走筆謝孟諫議寄
新茶〉：「五碗肌骨清，六碗通仙靈。七碗喫不得也，唯覺兩腋習習清
風生。」形容茶葉甘美醇香，飲後如同兩腋有清風吹拂，全身飄飄然。

14. 杜羔妻趙氏

（1）　〈木蘭花慢‧曉過盧溝〉：「儘渺渺飛煙，葱葱佳氣，東海西山。」
化用了唐杜羔妻趙氏〈聞杜羔登第〉：「長安此去無多地，鬱鬱葱葱佳
氣浮。」寫遠望京城的無限風光。

15. 宋真宗

（1）　〈鵲橋仙‧以紗巾竹扇為趙文卿壽〉：「不識黃金滿屋。」語見宋
真宗〈勸學篇〉：「書中自有黃金屋。」此謂不慕榮利，不貪求富貴。

16. 歐陽修

（1）　〈六州歌頭〉（窺天以管）：「辦林間一笑，酒釅灩風舷。」化用宋
歐陽修〈答原父〉：「風舷或許邀，湖綠方灩灩。」寫開懷遊樂的場景。

17. 王安石

（1）　〈鵲橋仙‧盆梅〉：「幾回誤作杏花看。」化用宋王安石〈紅梅〉：
「北人初未識，渾作杏花看。」寫將梅花誤認作杏花。

18. 黃庭堅

（1）　〈木蘭花慢‧壽大智先生〉：「醉倒倩人扶。」化用宋黃庭堅〈即
席〉：「不當愛一醉，倒倩路人扶。」指醉倒的話就請人攙扶。

19. 陳師道

（1）　〈木蘭花慢‧壽大智先生〉：「胸中浩然何物，管三多、讀盡鄴侯

書。」化用宋陳師道〈謝傅監〉:「平分太倉粟,盡讀鄴侯書。」形容大智先生胸中廣大壯闊,飽讀詩書。

20. 陸　游

（1）　〈沁園春・韓雲卿右司……時余爲國子祭酒〉:「笑隨身惟有,詩囊藥裏。」化用宋陸游〈病中偶得名酒小醉作此篇是夕極寒〉:「詩囊羞澀悲才盡,藥裏縱橫覺病增。」用以自嘲。

在詞的部分,引用到的是南唐馮延巳、北宋蘇軾、南宋辛棄疾的作品,共有八首。

1. 辛棄疾

（1）　〈滿江紅・自述呈知己時有小言〉:「冷笑紛紛兒女語。」化用宋辛棄疾〈沁園春〉:「老子平生,笑盡人間,兒女怨恩。」表明不去在意人們的閒言閒語。

（2）　〈木蘭花慢・次韻答張直卿見寄〉:「歲月去堂堂。」化用宋辛棄疾〈菩薩蠻・送曹君之莊所〉:「人間歲月堂堂去。」其中,辛詞又是引自唐薛能〈春日使府寓懷〉之一:「青春背我堂堂去,白髮欺人故故生。」劉敏中加以借鑒,用來形容時間流逝迅速而不待人。

（3）　〈木蘭花慢・代人贈吹簫趙生〉:「傷心少年行樂,奈春風、不染鬢邊絲。」化用宋辛棄疾〈鷓鴣天〉:「追往事,嘆今吾,春風不染白髭鬚。」而辛詞乃是借鑒北宋歐陽修〈聖無憂〉:「好久能消光景,春風不染髭鬚。」感傷年輕時到處消遣娛樂,老來卻無奈春風不使鬢髮回春。

（4）　〈蝶戀花・曉至野亭〉:「一朵妖紅,點破江煙曉。」化用宋辛棄疾〈滿江紅・山居即事〉:「幾個輕鷗,來點破一泓澄綠。」形容一朵妖豔的紅花,在早晨迷濛的江霧裡顯得突出亮眼。

2. 蘇　軾

（1）　〈玉樓春〉:「米如珠玉薪如桂。」化用宋蘇軾〈浣溪沙〉:「空復有詩衣有結,濕薪如桂米如珠。」形容物資匱乏,價格高昂。

（2）　〈蝶戀花・次前韻,答智仲敬〉:「多病多愁心性軟。」化用自宋蘇軾〈醉落魄〉:「多病多愁,須信從來錯。」指身體多病,內心憂愁,性格也變得無力懶怠。

（3）　〈念奴嬌〉（看花須約）：「多情應笑，我早朱顏變。」此係化用宋
蘇軾〈念奴嬌・赤壁懷古〉：「多情應笑我，早生華髮。」感嘆自己面
容衰老。

3. 馮延巳

（1）　〈最高樓〉（江風遠）：「江風遠，吹皺翠羅漪。」化用南唐馮延巳
〈謁金門〉：「風乍起，吹縐一池春水。」將風吹春水想像成風吹林葉，
掀起綠浪。

　　第三類是對句意的化用。基本上在改詞套用時，一是套取或活用前人的
成句而改變句法、變換字面，結果與原句差異明顯，乍看起來似乎是詞人的
創作。還有一種套用，不是套用字面，而是套用句法和意境，前後兩句一比
較便知後者從前者套來〔註 32〕。這一類所要探討的，就是屬於後者，擷取詩
意，另起新詞，融會前人意境，用自己的言語重新組織起來。這裡所引的詩
人有二：

1. 孟浩然

（1）　〈最高樓・寄張古齋受益……同一笑云〉：「茅舍綠陰圍。」借用
唐孟浩然〈過故人莊〉：「綠樹村邊合。」形容居處周圍一片生機盎然。

2. 杜　甫

（1）　〈沁園春・仲敬吾友歸自曹南……以侑歡云〉：「想江東渭北，同
驚過鴈，升高望遠，幾度停驂。」借用唐杜甫〈春日憶李白〉：「渭北
春天樹，江東日暮雲，何時一樽酒，重與細論文。」形容朋友分隔相
思之情。

　　在詞方面，〈木蘭花慢・代人作〉：「甚百種淒涼，一般寂寞，兩地平分。」
借用宋李清照〈一剪梅〉：「一種相思，兩處閒愁。」形容情人兩地相思的心
情。

　　除了詩詞的引用，劉敏中詞也不乏引自名篇鉅作的句子，或截取字句，
或加以裁剪使用。

（1）　〈最高樓〉（江風遠）：「搴杜若，載辛夷。」典用《楚辭・九歌・
湘君》：「采芳洲兮杜若，將以遺兮下女。」《楚辭・九歌・湘夫人》：
「桂棟兮蘭橑，辛夷楣兮藥房。」此以芳草表達效仿屈原的高雅情懷。

〔註 32〕陳振寰：《讀詞常識》（臺北：萬卷樓圖書公司，1993 年 7 月），頁 136。

（2） 〈木蘭花慢・代人作〉：「浪憑歸夢覓行雲。」〈蝶戀花〉（簾底青燈簾外雨）：「咫尺巫山無路去。」典見戰國宋玉〈高唐賦序〉：「昔者先王嘗遊高唐，怠而晝寢。夢見一婦人，曰：『妾巫山之女也，為高唐之客。聞君遊高唐，願薦枕席。』王因幸之。去而辭曰：『妾在巫山之陽，高丘之阻，旦為朝雲，暮為行雨，朝朝暮暮，陽臺之下。』旦朝視之，如言，故為之立廟，號曰朝雲。」前者用以比喻所愛悅的女子，後者為對仙山之嚮往。

（3） 〈玉樓春・次韻答王太常〉：「過眼紛華湯沃雪。」化用《文選・枚乘・七發》：「小飯大歠，如湯沃雪。」形容繁華如被熱水澆淋過的雪，迅疾消逝。

（4） 〈水龍吟・馬觀復左司……因以命石〉：「巨靈善擘。」化用漢張衡〈西京賦〉：「漢氏初都，在渭之涘。秦里其朔，寔為咸陽。左有崤函重險，桃林之塞。綴以二華，巨靈贔屓，高掌遠蹠，以流河曲，厥跡猶存。」指神話傳說中劈開華山的河神。

（5） 〈鷓鴣天・祖母壽日〉：「潘岳賦，孟家隣。儘將歌酒壽良辰。慈顏剩為斑衣樂，眼底兒孫莫厭貧。」化用晉潘岳〈閒居賦〉，賦前列：「（前略）太夫人在堂，有羸老之疾，尚何能違膝下色養，而屑屑從斗筲之役？於是覽止足之分，庶浮雲之志，築室種樹，逍遙自得。池沼足以漁釣，春稅足以代耕。灌園鬻蔬，供朝夕之膳；牧羊酤酪，俟伏臘之費。孝乎惟孝，友于兄弟，此亦拙者之為政也。乃作〈閒居賦〉以歌事遂情焉。」其辭曰：「（前略）昆弟斑白，兒童稚齒，稱萬壽以獻觴，咸一懼而一喜。壽觴舉，慈顏和，浮杯樂飲，絲竹駢羅，頓足起舞，抗音高歌，人生安樂，孰知其他……。」劉敏中取其賦作部分意涵，作為對祖母壽日的祝福。

（6） 〈滿江紅・次韻答暢泊然〉：「滿紙龍鸞，渾壓倒、來禽青李。」化用晉王羲之〈與蜀郡守朱書帖〉：「青李、來禽、櫻桃、日給藤子，皆囊盛為佳，函封多不生。」讚譽暢泊然的作品詞采華美。

（7） 〈沁園春・題戶部郎完顏正甫舒嘯圖，仍用盧疎齋韻〉：「便登高舒嘯。」化用晉陶淵明〈歸去來兮辭〉：「登東皋以舒嘯，臨清流而賦詩。」寫登高長嘯放鬆心情。

（8） 〈沁園春・張君周卿……以餞之〉「歸去來兮，東樓南浦。」化用

晉陶淵明〈歸去來兮辭〉:「歸去來兮,田園將蕪,胡不歸?」用以表達隱居的願望。

(9)　〈沁園春‧韓雲卿右司……時余爲國子祭酒〉:「五鬼欺陵不可降。」典出唐韓愈〈送窮文〉,指智窮、學窮、文窮、命窮、交窮五種窮鬼。

(10)　〈水龍吟‧次韻答馬觀復左司〉:「歸盤樂矣,丁寧更說,閒居粉黛。」化用唐韓愈〈送李愿歸盤谷序〉:「清聲而便體、秀外而惠中,飄輕裾,翳長袖,粉白黛綠者,列屋而閑居,妒寵而負恃,爭妍而取憐。……嗟盤之樂兮,樂且無殃。」抒寫隱居之樂,遠離禍害。

(11)　〈鵲橋仙‧張古齋送古銅研滴,書此爲謝〉:「走來便吸繡江波,卻只是、陶泓舊物。　　玄卿如故,毛生未禿。老楮猶堪一拂。」借用唐韓愈〈毛穎傳〉:「穎與絳人陳玄、弘農陶泓及會稽褚先生友善,相推致,其出處必偕。」以陶泓爲硯、玄卿爲墨、毛生爲筆、老楮爲紙。

(12)　〈念奴嬌‧自述呈知己時有小言〉:「擊短扶長,曲邀橫結。」襲用唐杜牧〈望故園賦〉:「人固有爲,背憎面悅;擊短扶長,曲邀橫結。」表達對小人的不滿。

(13)　〈木蘭花慢‧代人贈吹簫趙生〉:「怕幽壑潛蛟,孤舟嫠婦,掩泣驚飛。」化用宋蘇軾〈前赤壁賦〉:「舞幽壑之潛蛟,泣孤舟之嫠婦。」言簫聲感人至深。

(14)　〈木蘭花慢‧會有詔止征南之行,復以〈木蘭花慢〉送還闕〉:「有橫槊新詩,投壺雅唱。」化用宋蘇軾〈前赤壁賦〉:「釃酒臨江,橫槊賦詩。」形容意氣風發。

二、借用事典

　　詞之用事,忌諱堆砌、晦澀和不切題意,使用不當,都會讓詞的格調降低、生硬板滯,減損藝術價值。宋張炎《詞源》便云:「詞用事最難,要體認著題,融化不澀。」〔註33〕清劉熙載《詞概》也說:「詞中用事,貴無事障。晦也,膚也,多也,板也,此類皆障也。」〔註34〕依此原則以評析劉敏中詞

〔註33〕〔宋〕張炎:《詞源》,唐圭璋《詞話叢編》本,冊一,頁261。
〔註34〕〔清〕劉熙載:《詞概》,唐圭璋《詞話叢編》本,冊四,頁3705。

作，除了少數爲作而作的賀喜之詞外，餘則能切題而發，適時援引，且避免重複使用。而事典之運用手法，有實用、虛用、虛實交用三種。實用是實寫典故之內容；虛用則未予以具體敍述，僅取以自況；虛實交用則係確舉事典，並用以自況，以古人喻己﹝註35﹞。以下以劉敏中詞所引之幾種事典作爲例證，其中也是以引自《莊子》的故事最多：

（1）〈最高樓・寄張古齋受益……同一笑云〉：「老翁只會甕澆畦。」典見《莊子・天地》：「子貢南遊於楚，反於晉，過漢陰，見一丈人方將爲圃畦，鑿隧而入井，抱甕而出灌，搰搰然用力甚多而見功寡。」比喻安於拙陋的淳樸生活。

（2）〈摸魚兒・九日上都次韻答邢伯才〉：「東塗西抹皆傾國，只有效顰人醜。」典見《莊子・天運》：「故西施病心而矉其里，其里之醜人見之而美之，歸亦捧心而矉其里。其里之富人見之，堅閉門而不出，貧人見之，挈妻子而去走。彼知矉美而不知矉之所以美。」此謂不善模仿反而弄巧成拙。

（3）〈玉樓春・次韻答王太常〉：「笑殺觀魚濠上客。」典見《莊子・秋水》記莊子與惠子遊於濠梁之上，見鯈魚出游從容，因辯論魚知樂否。謂醒時與醉時的不同應世心態，會被莊子所嘲弄。

（4）〈最高樓〉（文章好）：「郢人斲堊元無跡。」典見《莊子・徐无鬼》：「莊子送葬，過惠子之墓，顧謂從者曰：『郢人堊慢其鼻端若蠅翼，使匠石斲之。匠石運斤成風，聽而斲之，盡堊而鼻不傷，郢人立不失容。宋元君聞之，召匠石曰：『嘗試爲寡人爲之。』匠石曰：『臣則嘗能斲之。雖然，臣之質死久矣。』自夫子之死也，吾無以爲質矣，吾無與言之矣。』」後用以比喻知己。

（5）〈六州歌頭・暢純甫與姚牧庵……答純甫〉：「寂寞鍾期遠，高山曲，幾人聽。」典見《呂氏春秋・本味》、《淮南子・修務訓》，伯牙鼓琴，意在高山流水，鍾子期聽而知之。子期死，伯牙謂世無知音，乃破琴絕弦，終身不復鼓琴。此在感嘆知音難遇。

（6）〈浣溪沙・賀石仲璋侍御……皆貴仕〉：「年過太公漁渭日，官如鄭武相周時。」太公漁渭，典見《史記・齊太公世家》：「呂尚蓋嘗窮困，年老矣，以漁釣奸周西伯。西伯將出獵，卜之，曰『所獲非龍非

璠，非虎非羆；所獲霸王之輔』。於是周西伯獵，果遇太公於渭之陽，與語大說，曰：『自吾先君太公曰『當有聖人適周，周以興』。子眞是邪？吾太公望子久矣。』故號之曰『太公望』，載與俱歸，立爲師。」鄭武相周，鄭武公（？～B.C. 744），姓姬，名掘突，爲春秋時代鄭國君主（B.C. 771～B.C. 744）。其父鄭桓公在周幽王時出任司徒，於前771年犬戎攻陷鎬京時被殺。鄭武公除承襲父親的爵位外，亦於周平王的朝廷中出任卿士。這裡以呂尚和鄭莊公的典實爲喻，盛讚壽星的賢明與高位。

（7）　〈念奴嬌‧聖節進酒詞〉：「記虹流電繞，天開華旦。」典見《史記‧五帝本紀》黃帝誕生典故。黃帝之母於祁野，見大電繞北斗樞星，感而懷孕，二十四月而生黃帝於壽丘。此以形容帝王的不凡出世。

（8）　〈滿庭芳‧二舅魏知房戍沂州，見示此詞，因次韻〉：「熊非渭水。」典見《史記‧齊太公世家》。周文王外出打獵，行前占卜，卜辭曰「非龍非麗，非熊非羆，所獲者霸王之輔」。後果於渭水邊遇見姜子牙，文王遂拜而爲師，成爲西周建國的名臣。此以比附二舅的過人能力。

（9）　〈摸魚兒‧觀復以〈摸魚子‧賦神巇〉見示，次韻答之〉：還記得、當時射虎人曾誤。」典見《史記‧李將軍列傳》：「廣出獵，見草中石，以爲虎而射之，中石沒鏃，視之石也。因復更射之，終不能復入石矣。廣所居郡聞有虎，嘗自射之。及居右北平射虎，虎騰傷廣，廣亦竟射殺之。」記西漢名將李廣將草中石頭誤爲老虎而射事。

（10）　〈滿江紅〉（我笑前人）：「癡絕甚、搔瓜鑽李。」典出漢劉向《新序‧雜事》：「梁大夫有宋就者，嘗爲邊縣令，與楚鄰界。梁之邊亭，與楚之邊亭，皆種瓜，各有數。梁之邊亭人，劬力數灌其瓜，瓜美。楚人窳而稀灌其瓜，瓜惡。楚令因以梁瓜之美，怒其亭瓜之惡也。楚亭人心惡梁亭之賢己，因往夜竊搔梁亭之瓜，皆有死焦者矣。」用搔瓜事嘲笑那些破壞他人辛勤耕耘的人。

（11）　〈鷓鴣天‧祖母壽日〉：「孟家隣。」典見西漢劉向《列女傳‧母儀傳》：「鄒孟軻之母也。號孟母。其舍近墓。孟子之少也，嬉遊爲墓間之事，踴躍築埋。孟母曰：『此非吾所以居處子也。』乃去舍市傍。其嬉戲爲賈人衒賣之事。孟母又曰：『此非吾所以居處子也。』復徙舍學宮之傍。其嬉遊乃設俎豆揖讓進退。孟母曰：『眞可以居吾

子矣。』遂居之。及孟子長，學六藝，卒成大儒之名。君子謂孟母善以漸化。」此以比附祖母的賢德典範。

（12）〈木蘭花慢・代人贈吹簫趙生〉：「千秋鳳臺人去，算風流、只有趙郎知。」典見漢劉向《列仙傳・蕭史》：「蕭史者，秦穆公時人也。善吹簫，能致孔雀白鶴於庭。穆公有女，字弄玉，好之。公遂以女妻焉，日教弄玉作鳳鳴，居數年，吹似鳳聲，鳳皇來止其屋。公爲作鳳臺，夫婦止其上，不下數年。一旦，皆隨鳳凰飛去。」意謂在鳳臺上吹簫的蕭史已離去，簫中風雅餘韻，也只有趙郎能體會。

（13）〈木蘭花慢・會有詔止征南之行，復以〈木蘭花慢〉送還闕〉：「看戲綵萱堂。」老萊子著彩衣娛親事，典見《藝文類聚》卷二十引漢劉向《列女傳》：「老萊子孝養二親，行年七十，嬰兒自娛，著五色采衣。嘗取漿上堂，跌仆，因臥地爲小兒啼。」指孝養長輩。

（14）〈木蘭花慢・曉過盧溝〉：「恐當年、貢禹錯彈冠。」典見《漢書・王吉傳》：「吉與貢禹爲友，世稱『王陽在位，貢公彈冠。』」貢禹，西漢瑯琊人（今山東省諸城縣），字少翁。以明經絜行，徵爲博士，元帝時官至御史大夫。曾多次上書元帝，抨擊朝廷弊政，以剛直敢言名重於時，與王吉爲志同道合的朋友。劉敏中此話爲反語，表面責己，實則埋怨朝廷不辨忠奸，舉措失當。其彈劾桑哥不報後，好友王約亦因桑哥事件而被罷官除名，遭遇與貢禹頗爲相似。

（15）〈玉樓春〉（米如珠玉薪如桂）：「棄瓢林下應無累。」典見漢蔡邕《琴操・箕山操》，堯時許由隱居箕山，常以手捧水而飲。人見其無器，以一瓢遺之。由飲畢，以瓢掛樹。風吹樹動，歷歷有聲，由以爲煩擾，遂取瓢棄之。意謂在幽靜的山林田野中隱居，或許不再有人事的牽累。

（16）〈最高樓・寄張古齋受益……同一笑云〉：「乘款段，載鴟夷。」前句典出《後漢書・馬援傳》：「士生一世，但取衣食裁足，乘下澤車，御款段馬，爲郡掾史，守墳墓，鄉里稱善人，斯可矣。」借言取衣食裁足、鄉里稱善人的人生理想。後句典見《史記・越王句踐世家》：「范蠡浮海出齊，變姓名，自謂鴟夷子皮，耕于海畔，苦身戮力，父子治產。」寫載著酒囊隨行逍遙的生活。

（17）〈滿庭芳・二舅魏知房戍沂州，見示此詞，因次韻〉：「龍臥南陽。」

典見《三國志・蜀書・諸葛亮傳》：「時先主屯新野。徐庶見先主，先主器之，謂先主曰：『諸葛孔明者，臥龍也，將軍豈願見之乎？』」此以諸葛亮比附二舅的謀略能力。

（18）〈最高樓〉（文章好）：「仙家種玉不論畦。」典見晉干寶《搜神記》卷十一：「楊公伯雍，雒陽縣人也，本以儈賣為業，性篤孝，父母亡，葬無終山，遂家焉。山高八十里，上無水，公汲水作義漿於坂頭，行者皆飲之。三年，有一人就飲，以一斗石子與之，使至高平好地有石處種之，云：『玉當生其中。』楊公未娶，又語云：『汝後當得好婦。』語畢不見，乃種其石。數歲，時時往視，見玉子生石上，人莫知也。有徐氏者，右北平著姓女，甚有行，時人求，多不許。公乃試求徐氏，徐氏笑以為狂，因戲云：『得白璧一雙來，當聽為婚。』公至所種玉田中，得白璧五雙，以聘。徐氏大驚，遂以女妻公。天子聞而異之，拜為大夫。乃於種玉處四角，作大石柱，各一丈，中央一頃地名曰『玉田』。」記楊伯雍遇仙人，貽贈石子，種於田中而獲璧，遂以為聘，而得徐氏為妻。

（19）〈六州歌頭・暢純甫與姚牧庵……答純甫〉：「不說換鵝經。」典見《晉書・王羲之傳》：「性愛鵝，會稽有孤居姥養一鵝，善鳴，求市未得，遂攜親友命駕就觀。姥聞羲之將至，烹以待之，羲之歎惜彌日。又山陰有一道士，養好鵝，羲之往觀焉，意甚悅，固求市之。道士云：『為寫道德經，當舉羣相贈耳。』羲之欣然寫畢，籠鵝而歸，甚以為樂，其任率如此。」比喻以高才絕技換取心愛之物。

（20）〈木蘭花慢・曉過盧溝〉：「寒窗螢雪一生酸。」車胤囊螢，典見《晉書・車胤傳》：「胤恭勤不倦，博學多通。家貧不常得油，夏月則練囊盛數十螢火以照書，以夜繼日焉。」孫康映雪，典出《魏書・孫康傳》：「孫康少清介，交遊不雜，家貧無油，嘗映雪讀書，後官至御史大夫。」形容寒士勤苦攻讀的情形。

（21）〈木蘭花慢・適得醉經樂章……一謝彥博〉：「憶黃公壚下幾回過。」典見《晉書・王戎列傳》：「嘗經黃公酒壚下過，顧謂後車客曰：『吾昔與嵇叔夜、阮嗣宗酣暢於此，竹林之游亦預其末。自嵇、阮云亡，吾便為時之所羈絏。今日視之雖近，邈若山河！』」比喻傷懷往事。

（22）〈念奴嬌・仲庸集賢……因次其韻〉：「如今又與，前度劉郎面。」

典見南朝宋劉義慶《幽明錄》。相傳東漢永平年間，劉晨、阮肇入天臺山採藥，爲仙女所邀，留半年，求歸，抵家時，親舊零落，邑屋改異，子孫已七世。傳聞上世入山，迷不得歸，至晉太元八年（383），忽復去，不知何所。後遂稱去而復來的人爲「前度劉郎」。

（23）〈木蘭花慢・送親衛劉副使遷成都統軍，公號舜田〉：「兜鍪更換貂蟬。」《典見《南齊書・周盤龍列傳》：「盤龍表年老才弱，不可鎮邊，求解職，見許，還爲散騎常侍、光祿大夫。世祖戲之曰：『卿著貂蟬，何如兜鍪？』盤龍曰：『此貂蟬從兜鍪中出耳。』」意指劉舜田能因其才能進冠加爵，步步高升。

（24）〈鷓鴣天・祖母壽日〉：「慈顏剩爲斑衣樂。」《太平御覽》引《孝子傳》曰：「老萊子者，楚人，行年七十，父母俱存，至孝蒸蒸，常著班蘭之衣，爲親取飲上堂，腳肷，恐傷父母之心，因僵仆爲嬰兒啼。」比喻以滑稽逗趣的動作娛樂雙親。

（25）〈水龍吟・王瓠山承旨……次韻答之〉：「慙愧相思千里，也看同、去年崔護。」典出唐孟棨《本事詩・情感》。唐人崔護於清明日獨遊長安城南，在一人家邂逅一位女子。第二年的清明日，崔護想起這段往事，又再次造訪那戶人家，卻見大門深鎖，因此在門上題詩曰：「去年今日此門中，人面桃花相映紅。人面只今何處去，桃花依舊笑春風。」比喻與意中人難以相見。

第三節　善以移情作用，拉近物我距離

在第三章所介紹到的詞作內容中，不乏有劉敏中和自然對談、相望，或者將它想像成具有人類情感和動作的句子，例如：〈鵲橋仙・張古齋送古銅研滴，書此爲謝〉中，將毛筆喚作毛生，外貌依舊，毛髮濃密，又說紙張老了，還是禁得起書寫；〈沁園春・壽張繡江參政〉一詞，則以菊花笑指籬東，謂其想與仙人赤松子一樣長存；〈木蘭花慢・贈貴游摘阮，時得名妾，故戲及之〉寫琴聲優美動人，可使「松間玄鶴舞翩翩」、「山鬼下蒼煙」；〈水龍吟〉不言我見青山，反寫青山飛來窗裏相見；〈鷓鴣天・題雙頭蓮〉寫並蒂蓮的無語相看和多情愁緒，一如戀人相思；〈水龍吟・同張大經御史賦牡丹〉與牡丹相看，既問當日人何似，又怕傷害它老來情味，體貼入微。次韻又說牡丹頮然薄怒，不堪搖動；〈清平樂・白芍藥〉寫夜月能理解芍藥的風韻，當牡丹和紅藥競相

比美時，只有白芍藥最純潔自持；〈破陣子〉一首以枴杖作爲衰年好友，物人相伴，成爲生活上的扶持；〈菩薩蠻・盆梅〉寫梅花「寒愁芳意懶」，遲遲不肯開花；〈鷓鴣天・秋日〉將自然景物賦予人類的特質，使竹看來瘦、環山說是合抱、蝶飛說是蝶舞；〈感皇恩・立秋後一日有感〉以爲梧桐與人對語；〈烏夜啼・含暉亭芍藥謝〉寫花開復花老；〈南鄉子・老病自戲〉以病爲魔，展開人及病魔之間的追逃戰；〈菩薩蠻・憶家庭月桂〉寫新枝嬌弱，人怨芳菲；〈木蘭花慢・代人作〉將南山、松栢當作託付的對象；〈玉樓春・雨中戲書〉以竹爲友，朝夕相伴；〈木蘭花慢・元夕後小雨〉要與春神通訊，歡迎燕鶯歌舞；〈蝶戀花・清和即事〉在細雨下忙碌的燕子。諸如此類，都是把個人情趣主觀投注在景物上，使物與人由對立無關，變成融合一體，使物與我間的情趣往復迴流激盪，創造出美感，進而拉近物我之間的距離。

　　具備以上特質的作品，我們在修辭學上稱之爲擬人化；在藝術美學上，則有其他說法。如王國維《人間詞話》云：「有有我之境，有無我之境。『淚眼問花花不語，亂紅飛過秋千去』，『可堪孤館閉春寒，杜鵑聲裡斜陽暮』，有我之境也。『采菊東籬下，悠然見南山』，『寒波淡淡起，白鳥悠悠下』，無我之境也。有我之境，以我觀物，故物皆著我之色彩。無我之境，以物觀物，故不知何者爲我，何者爲物。」〔註 36〕有我之境也好，無我之境也罷，兩者都是立足在有境界下的賞析，屬於「具體表達眞感情」時之境，此時，凡「主觀具體表現眞感情」之境，爲「有我之境」，「客觀具體表現眞感情」之境，爲「無我之境」。〔註 37〕

　　朱光潛在闡述王國維有我之境與無我之境時，是以有無「移情作用」來判別〔註 38〕，說明有我之境爲超物之境，無我之境爲同物之境：

〔註 36〕王國維著、馬自毅注譯：《新譯人間詞話》，頁 4。
〔註 37〕葉程義：《王國維詞論研究》（1991 年 7 月，臺北：文史哲出版社），頁 308。
〔註 38〕移情作用在德文中原爲 Einfuhlung。最初採用它的是德國美學家費笑（R. Vischer），美國心理學家惕慶納（Titchener）把它譯爲 Empathy。照字面看，它的意義是「感到裏面去」，這就說，「把我的情感移注到物裏去分享物的生命」。赫格爾（Hegel）說過，「藝術對於人的目的在讓它在外物界尋回自我」。這話已隱寓移情說，洛慈（Lotze）在他的「縮形宇宙論」裏說得更清楚，「凡是眼睛所見到的形體，無論它是如何微瑣，都可以讓想像把我們移到它裏面去分享它的生命。……就是和我們絕不相干的事物，我們也可以外射情感給它們，使它們別具一種生趣」，這是移情說的雛形，到了立普司（Lipps）手裏就變成美學上一條最基本的原理。見朱光潛：《文藝心理學》（臺南：大夏出版社，2001 年 4 月），頁 38～39。

他所謂「以我觀物，故物皆著我之色彩」，就是近代美學所謂「移情作用」。「移情作用」的發生是由於我在凝神觀照事物時，霎時間生物我兩忘而至物我同一，於是以在我的情趣移注於物；換句話說，移情作用就是「死物的生命化」，或是「無情事物的有情化」，這種現象在注意力專注到物我兩忘時纔發生。從此可知王先生所說的「有我之境」實在是「無我之境」。他的「無我之境」的實例爲「采菊東籬下，悠然見南山」，「寒波澹澹起，白鳥悠悠下」，都是詩人在冷靜中所回味出來的妙境，都沒有經過移情作用，所以其實都是「有我之境」。我以爲與其說「有我之境」和「無我之境」，不如說「超物之境」和「同物之境」。〔註39〕

朱光潛以爲因爲物我合一，達到忘我境界，故以爲是無我之境。相對而言，沒有經過移情、而是詩人在冷靜中回味出的妙境，則以爲是有我之境。這雖和王國維的名稱有異，但他們其實有共通的認知：萬物若著我之色彩，使它們變得有情，事物形象也會隨之靈活生動，這便縮短物與人之間的距離，達到物我兩忘、物我同一的境界。而符合移情手法的作品，在《中庵樂府》中就有六十餘首，爲數可觀，本節就以幾首較具代表性的作品做介紹。如〈沁園春〉：

> 石汝何來，政爾難忘，平生太初。想將迎媚悅，無心在此，清奇古怪，有韻鏗如。何乃排垣，直前不屈，似此疎頑其可乎。今而後，有芳名雅號，聽我招呼。　　世間貴客豪夫。問幾箇、回頭認得渠。既千巖氣象，君都我許，四時襟抱，我爲君虛。無語相看，悠然意會，自引壺觴不願餘。商歌發，恰風生細竹，月上高梧。（頁7～8）

此詞前有小序云：「大德甲辰之歲，張君秀實得石百脉泉南麓土中，輙以遺余，余使視之，石四旁皆大石，附而不屬，土周隙間，宛然猶胞胎，抉其土，碎其旁石而取焉，寘之所居中庵之前，余命之曰『太初之巖』，且號曰『蒼然子』，奇之也。頃余族弟仲仁得石太初所出之旁，又以見遺，其胞胎猶太初，而艱深倍之。仲寬弟合眾力出之，闢垣而納之，寘之中庵之後，又一奇也。徐思其名，自混沌始分，而有是質，迄於茲遠矣，乃得安常守密，無動移摧剝之

〔註39〕朱光潛：〈詩的隱與顯〉，收入趙爲民、程郁綴選輯：《詞學論薈》，頁514～515。

患，渾然天全，獨立遠矣。其狀雄拔高峻，壁嶺竅穴，嵐彩輝煥，意態橫出，雖具眼未易盡其妙遠矣。生而與太初並處，出而與太初對列，協久要不忘之義又遠矣。有是四遠，而秀發如此，乃定名曰『遠秀峰』，號之曰『頎然子』云。且用太初樂章韻，作歌以喻之。石之至，延祐戊午仲春十有九日也。」從詞序裡可知，繼太初巖之後，劉敏中又於延祐五年（1318）得一奇石，還特別為它冠上名號，其命名來由自有深意：一是自天地初分時就已存在，時間久遠；二是保持原貌，渾然天全，獨立已遠；三是姿態雄拔，意態橫出，奇妙遠矣；四是與太初巖對列，有不忘之義。

這首詞幾乎以對話的方式構成，劉敏中透過和「遠秀峰」的對白，表面上書寫石頭的高拔不屈，其實是託付自己的懷抱，句句寫石，實乃句句寫己。上片以「石汝何來」先行呼喚，想像大石生發在上古混沌之時，接著形容它無心逢迎取悅的人格，美妙奇異的姿態，和洪亮的聲音。繼而又問怪石，為何排斥垣牆，徑直向前而不屈折，像這樣固執可行嗎？劉敏中說怪石無心將迎媚悅，而且直前不屈，有疏頑個性，無一不是指向自己，他正是一個謹守本分、不肯逢迎，對直道有所堅持的人。但以這樣的性格在官場上行事，必然會引起當權小人的不滿，輕則構陷罪狀，遷貶他鄉或摘除官職，重則危及生命，牽連親友。所以劉敏中一方面稱讚遠秀峰的操守品德，卻也感到困惑，人生在世，究竟是要有所原則好，還是屈從流俗好？想當然爾，劉敏中是選擇了前者，儘管在對的路上孤獨行走，知己者少，但自此而後，「有芳名雅號，聽我招呼」，不管是太初巖抑或遠秀峰，都將成為精神上的支柱。

行至下片，劉敏中以「世間貴客豪夫。問幾箇、回頭認得渠」反詰，意謂真正領略遠秀峰內涵的人少之又少，但他要遠秀峰不必自憐，因為「既千巖氣象，君都我許，四時襟抱，我為君虛」。尤其「無語相看，悠然意會」句，儼然是奇石與人之間的情感交流，不需透過言語，就能深得彼此的情意和信賴。詞人每每對著奇石歡飲而盡，即便在夜晚也喜歡在此留連，可以想見他是如何依賴奇石，通過移情手法的使用，達到排憂遣懷的效果。

又如〈沁園春·和省中諸公秋日海棠韻〉：

> 花有花時，何事茲花，待開便開。看嫣然一笑，秋容也媚，問之不語，春意潛回。靜想乾坤，中間萬有，元氣循環共一胎。花如此，儘風流奇特，嘆了還猜。　　三生月地雲階。料曾被、西風點鏡臺。恨賞餘人散，黃蜂日晚，夢回月落，白鴈霜催。兩度頻繁，一番遲

暮，爭似從他本分來。青霄客，有留連新句，爲寫芳埃。（頁9）

這是一首歌詠海棠花的詞。上片先寫秋日海棠花開，劉敏中愛花惜花，見「秋容也媚」卻「問之不語」，彷彿海棠花是一個含羞嬌媚的美人，只是微微笑著，卻不開口，見此景象，他聯想到天地之間，萬物循環生成變化的道理。下片轉爲對海棠過往的想像。前世海棠曾經花開美好，也曾被秋風吹落到梳妝臺上，一旦賞玩的人潮散去後，月落時分，雁鳥飛過，霜寒催逼入骨。然而，不管花開燦爛，暮年花落，都是自然循環的分定，唯一能捕捉其永恆姿態、爲寫芳埃的，就是文字了。字裡行間，不僅隱含人間盛衰變化的哲理意味，其與海棠花之間細膩的互動，以及體貼落花的想像，皆饒富情趣。

或如〈鵲橋仙〉：

> 黃塵古驛，荒園小樹。幾朵晴雲自舞。慇懃馬上折來看，問過卻、行人幾許。　　瓊芭半拆，檀心乍吐。笑向春風不語。多情莫怪洗粧遲，我也是、天涯逆旅。（頁22）

其序云：「至元甲申三月，余以宰相命市帛東路，將至獻州亭上，折梨花一枝，戲作長短句，書於驛壁。」這是一首於赴命途中，偶發興致，折梨花相看，描形寫態，抒發同憐之意的清新小詞，情感細膩。上片鋪敘行路背景，以黃塵對荒園，古驛對小樹，構築出一幅古老荒涼的景象。劉敏中行經塵土彌漫中的古老驛站，看見荒廢的田園裡長著幾株幼小的樹，天空有幾朵白雲自然飄動，有如跳舞一般，可見此時他的心情是輕鬆愉悅的。行旅途中，難免會感覺無聊煩悶，但是劉敏中卻能留心於自然美景，人還在馬上，便迫不及待將梨花「慇懃」折來看，甚至逗趣地問梨花：「從前有多少行人也和我一樣經過這裡呢？」下片則特寫梨花的姿態，半開半吐，露出一部分淺紅色的花蕊，好像是對上片提問的回應，欲吐還休，只好「笑向春風不語」。最後，詞人甚至要安慰這枝梨花「莫怪洗粧遲」，因爲自己也是那倉促過往的旅人，憐花之情，躍然紙上。

再如〈菩薩蠻‧春雪後，訪友東山〉：

> 行行正向西山缺。遙遙望見東山雪。風色夜來間。杏花寒不寒。　　故人家遠近。只向林東問。一徑傍山開。鵲聲迎我來。（頁23）

此詞係寫春雪後，劉敏中在訪友途中所見的風景。上片首句便點出行進的方向，因詞人所要前往的目的地在東山，故而「行行正向西山缺」。沿途遙望東山上的白雪，到了夜晚，寒風陣陣吹來，春寒料峭，劉敏中擔憂的不是自己

的身體狀況，反而是問「杏花寒不寒」，惜花之情，溢於言表。下片轉爲探問故人家之遠近，且說「一徑傍山開」、「鵲聲迎我來」，看似路途遙遠，故人所居偏僻，小路依傍著山一路延展，幸而山中有鵲鳥相隨，聲聲啼鳴，就像列隊歡迎的音樂，讓人一解旅途疲勞。或者可說詞人將至故人家門，而鵲聲就像爲主人迎賓般，先來延請。無論如何，在這首詞中所展現的不單是訪友時的喜樂，還有對大自然的靜觀自得之情。

　　劉敏中對自然的喜愛不僅如此，他的想像豐富，感性敏銳，甚至把山當作了雄偉奇拔的男子，如〈卜算子‧望湖山〉：

　　　落日望湖山，山在空濛裏。劍佩冠裳整頓嚴，欲作崔嵬起。　　我
　　病正無聊，見此奇男子。急往從之呼不應，癡絕還如此。（頁28）

這時劉敏中尚在臥病休養期間，傍晚時分，偶然看見窗外的湖光山色，煙霧朦朧，將山林層層圍繞，這時他竟想收拾寶劍和垂佩，穿戴好衣帽，登上那座高山，幾乎忘了自己的屏弱病軀，可見他對山的癡迷程度。下片則云自己病中無聊，難得見到青山「奇男子」，想要呼喚它、跟隨它，卻不可得之，簡直癡絕之甚。在這首詞中，除了可以感受到詞人對大自然的情感，另外也透露出病中無可奈何的心境，原想藉由青山撫慰病軀，卻連這樣的小心願也無法達成，只能默默在遠方眺望，一面填詞遣懷。

　　綜觀劉敏中的有情天地，能夠把生活中平凡無奇的事物假想爲友，並賦予情感，也從這些有情的事物中，得到回饋，移情手法的使用，確實爲其作品增添不少生趣，使得大部分看來平易暢達的文辭，更禁得起咀嚼與想像。

第四節　用字不假雕琢，語言自然平易

　　劉敏中詞的最大特點就是自然，除了少數應酬詞外，其餘作品，無論用字遣詞或是情感呈現，幾乎沒有做作、雕琢的痕跡，詞中自饒情味，脫口便出。他在〈破陣子‧野亭遣興〉中曾言：「詩不求奇聊遣興。」〈定風波‧次韻答人見寄〉亦云：「率意謳吟信手書。」可見劉敏中在創作時，本不是有意逞才獻技，寫作詩詞，乃是爲了遣興抒懷。後人論詞之作法，也多談及詞應以自然爲佳，如清吳衡照《蓮子居詞話》卷一云：「詞忌堆積，堆積近縟，縟則傷意。詞忌雕琢，雕琢近澀，澀則傷氣。」〔註40〕清李佳《左庵詞話》卷

〔註40〕〔清〕吳衡照《蓮子居詞話》，唐圭璋《詞話叢編》本，冊三，頁2403。

下云：「詞不用雕刻，刻則傷氣。務在自然。」〔註41〕清沈祥龍《論詞隨筆》也說：「詞以自然爲尚，自然者，不雕琢、不假借、不著色相、不落言詮也。」〔註42〕總之，太注重堆積、雕琢、語澀的詞，容易有弊病，皆不若自然來的好。本節則是要針對劉敏中詞中，符合自然平易特點的一百二十餘首作品，擇取其中數首作爲說解範例。

劉敏中詞用字不假雕琢，不賣弄文采，直陳其事，文辭暢達。如〈菩薩蠻〉：

挈家來喫山城水。三年不剩公田米。何物辦歸裝。一車風滿箱。　　吾人垂淚嘆。過客回頭看。誰不愛清官。清官似子難。（頁22）

其前詞序云：「賈君彥明爲陽丘丞，三年職揚政舉，而廉苦過甚。其歸也，作長短句贈之。」這是劉敏中贈與陽丘丞賈彥明的作品，語語都是對賈彥明清廉執政的讚許，雖是應酬詞，卻沒有斧鑿之痕，也無陳腐語彙，只是單純地把心中對清官的景仰道出。賈彥明在任三年，日子過得十分清苦，平素恪守職分，使陽丘政教措施得以推行。卸任時，賈彥明不隨意帶走公家的東西，連要收拾行李時，也是「一車風滿箱」，可見其在艱苦的環境中仍能自持守節的品格。下片則描述老百姓依依送別的場景，知道清官要離開，大家莫不垂淚嘆息，使賈彥明這位「過客」跟著回頭。這首詞作，著重在賈彥明兩袖清風、百姓送行的客觀鋪陳，只有在最後劉敏中才評論道「清官似子難」，像這般以事實陳敘來襯托其人格，少用諛言堆砌的寫作手法，更能起出感人的效果。

又如〈蝶戀花·次韻答魏鵬舉〉：

五日祥風十日雨。國泰年豐，天也應相許。見說少年行樂處。青樓宛轉低瓊戶。　　城市笙簫村社鼓。何礙狂夫，醉裏閒詩句。明日南山攜酒去。共君一笑雲間語。（頁20）

此詞係以魏鵬舉爲酬答對象，表達邀約同遊之請。上片點出時節氣候，正是祥風細雨，國家平和，生活安定。詞人聽聞少年人喜歡到青樓尋歡，欣賞青樓女子悅耳動人的歌聲，傳入華美的窗戶裡。下片則將城鄉、老少行樂作一對比，城裡人鍾愛笙簫，村里舍人倒愛鼓聲；少年人喜歡歌舞酒女，但是像自己這種「狂夫」，則更愛攀援登高，攜酒相伴，不染塵俗氣息。「雲間」，本

〔註41〕〔清〕李佳：《左庵詞話》，唐圭璋《詞話叢編》本，冊四，頁3177。
〔註42〕〔清〕沈祥龍：《論詞隨筆》，唐圭璋《詞話叢編》本，冊五，頁4054。

指很高很遠的地方，在這裡劉敏中欲與魏鵬舉同登南山，徜徉於自然的懷抱裡，其實正有遠離塵世的意思。與此同樣自然平易、使用賦筆的還有〈卜算子·長白山中作〉：

　　　　長白汝來前，問汝何年有。只自雲間偃蹇高，不肯輕低首。　　　我
　　即是中庵，汝作中庵友。怪得朝來爽氣多，浮動杯中酒。（頁28）

長白是東北的最高山，此係抒寫山的高偉雄壯，以及清晨登山飲酒的愜意心境。這首詞同於〈沁園春〉（石汝何來）的開頭法，將長白山擬人化後，將它呼叫來前，問它何年來此。次寫山勢高聳入雲，絲毫不輕易低頭；而山之不肯低頭，就像人之凜然傲骨，這樣的人格特質，自然深得劉敏中喜愛。到了下片，劉敏中主動向長白山自我介紹，說自己號爲「中庵」，希望能和它成爲朋友。最後二句，典出《晉書·王徽之傳》：「嘗從沖行，值暴雨，徽之因下馬排入車中，謂曰：『公豈得獨擅一車！』沖嘗謂徽之曰：『卿在府日久，比當相料理。』徽之初不酬答，直高視，以手版柱頰云：『西山朝來，致有爽氣耳。』」寫的是早晨的涼爽之氣，使得杯內的酒不斷流動，隱約可見詞人在結交到新的「朋友」時，那種歡然喜悅之情。吾人甚至可以自前面所舉實例歸結出，劉敏中最愛的自然景象，不外要奇秀、高拔、具有不同凡響的特質，而「物格」又恰是作者「人格」的展現。

　　再如〈浣溪沙〉：

　　　　瀲瀲清流淺見沙。沙邊翠竹野人家。野人延客不堪誇。　　　旋掃太
　　初巖頂雪，細烹陽羨貢餘茶。古銅瓶子蠟梅花。（頁129）

前有詞序云：「元夕前一日，大雪始霽，子京〔註43〕、敬甫〔註44〕兩張君過余繡江別墅。既坐，皆醉酒，索茶，遂開玉川月團，取太初巖頂雪，和以山西羊酥，以石竈活火烹之。而瓶中蠟梅方爛熳，於是相與嗅梅啜茶，雅詠小酌而罷。作此詞以誌之。」劉敏中這時歸隱繡江，適逢張子京、張敬甫拜訪，三人飲酒暢談。繼而取太初巖之融雪、加上由羊奶提煉出的酥油煮茶，三人一邊喝茶，一邊欣賞瓶中的蠟梅，十分閒適。

　　　詞之上片寫出野居的生活情境。清澈的溪流嘩啦嘩啦流著，可以看見平淺水面下的泥沙，詞人先將聽覺和視覺巧妙搭配，予人清涼澄澈的想像後，再以頂眞句法，連接到沙邊一戶種滿綠竹的人家，而這戶人家的主人，正是

〔註43〕張子京，號西泉，監郡建昌，有三山堂。
〔註44〕張德聚，字敬甫，晉寧人。延祐四年（1317）爲興和路治中。

劉敏中。劉敏中好稱自己是狂夫、野人或是狂客，多少可見他不受拘束、個性狂放的特質。而這個「野人」十分好客，喜見親友來訪，連忙掃雪煮茶，雅詠小酌。倘若是一般的野人，豈能有這種閒雅的興致？因此，吾人以爲劉敏中雖自言「野人」，但是此野並非粗野，而是一種質樸純淨的「野」，這從他「細烹」茶，以及與友朋嗅梅啜茶的情景便可知悉。其實劉敏中正是個懂得享受生活情趣的人，而這首詞清新平易、不造作的語言，則更能托其閒雅的一面。

用語平易自然，除了能廣納更多的閱讀者，還可促進情感的眞誠流露。正因爲無晦澀之弊，詞人可以直抒胸臆，不須受限於文字遊戲。例如〈滿江紅・病中呈諸友〉：

> 畫景清和，南風扇、葛衣未試。知又是、梅黃時候，麥秋天氣。寶鴨旋薰香篆小，綠陰生寂重門閉。有畫梁雙燕伴人愁，知人意。
> 螢窗苦，貂蟬貴。窮與達，心如醉。個月來多病，不禁憔悴。諱疲怎諱衣帶緩，怯眠卻把窗兒倚。問阿誰、心緒正如今，還如此。
> （頁 4）

這是一首病中書懷的作品，主要言其憔悴形容、心志所向和飽受病魔折騰的心情。上片先交代寫作時間，渲染夏天舒服和暖的天氣和綠樹掩映的環境氛圍，劉敏中可能因病痛許久沒有出門，每日待在家中，只見香爐裡不斷飄出裊裊煙縷，門外綠陰濃密，大門深鎖，直教人感到無限寂寥，還好畫梁上有雙飛燕，能夠「伴人愁」、「知人意」。下片自抒寒生讀書之苦，一朝飛黃騰達則身分顯貴，在窮達之間，又像是醉酒一般，搖擺不定。心事沉沉，加以個月來多病，憔悴損形，衣帶漸緩，依倚窗邊，簡直愁煞人也。劉敏中在〈閑中呈智仲敬〉云：「不爲逃名與世疏，卻緣多病賦閑居。」〔註45〕正好指出他原有匡世之志，並非不願爲國效勞、逃名離世，而是受限於體力和年紀，只能閑居度日。

又如〈清平樂・用前韻，答郭幹卿〉〔註46〕二首，也是造句自然，情感眞摯的作品：

〔註45〕〔元〕劉敏中著；鄧瑞全、謝輝校點：《劉敏中集》，收入李軍等編：《元朝別集珍本叢刊》，頁 358。

〔註46〕郭幹卿，即郭思貞，蒲州人，幹卿爲其字。以儒進，拜監察御史，至治二年（1322）累遷南臺治書，陞西臺侍御史，至順三年（1333）改南臺侍御史，明年入爲奎章閣大學士。卒諡文憲。

松窗竹戶。山氣空濛處。煙柳迷人花滿路。此是中庵舊住。　　沙鷗久望歸家。歸心已接飛霞。他日乘軒過我，待君繡水之涯。（頁16）

蜂房蟻戶。總是容身處。腳底東西南北路。萬古人行人住。　　出家何必離家。求仙不用飡霞。但得花開酒美，老夫歡喜逾涯。（頁16）

不同的事歷轉折和年齡階段，通常會使詞人的心境也隨之變化。有別於前一首病中憪憪之語，這時的劉敏中則顯得安閒自在、甘於清貧。第一首詞表達了歡喜辭歸之情，也有盛情邀約郭幹卿之意。上片以寫景爲主，介紹的是舊居附近的景色。此屋位在山中雲霧迷濛的地方，老屋窗邊種植松竹，路旁種滿了柳樹和各種花卉，十分迷人。下片雖說沙鷗久望歸家，其實想要歸家的，就是劉敏中自己。當他還在朝廷任事，目睹了諸多不平亂象，便逐漸醞釀辭歸的念頭，等到有一天「歸心已接飛霞」，就會向那漂泊已久的沙鷗一樣，隨著雲霞飄動，直往家鄉飛去。劉敏中回到舊居時，好友郭幹卿仍有官銜在身，故說「乘軒過我」，而欲「待君繡水之涯」，慇懃故人之情，自然流露。

第二首則是「自喜清貧狀」的具體表現。蜂房蟻戶，是指其舊居擁擠密集，但是劉敏中卻認爲「總是容身處」。自古以來，人們踏遍東西南北路，到處奔走，只要到了何處，就會落腳何處，有個足以棲身的地方，就已滿足。下片則有絕世出塵之想，以爲「出家何必離家」、「求仙不用飡霞」，只要保持心靈上的寧靜，時有美酒可喝，兼有百花可賞，就感到非常高興了。像這樣甘於平淡、無所貪求的生活，想必要如劉敏中般具有曠達的胸懷，才能眞正無所怨悔。

總歸而言，劉敏中詞大抵情感眞摯，直抒個性，用語自然，有時會有近乎散文化的句子，使人容易領略，自然而然就能感動人。難能可貴的是，劉敏中詞尚未完全沾染淺率粗俗的氣息，並不像後期的元詞，因受到流行曲詞的影響，致使詞體步向曲化一途，使詞曲界線模糊〔註47〕。整體來看，劉敏

〔註47〕元詞處於曲盛行的時代中，受到曲的滲透，在表現型態上流露出若干曲化的特徵。在內容上，有調戲風情的詞重新出現，還有以詞爲戲的風俗，也是從隨意、輕佻的民間俗曲中轉化而來；在語言上，口語、俗俚語的頻繁出現，或有與整首詞的氣圍格格不入者；在風格上，俚俗化的傾向，則導致意境輕淺的弊病，表達不留餘地。參見陶然：《金元詞通論》（上海：古籍出版社，2001年7月），頁268～275。

中《中庵樂府》尚能延續宋詞應有的體格，不愧爲元初詞壇巨擘之一。

第五章　劉敏中詞的風格特色

　　藝術風格是文學作品的風貌和格調；就是作品的風度中所體現的精神面貌。也就是文學作品藝術形象的不同特色，以及構成形象之不同手法的統一〔註1〕。不同的作家作品，其所呈現的藝術風格也就有別。個人風格之形成，通常會體現出此一時代之作品特徵，以及作者的個性、氣質、胸懷，誠如楊成鑒所云：「如果沒有作者的獨特風格，那麼就沒有滲透在作品中的作者個性；如果缺少時代風格中的共同點──在作品中聞不到時代氣息，看不到民族特色，作品也就沒有存在的價值了，它必然湮沒在茫茫的歷史長河之中。」〔註2〕形成作品風格的因素，包括了作者主觀的學識才力、情感表露方式、社會經歷和生活態度；客觀而言，一時代之文風思潮、作品的主題內容、師承對象、民族風尚和地方色彩等，也無不造成影響。因此，藝術風格可說是一種綜合性的考察。

　　一般而言，風格多是劃分作「豪放」和「婉約」兩個大類，前者氣象恢宏奔放，後者情感含蓄蘊藉。但人終究是多面的，吾人僅能判斷作家作品傾向於何種風格，卻不能依此認定該作家只會從事單一風格的寫作。況且，即使是處在相同時代的作者，由於各人的閱歷與思想情感不同，並且對於相同的題材也可能有相異的處理方式，因此對於藝術美感的追求也就不同，故而有婉曲、沉鬱、渾成等風格，呈現多樣紛彩。〔註3〕

〔註 1〕 楊成鑒：《中國詩詞風格研究》（臺北：洪葉文化事業有限公司，1995 年 12月），頁 18。
〔註 2〕 楊成鑒：《中國詩詞風格研究》，頁 28。
〔註 3〕 王隆升：《宋詞的登望意識與境界》，頁 344。

　　若以其客觀條件分析元初詞人劉敏中，在地理環境方面，他生於山水環繞的東北地區，在文化上承續金源風氣影響；在文學上，他處於詞漸入衰，曲文興盛的元代；政治方面，元初的政治局勢表面雖然平和安定，一統天下，實際上內部卻是權臣亂政、構陷忠良；其餘像是佛道、理學的盛行等，也多少感染了詞人的生活。在主觀條件上，劉敏中家學的養成教育，使他成為一代詞伯、文豪；在人格處世上，以「相見而無愧色」為志、敢於彈劾糾舉權貴、凡事務求以身作則；其所往來對象，不是文壇上顯著的人物，就是耿直忠義，懷抱理想的同僚；對於出處行藏，劉敏中本是懷抱理想，為國家效力、為人民憂勞，其間雖一度為仕隱問題而掙扎猶疑，但在退隱養病之後，也頗得山中之樂。因此，吾人綜合外在客觀條件及作者主觀因素歸納所得，劉敏中之詞風，大約可分作豪放、疏野、婉約、纖穠等四個方向，除了析賞各種風格的詞作外，並在本章節行文之中，結合主客觀條件，探討該風格形成的可能因素。

第一節　豪情放曠，追步蘇辛

　　豪放，是劉敏中詞的最大特色，故而歷來評論家皆把劉敏中納入豪放詞派。豪放是屬於剛性美的範疇，它除了表現特定的時代精神外，往往與作者高瞻遠矚的視野，豪爽而清高的性格，廣闊的胸襟，易於激動的多血氣特質，有為而作的遠大抱負，凝結於作品之中。使它具有豪邁的氣勢，奔放的激情，廣袤浩瀚的意境，雄偉的藝術形象，伴之以壯健的音樂節奏，通過揮筆瀟灑的語言文字表達出來〔註4〕。像這般具有情感昂揚、胸襟廣闊、格局宏偉的風格，其實不單是劉敏中個性的反映，它同時也展現出元初詞壇在北方地區的詞風傾向。

一、北宗的詞學觀

（一）北宗詞觀的形成

　　自《詩經》、《楚辭》以來，文學就有所謂的南北之分，到了魏晉南北朝，有了第二次的分流；金元時期，則產生第三度南北文化的差別。在金元詞壇上，趙維江特別提出「北宗詞」和「南宗詞」的詞學概念，認為北宋時出現

〔註4〕楊成鑒：《中國詩詞風格研究》，頁66。

的「豪放」與「婉約」兩種創作風格，至金元時代，已經演化成具有地理文化意義的兩種詞體範式和詞壇體派〔註5〕。在北宋汴京淪陷至南宋覆滅這段期間，中國處於南北分治的狀態，詞在這兩個相對封閉的地理環境和文化環境中發展，受到不同地理文化的影響，其所接受的詞學傳統也就有所分別。清況周頤《蕙風詞話》卷三論及宋金詞之不同，曰：

> 自六朝以還，文章有南北派之分，乃至書法亦然。姑以詞論，金源之於南宋，時代正同，疆域之不同，人事爲之耳。……南宋佳詞能渾，至金源佳詞近剛方。宋詞深緻能入骨，如清眞、夢窗是。金詞清勁能樹骨，如蕭閒、遯庵是。南人得江山之秀，北人以冰霜爲清。南或失之綺靡，近於雕文刻鏤之技。北或失之荒率，無解深裘大馬之譏。〔註6〕

況周頤將金詞與宋詞比較，從地理文化的角度，揭示出金詞的陽剛之美，正說明即使在同一時代下，疆域風物不同、人事習性差異，都會對詞風產生影響。因此，金詞自有其清新俊逸之風，雖是繼承南宋而來，卻近於剛方，清勁能樹骨，與宋詞之深緻入骨截然不同。

元詞壇在北方的發展，主要呈現以蘇、辛豪放一派爲宗尚的「北宗詞」面貌。自金代吳激、蔡松年學蘇以來，北方文人大抵發展了北宋蘇軾風格豪逸、豪健英傑的體式，而南宋詞壇大家辛棄疾，其作品雖出於南渡之後，但其詞學根柢實在北方，他對東坡詞的繼承和發揚，也成爲北宗詞相對重要的典範。

張子良《金元詞述評》論兩宋詞對金元之影響時，提及蘇軾以詩入詞，別開新境，以排宕豪壯之筆競騁詞場，後起之輩相與輔翼推扇，此一風氣恰與中州「深裘大馬」之風相接，遂開金源一代之盛。而後更言：

> 辛稼軒以豪傑之士，挾其風以南，復導南宋豪壯一派之脈。其後中原之吳激、蔡松年、黨懷英、李獻能、段克己、段成己、元好問等所作悉清勁有骨，爲此中擅場者。江南之張元幹、陸游、陳亮、韓元吉、劉克莊、劉過等，亦紹成繼響，足與中州諸人隔江而呼應也。……金末元遺山載承蘇、辛、吳、蔡激昂悲抑之懷，攜以入元，遂啓劉秉忠、王惲、劉因、劉敏中、許有壬、薩都拉諸人超邁精壯

〔註5〕趙維江：《金元詞論稿》，頁6。
〔註6〕〔清〕況周頤：《蕙風詞話》，唐圭璋《詞話叢編》本，冊五，頁4456。

之風，此又一脈。〔註7〕

辛棄疾在南宋詞壇開導豪壯一派，後續影響到北方詞壇，蘇、辛之風的激盪會合，由金至元，元好問承載吳、蔡、蘇、辛激昂悲抑之懷，開啟了元初詞人超邁精壯的風氣，劉敏中亦在其列。另一方面，詞發展至北宋末期，無論在格調上、語言上、內容上都有一個可觀的規模，縱使後來的詞人大力創造，不斷努力，他們的成就只在擴充與延長，而不是在開出新的道路〔註8〕，詞的發展脈絡大致底定，不是傾向婉約、格律，就是走向豪放一派。

（二）劉敏中的詞觀及其仿作

金元詞的主流是北宗體派，而劉敏中是北宗詞的追步者之一，他在延祐三年（1316）寫給張養浩的〈江湖長短句引〉一文中，不但表達了北宗的詞學觀念，也是他晚年對詞壇創作的總結：

> 聲本於言，言本於性情，吟詠性情莫若詩，是以《詩》三百，皆被之絃歌。沿襲歷久，而樂府之制出焉，則又詩之遺音餘韻也。逮宋而大盛，其最擅名者東坡蘇氏，辛稼軒次之，近世元遺山又次之。三家體裁各殊，然並傳而不相悖，殆猶四時之氣律不同，而其元化之所以斡旋，未始不同也。……昔太史仙南遊而文益奇，故知宏才博學，必待山川之勝有以激於中，而後肆於外。〔註9〕

劉敏中認為，詞和詩同樣有「吟詠情性」的特點，而詞至宋代發展最盛。繼而推舉蘇軾、辛棄疾和元好問為詞壇代表，此三人都是豪放派，呈現一種繼承又發展的關係，體裁各殊但並傳不悖。最後指出個人閱歷對創作的影響，壯遊博覽，會開啟廣闊的胸襟和視野，然後表現在具體的創作中。劉敏中十分推尊蘇、辛之豪放，在創作實踐上，也追尋著蘇、辛的步伐，如〈沁園春〉：

> 石汝來前，號汝蒼然，名之太初。問太初而上，還能記否，蒼然於此，為復何如。偃蹇難親，昂藏不語，無乃於予太簡乎。須臾便，喚一庭風雨，萬竅號呼。　依稀似道狂夫。在一氣、何分我與渠。但君纔見我，奇形怪狀，我先知子，冷淡清虛。撐拄黃壚，莊嚴繡

〔註7〕 張子良：《金元詞述評》，頁12。

〔註8〕 黃兆漢：《金元詞史》，頁5。

〔註9〕 〔元〕劉敏中著；鄧瑞全、謝輝校點：《劉敏中集》，收入李軍等編：《元朝別集珍本叢刊》，頁214。

水，攘斥紅塵力有餘。今何夕，倚長風三叫，對此魁梧。（頁30）
其詞序云：「余既以『太初』命石，且爲記。客曰：雖命之，不可無號，號所以貴之也。乃以己意，號之曰『蒼然』，余復援稼軒例作樂府〈沁園春〉一首，改名曰『蒼然吟』，附於記後。」據〈太初巖記〉載，繡江之源，有百脈泉，其西南山下有奇石，劉敏中所言之太初巖即是由此獲得。其中，「太初」之名，乃得自辛棄疾〈山鬼謠〉〔註10〕；寫作形式，則是模仿其〈沁園春〉（杯汝來前）。

　　這首詞採用對話方式，藉石以言志抒情，作爲精神上的寄託。上片先呼叫大石來前，爲它新取名號並與之對話。但這塊大石卻難以親近，外表看起來超群魁梧，默默矗立，就像卓然不群的人物一般。〈太初巖記〉云：「其狀正視之，雄古嚴重，如異人神士，廣袂大冠，端嚴而立。」正是把石頭人格化，賦予奇人異士的特質，它的威猛魄力，更展現在喚一庭風雨，致使萬竅發出哀嚎之音上。下片則假想大石之言，「在一氣、何分我與渠」，將物我合而爲一，心意相通，以爲有此奇石相伴，足可摒棄紅塵世俗，忘情呼號長叫。

　　太初巖對劉敏中的意義，不僅止於景觀欣賞而已，更有以之爲知己的目的，或者說是他個人生命的投射。〈烏夜啼‧閑適〉云：「日長誰伴中庵。太初巖。」〈烏夜啼‧月下用前韻〉亦云：「夜深誰伴中庵。太初巖。」而在第四章所介紹的〈沁園春〉（石汝何來）中，劉敏中仍沿用太初樂章韻，爲名「遠秀峰」、號「頠然子」的怪石作詞。其友程鉅夫〈寄劉中庵參政〉其一云：「太初巖下涼多少，亦有工夫燕坐無。」〔註11〕以及〈鵲橋仙‧次中庵韻題解安卿盆梅〉：「憑誰移傍太初巖，待雪月交光對影。」〔註12〕不論是劉敏中自道，抑或從朋友對他的形容，皆可見劉敏中對於奇石的特殊情感，人格即爲石格，石格又能反映作者之人格。

　　接著來看劉敏中是如何模仿稼軒之作。辛棄疾〈山鬼謠〉云：

〔註10〕　〈太初巖記〉：「或曰：『石不可無名。』因取稼軒山鬼謠語，命之『太初』。又曰：『峰、巒、巖、岫，各名其形。於是四者，石宜何居？』審視之，宜巖，遂定名曰『太初巖』云。」〔元〕劉敏中著；鄧瑞全、謝輝校點：《劉敏中集》，收入李軍等編：《元朝別集珍本叢刊》，頁29。

〔註11〕　〔元〕程鉅夫：《雪樓集》，文津閣《四庫全書》本（北京：商務印書館，2006年），冊一二○六，頁580。

〔註12〕　〔元〕程鉅夫：《雪樓集》，文津閣《四庫全書》本，冊一二○六，頁620。

問何年，此山來此？西風落日無語。看君似是義皇上，直作太初名汝。溪上路。算只有、紅塵不到今猶古。一杯誰舉？笑我醉呼君，崔嵬未起，山鳥覆杯去。　　須記取。昨夜龍湫風雨。門前石浪掀舞。四更山鬼吹燈嘯，驚倒世間兒女。依約處。還問我、清遊杖屨公良苦。神交心許。待萬里攜君，鞭笞鸞鳳，誦我遠遊賦。〔註13〕

其詞序云：「雨巖有石，狀怪甚，取《離騷‧九歌》名曰『山鬼』，因賦〈摸魚兒〉，今改名。」後自注：「石浪，菴外巨石也，長三十餘丈。」此詞內容原係寫奇石，後取屈原〈九歌〉之篇名，方改名為「山鬼」。劉敏中在詞序中，也將所賦〈沁園春〉，改名〈蒼然吟〉，此其一；「看君似是義皇上，直作太初名汝」正是「太初石」命名所由，此其二。這首詞也以對話體方式，先寫西風落日下奇石的默然不答，復以「君」、「汝」稱之，謂奇石來歷久遠，天然純樸，加以地處偏僻，遠離紅塵，未減樸拙。而後向石舉杯勸飲，奇石不為所動，山鳥倒是翻杯飛去。下半闋寫龍潭夜晚風雨興作，流水激石、山鬼呼號的震撼景象，並以奇石體諒相問，帶出二人「神交心許」的默契。劉敏中仿作中刻劃人與石之間細膩的情感流動，正與此「山鬼謠」神韻相當。

再看辛棄疾〈沁園春‧將止酒，戒酒杯使勿近〉云：

杯汝來前，老子今朝，點檢形骸。甚長年抱渴，咽如焦釜，於今喜睡，氣似犇雷。汝說「劉伶，古今達者，醉後何妨死便埋」。渾如此，歎汝於知己，真少恩哉！　　更憑歌舞為媒。算合作人間鴆毒猜。況怨無大小，生於所愛，物無美惡，過則為災。與汝成言：「勿留亟退，吾力猶能肆汝杯。」杯再拜，道「麾之即去，招則須來」。〔註14〕

這是一首具有諧趣的戒酒詞。清馮金伯輯《詞苑萃編》卷二十二引陳子宏語論稼軒止酒詞曰：「此又如〈賓戲〉、〈解嘲〉等作，乃是把做古文手段，寓之於詞賦。」〔註15〕辛棄疾仍是採用主客對話方式，不言自己貪杯，而說酒杯纏己，想要止酒，卻又有所不能，進退矛盾。上片以「杯汝來前」開頭，呼叫酒杯後，自道本性嗜酒，卻要因病戒酒。續以酒杯回答，要人醉死何妨，

〔註13〕〔宋〕辛棄疾撰，鄧廣銘箋注：《增訂本稼軒詞編年箋注》（臺北：華正書局，2003 年 9 月），頁 176。

〔註14〕〔宋〕辛棄疾撰，鄧廣銘箋注：《增訂本稼軒詞編年箋注》，頁 386。

〔註15〕〔清〕馮金伯輯：《詞苑萃編》，唐圭璋《詞話叢編》本，冊三，頁 2220。

簡直讓辛棄疾感嘆「眞少恩哉」！下片乃責備貪杯誤人，更作勢要驅趕酒杯離去，與酒杯約法三章，其中感情，激烈生動，宛然酒杯眞有靈性。而劉敏中「石汝來前」詞，在結構形式、表現手法和戲謔特色上，大致與此詞相同，唯劉詞不待奇石回答，有獨白成分，辛詞則延續對話，有酒杯之言。

　　劉敏中對於稼軒詞的模仿，當然不僅止於這幾首詞而已，其他與〈卜算子‧長白山中作〉（長白汝來前）類似的與物對話形式、散文化的語言，或是〈最高樓〉（吾衰矣）之類對於稼軒詞語句的借用等，都表現出劉敏中對稼軒詞的喜好。對此，趙維江、易淑瓊點出了「這種雙重模擬表明劉敏中無論從形式還是意蘊方面都會稼軒體有著透徹的理解和準確的把握」〔註 16〕，表示劉敏中學稼軒詞並非偶然興起所爲，所言甚是。而這種北宗、模擬稼軒的詞風，不僅是劉敏中個人的創作特色，也是元初詞壇「追步稼軒的時代宗尚」。〔註 17〕

二、詞風豪情放曠

　　自幼在北方成長的劉敏中，擁抱長白、繡江、百脈泉等自然景觀，養成了開闊的胸襟，並有北人豪爽坦率的個性、建功立業的豪情壯志，加以深受北宗詞之影響，所作之詞，大抵氣勢奔放、感情激盪、格局宏偉、節奏疾速、詞意明暢。

　　另一方面，劉敏中自幼接受儒家教育的薰染，培養出積極用世心態，以及愛國情懷，這種昂揚向上的精神，也是造就豪放詞風的因素之一。例如：〈滿江紅‧送李清甫赴西蜀提刑副使〉：「長有恨，君恩未報，鬢毛先雪。」〈滿江紅‧送鄭鵬南經歷赴河東廉訪幕〉：「大抵男兒忠孝耳，此身如葉心如鐵。」〈沁園春〉（別後何如）：「兩鬢全霜，寸心尙丹。……無補公家，作麼廩粟。」〈沁

〔註 16〕趙維江、易淑瓊：〈劉敏中詞「援稼軒例」與元代前期詞壇之稼軒風〉，《齊魯學刊》，2008 年第一期，頁 117。

〔註 17〕追步稼軒的時代宗尚和稼軒詞集在元代前期廣爲刻印和傳播有關，這爲人們提供眾多學詞的範本。其盛行原因有三：一是稼軒詞的創作法度爲文人學詞提供了一種可資模仿的較爲便捷的途徑；二是稼軒詞中的英雄豪傑之氣，與當時社會文化心理、審美趣向相契合；三是在元代理學學術背景和散曲盛行的文學大氣候籠罩下的詞體特徵發生了某些類文、類曲的變異，而以文爲詞又雅不避俗的「稼軒體」恰好成爲體現詞體這些變異的最佳藍本。趙維江、易淑瓊：〈劉敏中詞「援稼軒例」與元代前期詞壇之稼軒風〉，《齊魯學刊》，2008 年第一期，頁 120～121。

園春〉（先日空疎）：「鬢雪難消，君恩莫報。」〈沁園春・題戶部郎完顏正甫舒嘯圖，仍用盧疎齋韻〉：「愧我衰殘，終然無補。」由此可以看出劉敏中乃以忠孝爲本，有力圖振興國家的企圖，遺憾的是鬢髮斑白，身體衰殘，來不及報答君恩。

又如〈木蘭花慢・會有詔止征南之行，復以〈木蘭花慢〉送還闕〉，有對元主的感荷，亦有劉敏中個人的抱負豪情：

> 妙年勳業在，正千載、會風雲。有橫槊新詩，投壺雅唱，將武儒文。風流聖朝人物，算錦衣、難避軟紅塵。瓊島羽林清曉，紫垣星月黃昏。　　悠悠軒旆下東秦。賓客滿于門。看戲綵萱堂，揮金置酒，和氣回春。平生事，忠與孝，但圖忠、雲路莫因循。此去秋光正好，龍墀再荷新恩。（頁 2）

劉敏中聽見朝廷頒布停止征伐南方的消息，興奮地填詞以表對皇帝的謝意。詞中展現的盡是意氣風發、振奮昂揚的情狀。包括年輕時就立下功業，等待大好時勢的盼望，並引宋蘇軾〈前赤壁賦〉：「釃酒臨江，橫槊賦詩，固一世之雄也。」〔註 18〕寫朝中文臣武將齊聚一堂，投壺歌唱，稱讚當今皇朝許多傑出不凡的人物，薈萃一堂，只見瓊華島上晨星輝映，紫垣星在入夜後初升高掛，儼然盛世氣象。下片引用了《詩經・小雅・車攻》：「蕭蕭馬鳴，悠悠旆旌。」〔註 19〕書寫軍容壯盛，車隊飄揚著大旗，一路浩浩蕩蕩進入東秦。止征之後，劉敏中趕忙返家報訊，與賓客宴飲慶祝，並學老萊子娛親，以盡人子之孝。忠與孝，都是劉敏中所看重的，但他在爲朝廷效力時，則是「雲路莫因循」，因爲權力高位不是他出仕的初衷，更不是貢獻長才的最終目的。寫到最後，劉敏中復懷抱著喜悅的心情，再一次感謝皇上的深恩厚典。

再如〈念奴嬌・聖節進酒詞〉，是盛世之音的最佳寫照：

> 龍飛九五，記虹流電繞，天開華旦。萬寶成時秋正好，四海皇皇枕葉。教雨仁風，聲名文物，允協斯民願。途歌里詠，太平今日眞見。

〔註 18〕高海夫主編：《唐宋八大家文鈔校注集評：東坡文鈔（下）》，頁 5800。

〔註 19〕〈車攻〉：「我車既攻，我馬既同。四牡龐龐，駕言徂東。田車既好，四牡孔阜。東有甫草，駕言行狩。之子于苗，選徒囂囂。建旐設旄，搏獸于敖。駕彼四牡，四牡奕奕，赤芾金舄，會同有繹。決拾既佽，弓矢既調。射夫既同，助我舉柴。四黃既駕，兩驂不猗。不失其馳，舍矢如破。蕭蕭馬鳴，悠悠旆旌。徒御不驚，大庖不盈。之子于征，有聞無聲。允矣君子，展也大成。」高亨：《詩經今註》（臺北：漢京文化事業有限公司，1984 年 2 月），頁 250。

遙想禹子湯孫，堯臣漢相，拂曉班如剪。萬國衣冠同拜舞，春滿九
重宮殿。湛露恩隆，南山慶遠，處處須新宴。瞻天望聖，玉卮萬壽
遙獻。（頁5～6）

元代一統天下，威震八方，初期的安定太平，也感染了詞人的情緒。劉敏中
在黃帝生辰日時進獻酒詞，用《史記‧五帝本紀》〔註20〕黃帝誕生典故，形
容帝王的不凡出世，又稱說此時正是良辰時節，躬逢天下盛事。在美好的秋
日裡，萬物長成，在廣袤的天地裡各得其所；帝王的德政施行於天下，有如
春風霖雨，無論聲教名教或是禮樂制度，都確實符合人民的期待。此中雖有
歌頌天子的誇飾成分，卻也有一部分的事實基礎，至少免於戰亂流離之苦，
對於人民就是莫大的恩賜。下片描寫禹湯子孫、堯漢臣相於聖節日的清早，
在宮廷裡整裝準備的情景，同時也有他國使節盛裝前來拜壽，讓春意瀰漫整
個宮廷。堯、禹、湯、漢等王朝，都是明君治世，劉敏中的比附用意，自是
明顯。湛露，本爲《詩經‧小雅》篇名，既是帝王生日，亦不免感謝帝王的
恩澤有如湛露，並獻上萬壽無疆的祈福。「瞻天望聖，玉卮萬壽遙獻」句，景
象更是壯闊，將盛世之音與壽誕之喜推向了高峰。

　　或如〈六州歌頭〉，節奏疾速，風度不羈，有瀟灑曠達的襟懷：

江城會飲，東壁照奎星。肝膽露，乾坤秘，盡披零。勢分庭。筆下
風雷發，何爲爾，聊相慰，供一笑，悠悠者，總流萍。　　虎擲龍
跳幾遇，依然對、高壘深扃。覩殷盤科斗，不說換鷟經。老眼塵醒。
認聲形。　　中州月旦，千載後，猶洒落，有歆寧。人不見，搔首
立，望餘馨。海邊亭。寂寞鍾期遠，高山曲，幾人聽。　　何必要，
椿與菌，校年齡。萬事元無定在，此心得到處仙靈。愛爛遊南北，
快馬接飛舲。萬里丹青。（頁13）

前有詞序云：「暢純甫與姚牧庵〔註21〕鄆城會飲，唱和樂章〈六州歌頭〉往返
凡數首，余次其韻二篇，答純甫。」又自注：「純甫自京師入長安，歷巴蜀，

〔註20〕　〔漢〕司馬遷：《史記‧卷一‧五帝本紀》，其正義曰：「母曰附寶，之祈野，
　　　　見大電繞北斗樞星，感而懷孕，二十四月而生黃帝於壽丘。」開明書店編譯：
　　　　《二十五史》，冊一，頁3。

〔註21〕　姚燧（1238～1313），字端甫，號牧庵，柳城人，徙武昌，樞姪。從許衡學，
　　　　至元十二年（1275）授秦王府文學，十七年除陝西提刑副使，調山南道，二
　　　　十四年入爲翰林直學士，歷大司農丞、翰林學士，大德五年（1301）授江東
　　　　廉訪使，九年還江西參政，至大二年（1309）除翰林承旨，四年告病歸。皇
　　　　慶二年卒，年七十六。諡文。有《牧庵集》三十六卷。

轉江淮，入廉山東，皆極貴顯，故末章及之。」〈六州歌頭〉的詞調縱橫迭宕，體製又大，向來為豪放派所愛取，劉敏中以此調抒發對人生際遇的看法，並寄予對暢純甫的祝福。首段以暢純甫和姚牧庵在鄆都聚會飲酒開頭，奎星相照，暗指官運顯達順暢，三兩好友彼此表露真誠，談論天地世事，互相唱和。唱和的樂章裡飽含威猛的氣勢，姑且當作娛樂，用以安慰如浮萍般飄忽不定的人生。次疊寫道幾次面臨官場上激烈的鬥爭，仍是在有如壁壘封閉的環境內。其下引晉王羲之為道士寫〈黃庭經〉換得群鵝典〔註22〕，形容任率自得的處世風格。第三疊化用《詩經・邶風・靜女》：「愛而不見，搔首踟躕。」表示品評中州人物中，在千年後依然灑脫飄逸的，尚有管寧和華歆，只是昔人已遠，只能瞻仰他們的遺澤風範。又舉伯牙鼓琴，意在高山流水，有鍾子期聽而知音；鍾子期死後，伯牙謂世無知音，乃破琴絕弦，終身不復鼓琴典故，感嘆鍾期已經離世久遠，就算是再美妙的音樂，也少有人懂得欣賞，正是知音難遇。到了末疊，心境轉為豁達，引出《莊子・逍遙遊》語：「朝菌不知晦朔，蟪蛄不知春秋……上古有大椿者，以八千歲為春，八千歲為秋。」〔註23〕認為大椿與朝菌，二者生命長短本來殊異，又何須拿來較量年齡長短。又，一切事物本無定準，只要明白了這個道理，就可以像神仙般優游自在。這些話不但是用以安慰暢純甫到處轉任、仕宦南北的歷程，也是詞人的自我提醒，無論身處何處，如何轉徙飄零，也要抱著開闊的心胸面對。

再如〈滿庭芳・二舅魏知房戍沂州，見示此詞，因次韻〉：

> 鞍馬雄豪，搢紳馳驟，幾年都付尋常。邊城歲晚，蓮幕錦生光。得意尊前一笑，遏衝具威凜秋霜。人誰似，胸懷豁落，溫雅更文章。從軍真樂事，功名那問，故國他鄉。笑熊非渭水，龍臥南陽。從此鵬程高舉，快天風、萬里無妨。回首悵，窮途狂客，搖蕩嘆行藏。（頁19）

這首詞整體表現出從軍報國的豪健情感，風格雄偉挺健，意境壯闊。豪傑官

〔註22〕 《晉書・卷八十・王羲之傳》：「性愛鵝，會稽有孤居姥養一鵝，善鳴，求市未得，遂攜親友命駕就觀。姥聞羲之將至，烹以待之，羲之歎惜彌日。又山陰有一道士，養好鵝，羲之往觀焉，意甚悅，固求市之。道士云：『為寫道德經，當舉群相贈耳。』羲之欣然寫畢，籠鵝而歸，甚以為樂，其任率如此。」開明書店編譯：《二十五史》，冊二，頁1291。

〔註23〕 〔清〕郭慶藩編：《莊子集釋（上）》，頁11。

宦用多年的青春歲月貢獻才能抱負，成就出雄壯豪放的戰鬥生涯。二舅所戍
守之沂州，處於靠近國界的城市，到了歲暮時分，官署裡錦緞生光，人在酒
筵上歡欣喜悅，自信滿滿；遠征邦國時，威勢盛大，橫掃千軍。劉敏中眼中
的二舅，不但有武功，更有豁達大方的胸襟，文采也如其人般溫和高雅。下
片的「從軍真樂事，功名那問」，正如前面所言，報國並非為了個人的功名利
益，而是一種國家治亂吾亦有責之「樂事」。後以姜太公、諸葛亮典故，比附
二舅之才能。「熊非渭水」典見《史記・齊太公世家》〔註24〕，寫周文王外出
打獵，行前占卜，卜辭曰「非龍非麗，非熊非羆，所獲者霸王之輔」。後果於
渭水邊遇見姜子牙，文王遂拜而為師，成為西周建國的名臣。「龍臥南陽」，
係指三國謀臣諸葛亮，因其躬耕南陽，等待明主，人稱臥龍先生。劉敏中祝
福二舅「從此鵬程高舉，快天風萬里無妨」，才不會在晚年回憶時悵然感嘆，
一生放蕩不羈、處境困窘，行跡晃蕩不安。

　　常言道：詩文如其人。吾人自劉敏中的豪放詞中，可見其性格磊落，亦
有積極豪壯之姿。他的詞作，有得力於蘇、辛之處，風格受其影響，但文辭
又較二人更為平易，容易為人所理解。蘇軾橫放傑出的的作風，宜於抒發英
雄豪傑的熱情懷抱；在處世態度上，有灑脫曠達的一面，這都為劉敏中所汲
取，只是他又不似蘇軾有飄逸超拔的特質。至於辛棄疾詞，劉敏中則吸取其
以文入詞、添加諧趣、風格豪邁等創作經驗，在部分詞作中，能達到形神仿
擬的統一；唯辛詞豪中又有憤慨，意境深遠，沉鬱頓挫，感情較為濃厚複
雜，則是劉敏中詞所未有。張子良評劉敏中長詞，以為其氣概風味，極似稼
軒退閒時諸作，所異者，唯「沉雄之魄」不及耳，此關乎才性時會，非可學
而幾也，此言當是也〔註25〕。蓋辛棄疾氣魄雄大，意境沉鬱。清陳廷焯《白
雨齋詞話》卷一云：「作詞之法，首貴沉鬱，沉而不浮，鬱則不薄。」〔註26〕
又說：「所謂沉鬱者，意在筆先，神餘言外，寫怨夫思婦之懷，寓孤臣孽子之
感。凡交情之冷淡，身世之飄零，皆可於一草一木發之。而發之又必若隱若

〔註24〕　《史記・卷三十二・齊太公世家》：「呂尚蓋嘗窮困，年老矣，以漁釣奸周西
　　　　　伯。西伯將出獵，卜之，曰『所獲非龍非麗，非虎非羆；所獲霸王之輔』。於
　　　　　是周西伯獵，果遇太公於渭之陽，與語大說，曰：『自吾先君太公曰『當有聖
　　　　　人適周，周以興』。子真是邪？吾太公望子久矣。』故號之曰『太公望』，載
　　　　　與俱歸，立為師。」馬持盈註：《史記今註》（臺北：臺灣商務印書館，1996
　　　　　年12月），冊三，頁1052～1053。
〔註25〕　張子良：《金元詞述評》，頁198。
〔註26〕　〔清〕陳廷焯：《白雨齋詞話》，唐圭璋《詞話叢編》本，冊四，頁3776。

現，欲露不露，反復纏綿，終不許一語道破，匪獨體格之高，亦見性情之厚。」〔註27〕蘇、辛之後，追步者多，卻多止於形式上的模仿，沒能「於豪邁中見精緻」〔註28〕，以致產生叫囂粗俗之詞，今觀劉敏中詞，幸無此失。

第二節　疏野質樸，崇尚自然

劉敏中詞長調有豪情，小令則有逸興。其〈最高樓〉（文章好）有云：「情放曠，境清夷。」即表現出直率自如、追求寧靜自然的個性。他的部分詞作，詩思純樸率真，語言不雕琢，有村野風味，風格清疏質樸，展現其不拘禮俗、忘懷世俗得失的面貌。這類詞作，大部分作於隱居時期，因而具有隱逸特質和田園情結。

元人對於隱逸，無論南宗北宗、身處山林或出為顯宦，社會動盪或是治平興盛，已形成文人普遍的精神狀態，這也是時代情緒的表現〔註29〕。他們的隱逸思想，融匯了儒、釋、道三家特質，既有無道則隱，亦有根絕塵念之想，並具備反思的特質，形成了精神上的追求。隱居，除了是對黑暗社會和惡勢力的消極反抗、逃避，就積極面而言，則是生命意識的覺醒以及對自由天性的追求。

像劉敏中這樣仕宦相對平順之人，對於仕隱的態度則如上所述，他可在國家需要他時，挺身效力，亦可在小人橫行霸道，無力回天時，毅然退出政壇，高呼「攘斥紅塵力有餘」；在病弱老殘時，回歸山水的懷抱。在第四章節裡，吾人亦見劉敏中詞多言老莊、陶謝、王孟語，流露出忘懷是非、澹泊名利的隱逸情思，歸隱田園遂成為另一種生存選擇。

這一類隱逸詞，因與隱居生活有關，多以田園山水為背景，寫恬適的生活和瀟灑的襟抱，造語自然，風格疏野質樸，有崇尚大自然的傾向，能透過自然景物的描寫，呈現出清靜悠閒的心情。例如〈最高樓〉：

> 江風遠，吹皺翠羅漪。山繞似重圍。連延花枝香成陣，坡陀壠畝綠
> 如畦。箇中間，吾受者，一塵兮。　　　君不見花間偏愛月。又不見
> 山陰偏喜雪。搴杜若，載辛夷。東籬日落悠然坐，舞雩春煖詠而歸。

〔註27〕〔清〕陳廷焯：《白雨齋詞話》，唐圭璋《詞話叢編》本，冊四，頁3777。
〔註28〕〔清〕謝章鋌：《賭棋山莊詞話‧卷一》，唐圭璋《詞話叢編》本，冊四，頁3330。
〔註29〕趙維江：《金元詞論稿》，頁40。

此何人，千萬古，一天機。(頁15)

這首詞乃是答張古齋所作，寫的是恬淡自適的幽居生活。上片起句化用了南唐馮延巳〈謁金門〉：「風乍起，吹縐一池春水。」〔註30〕形容遠處的江風吹來，山上那如翠羅般的綠葉因而掀起綠浪。詞人的居處有群山層層環繞，盛開著花的枝條連綿不斷，排列成陣，香氣四溢，起伏的山丘田園一片翠綠，在萬山合抱、綠野綿延的天地間，領受的是一方居住之地，不論在心理上，或是視覺、嗅覺上，都是一大享受。到了下半闋，「君不見」、「又不見」二句，有急於向人推介之感，可以想見詞人很是樂在其中。其下依序以屈原、陶淵明和孔子三位哲人高士的形象，烘托歸隱情懷。杜若和辛夷是香草之名，屈原《楚辭·九歌·湘君》云：「采芳洲兮杜若，將以遺兮下女。」〔註31〕《楚辭·九歌·湘夫人》云：「桂棟兮蘭橑，辛夷楣兮藥房。」〔註32〕詞人先是採摘杜若草，頭戴辛夷花，意欲效仿屈原之高雅性格。接著又借晉陶潛〈飲酒〉之五：「采菊東籬下，悠然見南山。」〔註33〕以及《論語·先進》：「莫春者，春服既成。冠者五六人，童子六七人，浴乎沂，風乎舞雩，詠而歸。」〔註34〕借用了淡泊自適的陶潛和靜觀高歌的孔子兩則典故，言明嚮往隱居恬淡的生活，日暮黃昏時，可以悠閒自在地坐在園圃旁邊；在暖春時，可以歌詠舞蹈，頗樂道逐志。這種人生奧秘，大概只有像屈原、陶淵明、孔子這一類的人才能深刻體會。

再如〈最高樓〉，透過對告官歸隱後的生活和心境上的描寫，凸顯其不以功名為牽累的灑落情懷：

> 吾衰矣，廢治不重游。朽木更堪圍。觸藩曾看贏其角，脅肩又見病于畦。此何哉，自取耳，亦難兮。　　待闊展月臺秋待月。更別起雪堂冬聽雪。花灌溉，草芟夷。偶逢林叟歡成醉，閒隨沙鳥淡忘歸。

〔註30〕〈謁金門〉：「風乍起，吹縐一池春水。閒引鴛鴦芳徑裏，手挼紅杏蕊。鬥鴨闌干獨倚，碧玉搔頭斜墜。終日望君君不至，舉頭聞鵲喜。」汪志勇：《唐五代詞詳析》（臺北：華正書局，2002年10月），頁193。

〔註31〕吳福助：《楚辭註繹（上）》（臺北：里仁書局，2007年5月），頁159。

〔註32〕吳福助：《楚辭註繹（上）》，頁169。

〔註33〕〈飲酒〉之五：「結廬在人境，而無車馬喧。問君何能爾？心遠地自偏。采菊東籬下，悠然見南山。山氣日夕佳，飛鳥相與還。此中有真意，欲辨已忘言。」王叔岷：《陶淵明詩箋證稿》（臺北：藝文印書館，1975年1月），頁289～293。

〔註34〕〔宋〕朱熹撰：《四書章句集注》（高雄：復文圖書出版社，1985年9月），頁130。

嘆人生，塵土事，漫勞機。（頁15）

此詞係為答張古齋而作，上片主要表達對世俗危機的體悟，進而引出下片優游山林的野居生活。上片首句乃引用自南宋辛棄疾〈最高樓〉：「吾衰矣，須富貴何時。富貴是危機。」〔註35〕劉敏中自道體力已衰，無所用處，同時也是對人生經歷的總結和感嘆，表示政治上充滿危機。「觸藩曾看羸其角」句引用自《易·大壯·九三》：「羝羊觸藩。羸其角。」〔註36〕以公羊撞擊藩籬，角被困在藩籬中的形象，比喻碰壁，進退兩難。「脅肩又見病于畦」句乃引用《孟子·滕文公下》：「脅肩諂笑，病于夏畦。」〔註37〕指聳起肩膀，裝出笑臉，形容極端諂媚的樣子。這兩句話深深道出在政治上生存的無奈，眼見小人們互相勾結或對立，或是為了求取利益而矯情逢迎。行至下片，則是一個截然不同的世界，劉敏中心中所想，是闊展月臺，等待秋月，還要另外建築雪堂，在冬天聽雪落的聲音，生活如此清閒，又是澆花，又是除草，偶然遇見居住在山中的老叟，便和他飲酒同歡，伴隨著沙洲上的水鳥，怡然忘返。這裡化用自唐王維〈終南別業〉詩意：「行到水窮處，坐看雲起時。偶然值林叟，談笑無還期。」〔註38〕以及南朝宋謝靈運〈石壁精舍還湖中作〉：「清暉能娛人，遊子憺忘歸。」勾勒出恬淡自在的歸隱生活，至於人生世事，徒費心機，則不願再去多想了。

又如〈最高樓〉，亦以簡樸見長：

山家好，河水淨漣漪。茅舍綠陰圍。兒童不解針垂釣，老翁只會甕澆畦。我思之，君倦矣，去來兮。　　也問甚野芳亭上月。也問甚太初巖下雪。乘款段，載鴟夷。興來便作尋花去，醉時不記插花歸。

問沙鷗，從此後，可忘機。（頁15）

前有詞序云：「寄張古齋受益。野芳，亭名；太初，余家怪石巖也。古齋受益

〔註35〕〈最高樓·吾擬乞歸，犬子以田產未置止我，賦此罵之〉：「吾衰矣，須富貴何時。富貴是危機。暫忘設醴抽身去，未曾得米棄官歸。穆先生，陶縣令，是吾師。　待葺箇園兒名『佚老』，更作箇亭兒名『亦好』，閒飲酒，醉吟詩。千年田換八百主，一人口插幾張匙。便休休，更說甚，是和非。」〔宋〕辛棄疾撰，鄧廣銘箋注：《增訂本稼軒詞編年箋注》，頁331。
〔註36〕鍾泰德：《易經通釋（下）》（臺北：正中書局，2000年4月），頁598。
〔註37〕〔宋〕朱熹撰：《四書章句集注》，頁270。
〔註38〕〈終南別業〉：「中歲頗好道，晚家南山陲。興來每獨往，勝事空自知。行到水窮處，坐看雲起時。偶然值林叟，談笑無還期。」〔清〕彭定求等編：《全唐詩》（北京：中華書局，1960年4月），冊四，頁1276。

所居，當繡江之源，江北流二十里。其東壖有曰『野亭』者，則余之別墅也。頃歲，余與古齋同在京師，而同有歸歟之思，逮茲而同如其志，同樂也。作詞以道之，同一笑云。」野亭和太初石是劉敏中歸鄉後的遊憩處，劉敏中〈書邵知事贐行詩卷後〉：「濟南郡治之東百里，繡江之湄，余別墅在焉。」〔註39〕及〈最高樓〉自注：「野芳，張古齋亭名；野亭，余家亭名也。」剛好可與本首詞之詞序互相對照。當年劉敏中和張古齋同在京師時，皆有歸隱的念頭，兩人心志亦同，本詞所云，則是為了和張古齋分享隱居之樂。

　　劉敏中居於繡江，頗有桃源武陵之想〔註40〕。山家之好，好在有清澈的溪流，居處周圍為綠樹所圍繞，生機盎然，呈現一派恬靜幽雅的田園景觀，此中並化用唐孟浩然〈過故人莊〉〔註41〕「綠樹村邊合」一句之詩意。繼而化用唐杜甫〈江村〉：「老妻畫紙為棋局，稚子敲針作釣鉤。」〔註42〕以及《莊子‧天地》：「子貢南遊於楚，反於晉，過漢陰，見一丈人方將為圃畦，鑿隧而入井，抱甕而出灌，搰搰然用力甚多而見功寡。」〔註43〕比喻無論老少，都安於拙陋的淳樸生活。接著回顧當年兩人同樣厭倦紛擾的塵世和污濁的官場，萌生告官歸去的念頭。下片回到兩人同去後，關心彼此的隱逸生活情致。有時劉敏中探問野芳亭的月色如何，張古齋反問太初石下的雪景如何，暗示他們所關心的，不再是塵務，而是隱士高人才有的閒情。閒暇時，劉敏中則乘著馬匹、載著酒囊隨行，興致一來，便登山採摘野花，回家時竟忘記頭上插滿了花兒。頗有唐杜牧〈九日齊山登高〉中「塵世難逢開口笑，菊花須插

〔註39〕〔元〕劉敏中著；鄧瑞全、謝輝校點：《劉敏中集》，收入李軍等編：《元朝別集珍本叢刊》，頁211。

〔註40〕〈送曹幹臣之陽丘序〉：「吾鄉陽丘，天下之名邑也。厥土曠衍，原澤相錯，有麻麥桑果稻魚之饒，薪蔬材木治石之美。而長白、女郎、荊湖、柳雄諸山峭拔峻秀，掩互相屬，繚其城如環然。有水曰繡江，出于其境之南山下，清冷迅駛，宛轉紆絡，經其境且百里，而東北入于海。民往往沂涯為峽，峻其流以運春磑。林落映帶，山與水相吞吐，令人蕭然有武陵桃源之想。」〔元〕劉敏中著；鄧瑞全、謝輝校點：《劉敏中集》，收入李軍等編：《元朝別集珍本叢刊》，頁154。

〔註41〕〈過故人莊〉：「故人具雞黍，邀我至田家。綠樹村邊合，青山郭外斜。開筵面場圃，把酒話桑麻。待到重陽日，還來就菊花。」〔清〕彭定求等編：《全唐詩》，冊四，頁1651。

〔註42〕〈江村〉：「清江一曲抱村流，長夏江村事事幽。自去自來樑上燕，相親相近水中鷗。老妻畫紙為棋局，稚子敲針作釣鉤。多病所須惟藥物，微軀此外更何求。」華正書局編輯部：《杜詩鏡銓》，頁533～534。

〔註43〕〔清〕郭慶藩編：《莊子集釋（上）》，頁433。

滿頭歸」〔註44〕之意，形容其行樂忘俗，自在暢遊的生活。在這短短兩三句中，劉敏中便捕捉了三位人物的生活片段，第一個是漢代的馬援，《後漢書‧卷二十四‧馬援傳》云：「士生一世，但取衣食裁足，乘下澤車，御款段馬，為郡掾史，守墳墓，鄉里稱善人，斯可矣。」〔註45〕借言取衣食裁足、鄉里稱善人的人生理想。第二個是春秋的范蠡，《史記‧卷四十一‧越王句踐世家》云：「范蠡浮海出齊，變姓名，自謂鴟夷子皮，耕于海畔，苦身戮力，父子治產。」〔註46〕寫其載著酒囊，隱居求去的逍遙生活。第三個則是宋蘇軾，其〈答王鞏〉云：「子有千瓶酒，我有萬株菊。任子滿頭插，團團見花不見目。醉中插花歸，花重壓折軸。」〔註47〕用以比喻行樂忘俗，自在暢遊的生活。到了結句，更有問沙鷗的忘機之舉，使整體呈現出自然簡淡、清疏淡遠的韻味。

〈破陣子‧野亭遣興〉亦是詩酒相伴、寄情山水田園之代表：

> 老眼偏宜大字，白頭好映烏紗。詩不求奇聊遣興，酒但成醺也勝茶。
> 出家元在家。　　野水傍邊種竹，草亭直下栽花。拙婦善供無米粥，
> 稚子能描枯樹槎。無涯還有涯。（頁19）

野亭是劉敏中隱居後抒發情懷、解悶散心的去處。從「老眼偏宜大字」一句看來，劉敏中已是老邁衰退之年，視茫茫而髮蒼蒼，只能看見大大的字體，滿頭白髮，恰與黑色的官帽相映成趣。隱居期間，寫詩遣興，不求奇巧，飲酒消遣，可比修行的生活。一般人出家修行，總是要求落髮，還要身著素衣，逃到深山僻林去；然而，劉敏中卻悟出了「出家元在家」的道理，謂不出家

〔註44〕〈九日齊山登高〉：「江涵秋影雁初飛，與客攜壺上翠微。塵世難逢開口笑，菊花須插滿頭歸。但將酩酊酬佳節，不用登臨恨落暉。古往今來只如此，牛山何必獨霑衣。」〔唐〕杜牧撰、張松輝注譯：《新譯杜牧詩文集（上）》，頁178。

〔註45〕〔南朝宋〕范曄撰；〔唐〕李賢等注：《後漢書》（臺北：宏業書局，1977年6月），頁230。

〔註46〕馬持盈註：《史記今註》，冊四，頁1782。

〔註47〕〈答王鞏〉：「汴泗繞吾城，城堅如削鐵。中有李臨淮，號令肝膽裂。古來彭城守，未省怕惡客。惡客云是誰？祥符相公孫。是家豪逸生有種，千金一擲頹黎盆。連車載酒來，不飲外酒嫌其村。子有千瓶酒，我有萬株菊。任子滿頭插，團團見花不見目。醉中插花歸，花重壓折軸。問客：『何所須？』客言：『我愛山，青山自繞郭，不要買山錢。此外有黃樓，樓下一河水。美哉洋洋乎，可以療飢並洗耳。彭城之遊樂復樂，客惡何如主人惡。』」〔宋〕蘇軾著；〔清〕王文誥輯註、孔凡禮點校：《蘇軾詩集》（臺北：莊嚴出版社，1990年10月），頁863～864。

而潔身修行佛道，就境界上，似乎比刻意絕塵離世還要高明許多。下片介紹到詞人在野亭附近的水流旁種植綠竹，在亭子下面栽種花朵，並提及妻子和小孩，他們過的是「供無米粥」、「描枯樹槎」的純樸生活，全家人都融入了山林桃源之中。

〈黑漆弩・村居遣興〉則具有疏放、平易近人的特質：

> 高巾闊領深村住。不識我、喚作傖父。掩白沙、翠竹柴門，聽徹秋
> 來夜雨。　　閒將得失思量，往事水流東去。便直交、畫卻凌煙，
> 甚是功名了處。（頁28）

> 吾廬恰近江鷗住。更幾箇、好事農父。對青山、枕上詩成，一障沙
> 頭風雨。　　酒旗只隔橫塘，自過小橋沽去。儘疏狂、不怕人嫌，
> 是我生平喜處。（頁28）

野居生活比城市生活來得自在舒適，住在深村裡，不須慎重裝束，大可將布巾裹頭，身著寬領衣裳，彼此往來的人，因不知劉敏中的身分，都叫他老頭子。雖然如此，劉敏中倒是覺得自然舒坦，能夠擺脫世俗聲名的負荷，在白沙、翠竹、柴門所構築的自然環境裡，還可欣賞秋夜的雨聲，著實愜意。尤其「閒將得失思量，往事水流東去」二句，更知詞人在遠離名利場上後，仍不斷反思過去的得失，經過沉澱淨化後，將往事伴隨流水而去，也不在意獲取了多少功名，甚是豁達。

第二首作品，明顯自道喜歡村居生活的心情。劉敏中的家「恰近江鷗」，意味著環境的清幽自然，另一方面，沙鷗又是忘機友的代表，詞人能接近江鷗而住，也可證其心境的平和。除了鷗鳥，在村子裡，還有幾個熱心助人的農夫。有時劉敏中就躺在枕頭上，面對著青山寫詩，或者欣賞沙洲邊，忽然吹起的一陣風雨；想喝酒時，酒店就在水塘的附近，大可「自過小橋沽去」，這種疏放的生活態度，劉敏中也「不怕人嫌」，正呼應其「做自己」的性格，不輕易為世俗所左右。

第三節　婉約纏綿，富於深情

元繼宋、金之後，大致分為南北二派，劉敏中屬於豪放的「北宗派」，遠紹蘇辛，近承中州金源詞人餘緒，「南宗派」則多尊婉約諸家詞風。劉敏中雖被歸為豪放派，但這並不表示其詞作風格只拘一格，他仍有部分婉約小詞。

因金代文學和元代前期文學與南宋文學，是在一個共有歷史大背景上同時發展的，雖然雙方處在相對封閉的政治地理環境中，但共同的文化根系和現實的文化傳播及人員間的互相往來，使得南北文壇必然要受到來自對方的某種影響而產生或隱或顯的變化〔註48〕。例如元詞人張翥本屬於承繼南宋姜夔、張炎格律詞派的「南宗詞」，但他也受到北宗詞的影響，呈現出南北詞風融合的跡象。儘管宋以後，各代創作雅詞的南宗詞再度復興，但它已不是南宋詞——特別是指作爲南宋詞壇主流的雅詞創作的簡單延續和重複。〔註49〕

　　元代詩壇的一個趨勢，就是打破南北阻斷，重新融合，詞壇亦如此。作爲一個館閣文臣，南方詞風對劉敏中詞作的浸潤和影響，自然首先發生在與館閣同僚互相交往之間〔註50〕。劉敏中的交遊仍以北方人士爲多，生活範圍也不脫大都和濟南，但南宗詞的清麗詞風或多或少透過一些南方詞人（包含曾到南方生活的北人），間接影響其創作，例如和趙孟頫〔註51〕、程鉅夫〔註52〕的交往，詩文互贈情形，除了《中庵集》所載之外，程鉅夫《雪樓集》卷二十八、卷三十亦可見〈寄劉中庵參政二首〉、〈千秋歲·壽劉中庵〉、〈鵲橋仙·次中庵韻題解安卿盆梅〉等詩詞，受到南方詞壇的浸潤，自然是不可抗拒的了。

　　婉約詞風的形成，除了受到南宗詞派的影響外，劉敏中自身的健康狀況，

〔註48〕趙維江：《金元詞論稿》，頁6。

〔註49〕趙維江：《金元詞論稿》，頁29。

〔註50〕易淑瓊：《劉敏中詞研究》，頁42。

〔註51〕趙孟頫（1254～1322），字子昂，號松雪道人，湖州人，宋宗室。性通敏，未冠試中國子監，不及仕而宋亡。至元二十三年（1286）徵入朝，授兵部郎中，遷集賢直學士，出爲濟南路同知。成宗立，召修《世祖實錄》及《金書藏經》，事畢辭歸，大德三年（1299）仍授集賢直學士、提舉江浙儒學，至大三年（1310）拜翰林侍讀，尋復辭歸。仁宗即位，除集賢侍講，累遷翰林學士承旨，延祐六年（1319）請老歸。至治二年卒，年六十九。追封魏國公，諡文敏。有《松雪齋文集》十一卷，又工書善畫，冠絕一時，頗掩其經濟之才與文章之名。劉敏中《中庵集》有詩贈答，如〈次韻答趙子昂同知二首〉、〈次韻答趙子昂見示三首〉、〈又和子昂三絕句〉、〈謝子昂惠胡椒〉、〈書趙子昂寫老杜驄馬行卷後〉、〈謝趙子昂同知惠梅〉及文〈跋趙子昂畫馬圖〉一篇。

〔註52〕程鉅夫（1249～1318），本名文海，避武宗諱，以字行，號雪樓，又號遠齋，建昌南城人。至元十六年（1279）授翰林應奉，進修撰，歷祕書少監、集賢直學士，二十三年奉詔訪賢江南，除南臺侍御史，歷福建、湖北兩道廉訪使，大德九年（1305）入爲翰林學士，仁宗即位，拜翰林承旨，延祐三年（1316）請老歸，五年卒，年七十。諡文憲。有《雪樓集》三十卷。劉敏中《中庵集》有詞〈點絳唇〉（短夢驚回）一首爲贈。

也可能影響其心理。多病纏身的體質，使得詞情哀婉悽愴、富於情感，或是溫柔纏綿，一往情深，如以下這首〈蝶戀花〉，便有悽惻哀怨之音：

> 簾底青燈簾外雨。酒醒更闌，寂寞情何許。腸斷南園回首處。月明花影閒朱戶。　聽徹樓頭三疊鼓。題遍雲牋，總是傷心句。咫尺巫山無路去。浪憑青鳥丁寧語。（頁 20）

這首詞本是次韻答表兄魏鵬舉之作，主要傾訴寂寞傷感之情。上片先以景襯情，描繪簾內點著光線青熒的油燈，簾外下著淒清的雨，昏暗的燈光，又加上苦雨的攪擾，讓酒醒之後的劉敏中，面對更深夜殘，孤獨的情緒更加濃烈。當他回想起在南園的過往，不禁傷痛悲絕。這段過往詞人並沒有明說，可能是關於和表兄的互動往事，也可能是對過去某種經歷的悵然，事實隱晦曲折，感情深湛纏綿。到了下片，詞人聽見樓上的鼓聲，一邊在雲牋上題詩寫句，總是流露出悲傷的情緒。他所感傷的，是兩人相見之難，好比巫山近在眼前，卻沒有路徑可到達，只能空憑傳說中的青鳥互通消息。青鳥，在神話傳說中是為西王母取食傳信的神鳥，是信使代稱，也是為人傳遞幸福的象徵。劉敏中在這裡還化用唐韓愈〈華山女〉：「仙梯難攀俗緣重，浪憑青鳥通丁寧。」〔註53〕表達對魏鵬舉的思念之情。

　　或如〈鵲橋仙‧書合曲詩卷〉，則是情深而意婉：

> 無情枯竹，多情軟語。誰按梨園新譜。鄰舟餘韻過雲聲，只認作、珠繩一縷。　秦臺風物，當時幾許。扇影春風解舞。客愁都向坐間空，問誰管、西窗夜雨。（頁 21）

枯竹本無情，多情的是人類。竹子雖然沒有感情，卻能吹出柔和委婉的樂音，或抒發個人心事，或是引起聽者的共鳴。梨園，原指唐玄宗時教練宮廷歌舞藝人的地方。詞人感嘆的是，而今有誰還照著梨園的曲譜歌唱呢？鄰近的船上傳來的音韻，十分響亮，使雲朵停止不前，像是一線由珍珠串成的細繩，

〔註53〕〈華山女〉：「街東街西講佛經，撞鐘吹螺鬧宮庭。廣張罪福資誘脅，聽眾狎恰排浮萍。黃衣道士亦講說，座下寥落如明星。華山女兒家奉道，欲驅異教歸仙靈。洗粧拭面著冠帔，白咽紅頰長眉青。遂來昇座演真訣，觀門不許人開扃。不知誰人暗相報，訇然振動如雷霆。掃除眾寺人跡絕，驊騮塞路連輜軿。觀中人滿觀外，後至無地無由聽。抽釵脫釧解環珮，堆金疊玉光青熒。天門貴人傳詔召，六宮願識師顏形。玉皇頷首許歸去，乘龍駕鶴來青冥。豪家少年豈知道？來繞百匝腳不停。雲窗霧閣事慌惚，重重翠幔深金屏。仙梯難攀俗緣重，浪憑青鳥通丁寧。」錢仲聯編：《韓昌黎詩繫年集釋（二）》，頁1093。

隱約而美好。下片引用蕭史和秦穆公之女弄玉止於鳳臺吹簫典故，感嘆當時的風光景物。春風下，扇影搖動，座席上的旅人聽見了曲聲，暫且拋開了懷鄉的愁思，有誰還關心那西窗下的夜雨呢？劉敏中透過簫管之聲，穿梭在古今之間，想起了梨園譜，聯繫了今日的簫聲；回顧秦臺蕭史事，復又返回扇影春風的當下，在曲折宛轉之間，表達了婉約的詞情。

又如〈蝶戀花·次前韻，答智仲敬〉，寫病愁煩擾，欲振乏力：

> 多病多愁心性軟。自上疎簾，怕隔雙飛燕。夢覺綠窗花影畔。起來翻喜茶甌淺。　　香壓玉爐消欲斷。情緒厭厭，猶傍琴書懶。瞥見壁間蝸引篆。急將山水圖兒捲。（頁21）

生理上的不適，常常會影響到個人的心情起伏，特別是頑疾在身、久病多年的人，其中的煎熬折磨，更是難為外人道也。即便平時的劉敏中心懷積極理想，多昂揚健壯之音，但在病魔折騰之下，也不免要寫下風格柔軟、纖細多情的作品。上片首句化用自宋蘇軾〈醉落魄〉：「多病多愁，須信從來錯。」即言自己身體多病，內心憂愁，性格也變得無力懶怠。劉敏中緩緩捲上了簾子，擔憂隔離了成對飛翔的燕子。夢醒之後，他看到窗邊一片草色，花影搖曳生姿，起身後反而喜歡淺底的茶杯。下片寫房內景象，玉爐上點著薰香，劉敏中就慵懶地坐在琴書旁，完全提不起勁來，情緒可謂跌至谷底。後二句以「瞥見」二字打破了沉寂的氣氛，原來是看見牆壁上有蝸牛爬行時的痕跡，這使詞人立即從椅子上站起，急急忙忙把山水掛圖收拾起來，就怕珍貴的墨跡被蝸牛分泌的體液所污染。

再如〈鵲橋仙·盆梅〉：

> 孤根如寄，高標自整。坐上西湖風景。幾回誤作杏花看，被夢裏、香魂喚省。　　薰爐茶竈，春閑晝永。不似霜清月冷。從今更愛短檠燈，夜夜看、江邊瘦影。（頁22）

這首詠梅作品並不像南宋詠梅詞所寄寓之自感身世、國愁家恨等深刻涵義，它所表現的是清雅寧靜的生活態度，還有文人吟風弄月的閒情逸致。上片以盆中孤根的梅花寄託著自身清高不俗、孤傲高潔的品格風範。詞人在座席上欣賞西湖風景，卻數度將梅花誤認作杏花，梅花不服，於是花魂在夢裡帶著清香來訪，才解開誤會，讓詞人回想起梅花的高雅姿態。「幾回誤作杏花看」係化用宋王安石〈紅梅〉：「北人初未識，渾作杏花看。」〔註54〕香魂，本指

〔註54〕〈紅梅〉：「春半花纔發，多應不奈寒。北人初未識，渾作杏花看。」北京大

美人之魂，此處劉敏中將盆花當作有意識的美人看待，設計出由欣賞到誤解，從誤解到花魂主動來訪澄清的情節。下片回到詞人的生活，寫其春日閒情，在漫長的白晝裡，點著薰香，烹茶賞梅，到了夜晚，也要點著矮架燈繼續陪伴盆梅。「更愛」和「夜夜」二詞，加強了詞人愛梅的情感，可知其日日夜夜、從早到晚，都想持續欣賞梅花的纖細姿態。

　　詞人應酬聚會，常會針對共同主題，分韻創作，一來娛興取樂，二來展現才情，琢磨文筆。如這首〈眼兒媚‧賦秋日海棠，分韻得欄字〉：

　　　　春來應怪洗粧慳。故作兩回看。風流依舊，檀心暈紫，翠袖凝丹。

　　　　玉容寂寞闌干淚，細雨豆花寒。多情誰管，今宵冷落，淡月東欄。（頁
　　　　26）

海棠花色根據其季節和品種的不同，有深紅、淡紅、白色等色彩，劉敏中所詠者為秋日海棠。在上片起頭時，他先將海棠比作風韻猶佳的美女，在春來之後，只因打扮的次數太少，才讓人以為有兩種面貌。儘管如此，秋日海棠的氣質容貌依然美好，花蕊粉中帶紫，像是身著青色衣袖的女子，烘托出嬌豔的容貌。劉敏中不但以女子的裝扮變化來表現海棠在不同季節的姿態，還化用了宋蘇軾〈黃葵〉中的「檀心自成暈，翠葉森有芒」〔註55〕，特寫秋日海棠嬌豔的容貌。下半闋化用唐白居易〈長恨歌〉：「玉容寂寞淚闌干，梨花一枝春帶雨。」使海棠花化身為一個寂寞的女子，在欄杆旁暗自垂淚，綿密的小雨打在豆花上，倍覺寒冷。到了夜晚，賞花人散，周圍冷冷清清，只見到東邊欄杆上那不太明亮的月光，淡淡照著大地。劉敏中在處理這一類的題材時，表現手法較為含蓄，遣詞優雅，把詞人深情細膩的一面，自然地呈現出來，這也是《中庵樂府》中的別格。

第四節　纖穠明麗，描寫細微

　　劉敏中有一類小詞，詩思清新細膩，能自平凡的生活事物中，發掘不平凡的風景，仔細品嚐其美好韻味，描寫入微，故能引發讀者的想像；在詞采

　　　　學古文獻研究所編：《全宋詩》（北京：北京大學出版社，1998 年 12 月），冊
　　　　十，頁 6682。

〔註55〕　〈黃葵〉：「弱質困夏永，奇姿蘇曉涼。低昂黃金杯，照耀初日光。檀心自成
　　　　暈，翠葉森有芒。古來寫生人，妙絕誰似昌。晨妝與午醉，真態含陰陽。君
　　　　看此花枝，中有風露香。」〔宋〕蘇軾著；〔清〕王文誥輯註、孔凡禮點校：
　　　　《蘇軾詩集》，冊二，頁 1335。

上，則具有雅潔明麗、色彩鮮明、詞語清秀的特點，整體上予人清新暢麗的感覺，是為纖穠明麗的風格。例如〈清平樂·大德癸卯，奉使宣撫山北遼東道，五月赴懿州道中〉其一：

> 茸茸碧草。點點金花小。十里青山山下道。地錦都教蓋了。　　天然草軟平勻。馬蹄穩送行人。路斷不堪回首，南風依舊黃塵。（頁16～17）

這是劉敏中在大德七年（1303）宣撫道中所作，詞後自注：「平川細草上有黃花可愛。」平川，指的是廣闊平坦之地。無論從本文或是自注，都可看出劉敏中詩思細膩的一面，能夠留心大自然所賜予的寶藏。在常人看來平凡無奇的黃花，劉敏中卻覺得極其「可愛」，甚至不惜筆墨來記錄。上片運用「茸茸」和「點點」兩組疊字，形容在一片廣闊、濃密的細草上，分布著小小的黃花，勾勒出柔和又展延的畫面。續寫青山綿延壯闊，不直說沿途道中長滿了地錦草，反將小草擬作織錦，彷彿是為大地披戴增色一般，別具巧思。下半闋白描青草綿軟柔細，自然天成，在廣闊平坦的地上均勻分布，而達達的馬蹄護送著行人，與這片天然風景偶然相遇。只可惜路途偏遠，短暫的交會後，詞人仍須前往懿州。當惜花愛草之人的身影逐漸消失隱遁，南風依然捲起滿天的沙塵，便留下淡淡的悵惘情緒。

再如〈清平樂〉：

> 悠揚酒望。點綴春情狀。雲氣欲酣花氣蕩。語燕啼鶯下上。　　水邊柳閣松庵。遙遙眼力先探。一陣山風雨過，馬頭日腳烘嵐。（頁18）

這是劉敏中透過〈清平樂〉和張古齋次韻往返的作品之一。詞中畫面豐富，詞采明麗，雖是對外在景象的描繪，卻也間接烘托出劉敏中山居生活的自得樂趣。起頭以隨風飄揚的酒簾子襯托出春日的旖旎風光，使景致更加美好，周圍的雲霧使人陶醉，花的香氣四處飄蕩。如此美麗春景也吸引了鶯燕前來，在詞人眼中，牠們活潑開朗，從高處到低處，又從低處到高處，自在飛翔，呢喃的鳴聲不絕於耳。下片由動態的鶯燕轉寫松庵靜景，再寫詞人極目探看遠方，發現山中一陣風雨過後，碼頭邊有日光穿過雲隙，烘襯出煙嵐霧氣，教人流連沉醉。

又如〈阮郎歸·奉使由平灤之惠州山行〉：

> 青山不盡一重重。重重如畫中。石根流水玉玲瓏。高低處處通。　　山

　　向北，路回東。馬前三四峰。峰頭更覺翠煙濃。煙中無數松。（頁
　　24）

這首詞寫在山行途中，主要描寫青山連綿、泉流激盪、綠樹濃密的自然景觀。
上片先寫遠景，將視線隨著連綿不斷的青山延伸出去，使人彷如置身在山水
畫中，接著描繪岩石底下高高低低穿梭流動的潔白清泉。下片表現壯闊的山
行見聞，以山向北、路回東，暗示了未來的行路方向，青山一路朝北而去，
站在交會點的劉敏中，更覺山中煙霧濃厚，環繞住無數的松樹，因而忍不住
讚嘆眼前的景象。全篇文字清麗，語言流暢，之中穿插的疊字如重重、處處，
以及頂眞句式的使用，從重重、峰頭到煙中，一氣連貫，促進了歌詞的節奏
感，頗得行吟之味。

　　劉敏中的許多小詞，清新俊雅，在尋常事物中，往往涉筆成趣，吐屬有
出人意表者〔註56〕。如這首〈點絳唇〉，逸興清脫，饒富生趣：

　　短夢驚回，北窗一陣芭蕉雨。雨聲還住。斜日明高樹。　　起望行
　　雲，送雨前山去。山如霧。斷虹猶怒。直入山深處。（頁29～30）

詞序云：「人至，承以二絕句見貺，清簡幽深，情意都盡，披閱諷詠，如接芝
宇，感慰可勝言哉。輒有小詞，錄奉一笑，且以寄企響之意云，劉敏中上。」
這首清新的小詞是劉敏中寫給好友程鉅夫，特別針對程鉅夫所贈兩首絕句的
回饋。這兩首絕句，很可能就是《雪樓集》卷二十八所錄的〈寄劉中庵參政〉
〔註57〕二首。其一曰：「不得劉公一紙書，酒情詩思近何如。太初巖下涼多少，
亦有工夫燕坐無。」其二曰：「河南父老望車音，早有清風慰所臨。他日劇談
三太息，政應聊復試初心。」這兩首詞的確如劉敏中詞序所言，言詞清新簡
約，意義深遠，眞誠地表達思念朋友之情，只爲盼望對方的音訊。之中探問
了劉敏中的酒情詩思、太初巖下樂趣，聊表關懷，並期待會面的到來。閱讀
吟詠友人所見贈的絕句，劉敏中自然感動萬分，披閱諷詠間，就像是眞正見
到對方一般，這樣的感情哪裡是言語所能窮盡的呢？劉敏中乃以小詞回贈，
主要是寄予對程鉅夫的企盼嚮往之意。

　　這首詞的主題，正如清李佳《左庵詞話》卷上所言：「寫出驟雨乍晴光景。」
〔註58〕詞之上片先言下午小睡入夢時，被窗外落在芭蕉葉上的陣雨給驚醒。

〔註56〕張子良：《金元詞述評》，頁198。
〔註57〕〔元〕程鉅夫：《雪樓集》，文津閣《四庫全書》本，冊一二〇六，頁580。
〔註58〕〔清〕李佳：《左庵詞話》，唐圭璋《詞話叢編》本，冊四，頁3132。

滴滴答答的雨聲過了一陣子後停止，夕陽斜照在大樹上，呈現一幅明朗溫暖的景觀。劉敏中不禁起身探看，只見流動的烏雲已飄向前山，為山的另一邊帶來陣雨。而遠山因有烏雲籠罩，山色一片朦朧，如雲似霧。接著又把目光拉回近處，發現雨後的殘虹仍然生氣勃勃，色彩豔麗，直接往深山處進入。全篇依照時間順序進行，時而特寫，時而廣角掃瞄，有如拍攝一場電影，把雷陣雨後的雄肆景色，濃縮在精巧的小令中。清沈祥龍《論詞隨筆》云：「小令須突然而來，悠然而去，數語曲折含蓄，有言外不盡之致。」〔註 59〕劉敏中此詞，開頭便是夢醒驚回畫面，直接切入陣雨場景，並以擬人手法處理雨雲之流動、殘虹之樣貌，文字清新，設色豐富，尤以「直入山深處」最教人感到餘韻未絕，似乎暗示山邊又是另一場風雨，為讀者保留豐富的想像空間，實是一篇精緻細膩的佳作。

〔註 59〕〔清〕沈祥龍：《論詞隨筆》，唐圭璋《詞話叢編》本，冊五，頁 4050。

第六章　結　論

　　歷來研究詞學者，多半把重心放在宋、清二代，對於處於過渡的元詞，則視爲衰亡沒落的象徵。其中，除了少數像陳廷焯、況周頤等詞評家對於元詞有所著墨外，大部分的詞話詞評，也幾乎不及元詞。就詞體的演變來看，固然有其起伏變化的情勢，但作爲詞史的一部分，元詞自有其價值存在。

　　元詞發展的時空背景，剛好處在無論題材、風格、創作數量和質量上，皆極致發展的宋代之後，相形之下，元詞很難再開出新的路徑；常言盛極則入衰，元詞的地位便一直被宋詞所掩蓋。加以元代末年之後，戰禍頻仍，元集作品保存蒐羅不易，今日可見之元集校注本，也不過冰山一角而已，更別論元詞之研究。正因如此，無論在個別詞家，或是群體研究上，元詞仍是一個有待開發的區塊。

　　元詞人劉敏中是少數元代漢族詞人中仕途顯赫者，他生長在一統時期，沒有前朝沉重的遺民意識包袱，能完全地融入元代、效忠元主。相對於由宋入元的遺老故臣，詞多惆悵寄慨，感物沉吟，劉敏中詞的時代表徵，所展現的是新朝代下、一統時期的昇平氣象，和對元主武功的讚美。其父祖輩都是政治場上的清流人物，不肯從俗俯仰，母親亦是宗族裡具備妻道母儀之楷模，他們的言教和身教，使劉敏中自小便立定志向。在仕宦歷程中，他敢於彈劾權貴，表現個性剛直的一面；針對官場情狀及社會弊端，實踐政治理念，發揮治世才能；關心民生問題，流露悲天憫人之情懷。在幾次歸隱中，有與政治環境之對抗，也有以疾辭歸的情形。在與劉敏中交好的人物裡，無論仕宦經歷，或是人格品行，幾乎與劉敏中有相仿之處，當中除了魏鵬舉爲親屬、智仲信爲師友外，其餘都是他在官場上往來的同僚或長官，他們常藉詩文往

來互動，並形成一特定交友圈。

劉敏中《中庵集》的文史價值甚高，可供研究元代之政經社會狀況，神道碑文稱他是「四朝良佐，一代眞儒，即今去世已久，文章政事，炳炳在目」〔註1〕，顯見其身分地位及文章政事之重要，特別是朝廷有大制作時，也多假劉敏中之手。但這並不會掩蓋《中庵樂府》之光芒，相反地，將其詩詞文章互相參看，則更能凸顯出詞旨，加以劉敏中自小被稱爲「詞伯」，可知其詞亦有可看之處。故而本論文以元詞人劉敏中爲研究對象，除了論述其詞作特色與成就，確立其詞史地位，以塡補元代專家詞的研究空間外，也不否認其詞之限制，尤其以元詞處於漸衰之境，必然有其不足之處。因此，本章分別就劉敏中詞之成就與限制，以對其詞之研究所得，分兩節說明如下。

第一節　劉敏中詞的成就

研讀劉敏中詞，可就內容、形式、風格等面向考察其寫作特色，並從歸納出的特點中，挖掘背後的時代意義、個人的創作傾向，以及產生此一特徵的背景因素。其成就大致有三：

一、創作豐碩，堪爲元初詞壇巨擘

劉敏中《中庵樂府》收詞 149 首，其創作量在唐圭璋《全金元詞》元人中位居第三，數量相對可觀，形成可資研究的對象，在內容質感上，亦有一定水平，黃兆漢《金元詞史》稱他爲元初詞壇巨擘之一，洵不過譽。

《中庵樂府》大量的酬贈、閒適內容，展現出王朝更迭所帶來的時代新變。酬贈唱和詞一般是作爲與親友聯繫交誼的方式，間或藉此抒發個人心志情懷、哲思體會，具有實用的應酬功能。劉敏中大部分的酬贈詞，不單是表面敷寫而已，而是提升內容表達的層次，例如以詞代書，抒發個人的際遇或生活體會，談人生之悲歡離合、病中情思、人事紛擾、哲理體悟。對交誼較深者所贈與的慶賀之詞，包含了賀壽詞、賀生子、賀新娶等，或美稱其才華和胸襟氣度，或表達祝福之意與同樂之情，情意眞誠，流露人情之溫暖，並有文化的表徵，像是反映道釋二教流行下，人們對生命延續或慕仙求道的期待。題贈之類，有傷感或不捨之情，戲作則兼有娛興和自道志趣與幽居生活

〔註1〕〈監察御史奏撰劉文簡公神道碑牒文〉，北京圖書館古籍出版編輯組編：《北京圖書館古籍珍本叢刊：中庵先生劉文簡公文集》，頁 527。

的效果。餞送友朋一類，幾乎是爲對方將遷官赴任而寫，詞中所流露出的感情，有勸慰也有不捨。他的不捨，並非小兒女的依依留戀，而是即便相思也要放手讓對方高飛的豪氣送行，因而言詞中充滿對未來宦途的祝福與期待。

　　劉敏中〈張御史牡丹唱和詞卷序〉提到人心受到外物感發而訴諸文學作品，具有抒情的功能。而文字又是萬物得以寄託的所在，一首好的詠物詞，要看是否有趣向寄寓。試觀其詠物作品，因時空背景不同，雖無遺民之哀婉寄託，但大致上能夠藉由詠物詞來表現自己的人生體會，抒發小我的情思，也有其獨特之處，尤其他對特定亭臺閣樓、山水奇石之命名與歌詠，絕非純作欣賞，實乃有嚮慕之意。除了有抒情寄意成分的詠物作品，另一類詠物詞，則多用形式短巧的小令，以白描手法，描繪萬物的外在形象或內在神韻，觀察細膩。

　　有時劉敏中會因時序變化、生活情境或某一事件的觸動而有遣懷之作。這類作品往往抒情意味濃厚，可以是撫時感事，傾訴老弱病殘之苦、慵懶煩悶情懷或感傷衰敗凋零的生命景象；也可以因重遊故地、重逢故人、或是不經意想起往昔的人事物而有懷舊之作，其〈太常引‧憶歸〉回憶過往辭官歸隱的心情，有「解印便逍遙」的暢快之感，又是之中耐人尋味者，這是在看盡社會百態、歷經官場風濤後，才能提煉出來的境界。

　　自然景物的變化，往往會牽動文人敏感的神經。在即景抒情的題材上，劉敏中以其清新的筆法，勾勒出豐富而多變的色彩畫面，表現出敏銳而生動的感官摹寫，使得自然清景彷彿就在目前。或是情景合而爲一，景中有情，情中有景，使心緒藉由景物的鋪排組合，以正面烘托或是反襯方式，較爲婉轉地表達出來。

二、率意謳吟，寫作技巧不乏佳處

　　劉敏中以「率意謳吟信手書」的寫作態度，自然隨意地抒發感情。然而，這並非表示他對於詞體創作抱持輕蔑的看法，隨意敷衍幾筆便能了事；相反地，這是一種極能自然呈現自我眞實情感的寫作方式，遠比爲文造情、強作表情的詞作還好。眞情流露的詞作，不一定就平淡無奇，缺乏技巧特色。倘若能將情感與文字並蓄兼容，渾化一體，運用技巧於無形之中，更是難能可貴。

　　藉由觀察詞人的寫作形式技巧，亦有助於觸探其深層意識。在寫作形式

上，劉敏中填詞多取小令，約佔全數 63%，其 149 首詞作，共使用了 36 種詞調，以〈清平樂〉、〈木蘭花慢〉、〈菩薩蠻〉、〈沁園春〉等四種詞調最常出現，其餘如〈滿江紅〉、〈蝶戀花〉、〈鵲橋仙〉等，也頗受劉敏中喜愛。他能根據不同的寫作內容，擇取適當的詞調，體製短小的小令，多是閒適之作，體製較大的長調則多敘悲鬱豪壯之情。在技巧上，因不同的詞調表情，會產生不同的抒情效應，婉約派喜歡的多是舒緩和暢、沉冥凝咽的調子；豪放派喜用健捷激裊、可揮灑縱橫的調子，劉敏中亦能根據調律之剛柔，寫出與情感內容相對應的作品。在長短句的安排、單雙句的搭配上，雙句較多的詞調，音律比較舒徐和緩，會形成陰柔之美；單句較多的詞調，音律縱橫跌宕，多為豪放派詞人所用。劉敏中偏好單多雙少的詞調，也有純用單句者，至於單雙句相等者，也多以單句結尾。這樣的句式，節奏分明，宜於吐露爽直的內容，多為豪放派所取，由此亦見劉敏中的創作傾向。另在韻位的安排上，以密韻製造急促迫切之感，用韻緩者產生和徐之音，也能與內容適度搭配。

修辭技巧方面，劉敏中融匯運用古人辭語及故實入詞，舉凡經、史、子、集語，皆有所用。經語部分，主要引自《詩經》、《論語》、《孟子》，並旁及《尚書》、《易經》、《左傳》等經典，信手拈來，毫無生澀之感；史語運用上，較無特定使用之書籍，通常是根據所要表述的情境，再援引相關典實；子語方面，喜引老莊語，可能與其閱盡世俗人間百態，澈悟名利富貴不過如鏡花水月，進而嚮往隱逸高士的生活有關；集語使用，有將詩詞加以襲用、加工鎔鑄以及語意化用等方式，尤以徵引杜甫詩最多，可知其雅愛、嫻熟杜詩的程度，其他有引自陶淵明、謝靈運、王維、孟浩然等人詩文，以及不少的《莊子》故事，他們嚮往山水、歌詠自然的心態，有助於表現詞人的隱逸之興與超俗之情。

其次是就移情作用來看，《中庵樂府》有許多和自然對談、相望，或者將之想像成具有人類情感和動作的句子，如此把個人情趣主觀投注在景物上，使物與人由對立無關，變成融合一體，使物與我間的情趣往復迴流激盪，創造出美感，能達到拉近物我距離之效果。這樣一來，事物變得有情生動，詞人本身也能有精神上的寄託、情感上的依附，更是為讀者帶來閱讀上的享受。其中，最值得注意的是劉敏中對於太初巖、遠秀峰、長白山等的描寫，賦予它們奇人異士的品格特質，藉由對話互動，抒發個人情志，排憂遣懷，而這些事物的「品格」，又正是詞人生命狀態的投射。

在語言特色上，劉敏中自言「詩不求奇聊遣興」，詞之創作亦然。除了少數應酬詞外，其餘作品，無論用字遣詞或是情感呈現，皆不假雕琢，不賣弄文采，語言自然平易，文辭暢達。這樣的好處是可以促進情感的真誠流露，又因無晦澀之弊，能吸引更多的讀者。

三、追步蘇辛，延續豪放詞派風尚

作品風格通常會體現出此一時代之作品特徵，以及作者的個性、氣質、胸懷等，風格之形成，主觀上，包括了作者主觀的學識才力、情感表露方式、社會經歷和生活態度；客觀上，一時代之文風思潮、作品的主題內容、師承對象、民族風尚和地方色彩等，皆有所影響。而一個人的風格通常又是多面立體的。

宋、金、元經歷了時空之共構，南北分治的狀態，使詞在這兩個相對封閉的地理環境和文化環境中發展，受到不同地理文化的影響，其所接受的詞學傳統也就有所分別。元詞雖沒有開出新的創作道路，至少還能延續宋詞的傳統，在北方主要呈現以蘇、辛豪放一派為宗尚的「北宗詞」，著重氣勢，與草原文化相契合，在南方則推尊婉麗詞風，重視詞情。

自金代吳激、蔡松年學蘇以來，北方文人大抵發展了北宋蘇軾橫放傑出的詞風、豪健英傑的體式，而南宋詞壇大家辛棄疾，其作品雖出於南渡之後，但其詞學根柢實在北方，他以豪傑之士，挾其風以南，導南宋豪壯一派之脈，他對東坡詞的繼承和發揚，也成為北宗詞相對重要的典範。金詞三大家之一的元好問，承載蘇、辛、吳、蔡激昂悲抑之懷，開啟元代劉秉忠、王惲、劉因、劉敏中、許有壬、薩都拉諸人超邁精壯之風。蘇、辛之風的激盪會合，由金至元，一路延續了豪放派之命脈，劉敏中亦在其列。

劉敏中絕大多數的詞具有情感昂揚、胸襟廣闊、格局宏偉的風格，這不單是他個性的反映，同時也展現出元初詞壇在北方地區的詞風傾向。他的北宗傾向，豪放的詞觀，反映在寫給張養浩的〈江湖長短句引〉中，內文推舉了蘇軾、辛棄疾和元好問為詞壇代表，以此三人呈現一種繼承又發展的關係，體裁各殊但並傳不悖。在創作實踐上，劉敏中追隨著蘇、辛的腳步，如神韻上對稼軒〈山鬼謠〉之揣摩，寫作形式上對〈沁園春〉（杯汝來前）的模仿，其他在與物的對話形式、散文化的語言以及對於蘇、辛詩詞文章的借用上，皆可看出端倪。這不僅是劉敏中個人的創作特色，也是元初詞壇「追步稼軒

的時代宗尚」。

除了北宗風氣的影響，劉敏中生長在有長白、繡江、百脈泉等自然景觀的環抱中，養成了開闊的胸襟，並有北人豪爽坦率的個性，加以自幼接受儒家教育的薰染，培養出積極用世心態、愛國情懷，表現出昂揚向上的精神，和建功立業的豪情壯志。吾人可以在劉敏中的豪放之作中感受到豪邁的氣勢，奔放的激情，瀟灑曠達的襟懷，其風格和作法受蘇、辛影響，但文辭又較二人更為平易，亦不似蘇軾有飄逸超拔的特質；辛詞豪中有憤慨、沉鬱頓挫的特質，這也是劉敏中所未有。平心而論，劉敏中之追步蘇辛，大致上是成功的。

劉敏中另一類疏放之作，詩思純樸率真，有村野風味，風格清疏質樸，展現其不拘禮俗、忘懷世俗得失的面貌。這類詞作，大部分寫於隱居時期，因而具有隱逸特質和田園情結，多以田園山水為背景，寫恬適的生活和瀟灑的襟抱，造語自然，風格疏野質樸，韻味不盡，徹底融入自然，並通過對景物的描寫，呈現出清靜悠閒的心情。像劉敏中這樣仕途相對平順之人，進亦可，退亦可：在國家需要他時，挺身效力；在小人橫行霸道，無力回天時，毅然退出；在病弱老殘時，全然回歸山水，可說是個很有「彈性」的人。

如果說豪放與疏野，是《中庵樂府》風格的最大特點，那麼婉約與纖穠，則別是一格。儘管劉敏中的交遊仍以北方人士為多，詞亦受蘇、辛影響，生活範圍也不脫大都和濟南，但南宗詞婉約清麗的詞風或多或少透過一些南方詞人（包含曾到南方生活的北人），例如趙孟頫、程鉅夫等人，間接影響其創作。加上他多病纏身的體質，便有一部分的詞情纏綿哀婉、富於深情。另一類纖穠作品，詩思清新細膩，能夠留心平凡自然的事物，詞采雅潔明麗、色彩鮮明、清秀俊雅的特點，能引發讀者的想像，亦值得讚許。

第二節　劉敏中詞的限制

評價，通常是一體兩面的，依據不同的立足點，觀察到的景象自然也有所差異，這就好比晉人以為陶詩不符合當時講究辭藻華麗、雕琢字句、聲律藻飾等文學風氣，因而不被重視，但他在蘇軾眼中卻有「質而實綺，癯而實腴」的極高評價〔註2〕。因此，吾人盡可能依照歷來評價詞體藝術之一般標準，

〔註2〕〔宋〕蘇軾：〈與蘇轍書〉，見〔宋〕蘇轍：《欒城後集》（臺北：臺灣商務印

期能客觀地歸納劉敏中詞之限制。

一、偏向酬贈之體，略損藝術價值

在第二章內容分析時，吾人已探討到，許多人往往站在抨擊的立場，批評酬贈詞的實用功能，以爲有害其藝術性和崇高性，因而忽略其價值，這個觀點，大致說對了一半。酬贈詞對於人際交流的實用價值，吾人必須肯定，尤其是那些藉酬贈以抒發情志抱負者，更是難能可貴，並不能全盤否認。令人詬病的，應該是缺乏眞情實感、賣弄才學、敷衍應酬的作品。

《中庵樂府》中的酬贈唱和詞大約佔了 60%，題材集中，不明就裡者，或許會直接打壓其地位。但實際上，劉敏中大部分的酬贈詞，是富含眞感情的，或投以祝福，或爲自述己志。這裡所要批評的，不是他與友朋往來的自述呈言，而是那些流於客套敷衍、內容俗濫的作品。例如〈南鄉子‧賀于冶泉尙書有子〉，全篇幾乎是過譽之詞，將嬰孩之容貌形容成特出於眾人之上，未來才情、宦途更是不可限量，顯然是爲了應酬而寫。再如〈玉樓春‧壽何平章〉，以諧戲方式，誇耀其功烈盛大，較無深意。或是〈阮郎歸‧壽太乙眞人李六祖〉，盡言神仙與美酒，亦無特殊表情。又〈浣溪沙‧賀石仲璋侍御父年八十五，拜司徒，五子皆貴仕〉，應爲託付之作，所言爲官階、名望之顯榮，五子之顯達，不脫陳語，亦無引人入勝之處。即便這些應酬作品是爲了祝福對方而作，但虛應故事的部分，可說是劉敏中酬贈詞中較易爲人所批評處。

二、語言淺俗散化，欠缺深蘊之致

王國維《人間詞話》說：「詞之爲體，要眇宜修，能言詩之所不能言，而不能盡詩之所能言。」〔註3〕這裡強調出詞體的婉約特性，在表達上必須纏綿而婉轉，含蓄而蘊藉。婉約爲詞之本色，歷來詞評家，大多基於此一立場，來批評豪放詞直言吐氣的特點。清沈祥龍《論詞隨筆》也說：「含蓄無窮，詞之要訣。含蓄者意不淺露，語不窮盡，句中有餘味，篇中有餘意，其妙不外寄言而已。」〔註4〕劉敏中身爲豪放派的承繼者，所作大抵坦率質樸，雖有婉約纖穠之作，畢竟只是少數。他所身處的時代，正好面臨了詞體的轉型，散

書館，1983 年《景印文淵閣四庫全書》本），卷二十一，〈子瞻和陶淵明詩集引一首〉引。
〔註 3〕 王國維著、馬自毅注譯：《新譯人間詞話》，頁 123。
〔註 4〕 〔清〕沈祥龍《論詞隨筆》，唐圭璋《詞話叢編》本，冊五，頁 4055。

文和曲文的感染滲透，使詞不再像過去一樣含蓄蘊藉，曲文的淺白和諧戲等特點，讓詞逐漸步入類詞類曲的狀態。

儘管劉敏中的詞還不像元曲之用盡俗語，極盡調笑嬉鬧或諷刺之能，但他的文字確實具有淺白和散文化的特點。這個特點，從某一方面來說，自然是好的，因為它能讓人一眼就明白意會；然而，自傳統藝術審美標準而言，常常把意思說盡的詞作，則難以引發讀者的聯想，缺少了深蘊的能量，自然也就禁不起再一次捧讀。

當然，並非《中庵樂府》所有豪壯疏放之作都缺少餘韻，例如〈清平樂〉（繁華敢望）中云：「隱几悠然不答，窗間笑指山嵐。」面對來客的詢問，並不直言以對，只是笑指山嵐，其中深意則令人玩味。或如〈木蘭花慢・曉過盧溝〉下片云：「空無語，還自笑，恐當年、貢禹錯彈冠。擬把繁華風景，和詩滿載歸鞍。」藉由貢禹典故，達到婉曲其意的效果，重新赴京的心情，複雜難理，欲進又欲退的情緒，隱藏在字裡行間，甚至預先擬好了將來的退路，倘若仕途不順，便要懸車致仕，把那繁華風景，與詩歌一同滿載回鄉。

而吾人所要提出的，是《中庵樂府》中具有淺俗散化，缺乏深蘊特質的作品。例如〈破陣子〉：「盡道十分意巧，不知一段天成。捉得山中獨腳鬼，變作人間有尾丁。奇哉見未曾。　　說破何愁脫牝，把來真是持平。得力最宜高處柱，行倦還堪立地憑。衰年吾友生。」幾乎是用散文句法，語言淺白，以賦筆陳述手杖的來由功能，說盡意思，不留空間。或如〈菩薩蠻・次解安卿韻〉下片云：「看花誰可約。定與花斟酌。後閣盛筵開。老夫來不來。」雖有豪邁氣概，邀遊之請，但語言畢竟淺白通俗，所涉意蘊不深。再如〈清平樂・野芳亭觀畫羅漢〉：「千金不換。壁上阿羅漢。古怪清奇君細看。盡是如來變現。　　天龍鬼物青紅。斷崖流水孤松。知在野芳亭上，恍然兜率天中。」純粹描述觀畫奇景，幾語言盡，毫無餘地。其他像是〈菩薩蠻・山居遣興〉下片：「出門南望立。過客衣裳濕。問有雨如何。一傾三尺多。」用散文句式，將日常問答融入詞中。〈南鄉子・老病自戲〉云：「老境日蹉跎。無計逃他百病魔。強打支撐相伴住，難呵。也是先生沒奈何。　　耳重眼花多。行則欹危語則訛。暗地自憐還自笑，休麼。智者能調五臟和。」哀怨情重，全無修飾。前言的祝壽酬贈之作，多半也有這樣的缺失，像是〈減字木蘭花・王彥博尚書由刑部遷禮部之明日，乃其壽旦，戲以小詞為賀〉：「年時壽酒。共喜秋卿新拜後。壽酒今朝。道改春闈是昨宵。　　官隨福轉。一到生辰須一換。

看取明年。鳳詔迎來醉壽筵。」也是淺俗無味。故而在閱讀劉敏中詞時，其質樸又不失韻味的佳作，自當肯定，但若因淺白率直，卻失其韻致的，不免流於俗氣，那就不可取了。

三、表面寫景詠物，託意略遜一籌

劉敏中詞部分具有清麗婉柔特點，且多表現在寫景詠物的題材上。處理這類題材時，劉敏中多用細膩的筆法描繪，用有情的眼光看待萬物，或寫自然清景，或藉景抒情，景中含情，但在託意上卻略遜一籌，讀來較不深刻。寄託，是指言外之意，它包含了兩層意義，一是「言在此而意在彼」，即弦外之音，另有所指；另一是「言有盡而意無窮」，即有不盡之意。〔註5〕

劉敏中畢竟沒有家國亂離之痛，無法像遺民詞人或遷客騷人一般，寫下刻骨銘心、悲痛泣血的驚世之作。無論詩詞，在處理寫景詠物題材時，大多以有無寄託為高下之判準，缺乏寄託的詠物詞，可能會被視為謎語一類。詹安泰〈論寄託〉說：「寄託之深、淺、廣、狹，固隨其人之性分與身世為轉移，而寄託之顯晦，則實左右於其時代環境。大抵感觸所及，可以明言者，固不必務為玄遠之辭以寄託也。」〔註6〕詞之有無寄託，與人之天性、身世和時代環境息息相關，既然劉敏中處於平和之世，宦途大致通達，在寄託上自然有所不及。

雖然詹安泰以為感觸所及，可以明言者，就不需特別寄託，但這是就劉敏中這一類處於安平環境中的特定人物而言。放諸所有詩詞文學之審美標準，仍是以比興寄託為上，強調詩外有詩，方是好詩，詞外有詞，方是好詞，詩詞應有所寄寓，而非只是吟風弄月、消遣娛樂。

《中庵樂府》中，有些作品既無「言在此而意在彼」，亦非「言有盡而意無窮」。例如〈西江月·戲題五子扇頭〉：「階下竇郎丹桂，眼中陶令新詩。渾教不是寧馨兒。且得平生慰意。　　曉露蘭芽香徹，春風杏蕾紅肥。最堪憐處鴈行齊。宜箇同聲小字。」幾乎無第二層意思；或是〈鵲橋仙·觀接牡丹〉：「栽時白露，開時穀雨。培養工夫良苦。閒園消息阿誰傳，算只是、司花說與。　　寒梢一拂，芳心寸許。點破凡根宿土。不知魏紫是姚黃，到來歲、春風看取。」僅就事實記錄，並無人生寄託；而〈卜算子·望湖山〉一首，

〔註5〕徐信義：《詞學發微》（臺北：華正書局，1985年7月），頁212。
〔註6〕詹安泰：〈論寄託〉，收入趙為民、程郁綴選輯：《詞學論薈》，頁531。

則是情緒急切激動，毫無保留：「落日望湖山，山在空濛裏。劍佩冠裳整頓嚴，欲作崔嵬起。　　我病正無聊，見此奇男子。急往從之呼不應，癡絕還如此。」

　　誠然，並非所有帶有豪放氣概的詞都會缺少弦外之音，也不是少有寄託之詞就毫無可取。這些寄寓較少、一語道盡的作品，爲作者在某個階段的生活留下記錄，故不妨當作一則小品來看。然在評析其藝術特色時，亦不須去扭曲自古以來的評價標準，強說未有託意、直言說盡者方是率性自然之好詞。

參考書目

一、劉敏中著作及研究論著

1. 《中庵先生劉文簡公文集》，〔元〕劉敏中撰，〔元〕魏誼編，元元統二年江浙儒司刊本，臺灣故宮博物院。

2. 《中庵先生劉文簡公文集》，〔元〕劉敏中撰，清末抄本，中國國家圖書館。

3. 《中庵集》，〔元〕劉敏中撰，清江都汪氏抄本，臺灣故宮博物院。

4. 《中庵集》，〔元〕劉敏中撰，清傅增湘抄本，中國國家圖書館。

5. 《中庵集》，〔元〕劉敏中撰，盧江劉氏遠碧樓抄本，上海圖書館。

6. 《中庵集》，〔元〕劉敏中撰，南京圖書館藏清抄本，南京圖書館。

7. 《中庵集》，〔元〕劉敏中撰，景印文淵閣四庫全書，臺北：臺灣商務印書館，1985 年。

8. 《中庵集》，〔元〕劉敏中撰，〔明〕解縉等纂，《永樂大典》，北京：中華書局，1986 年。

9. 《中庵詩餘》，〔元〕劉敏中撰，朱祖謀校輯，《彊村叢書》，臺北：廣文書局，1970 年。

10. 《平宋錄》，〔元〕劉敏中撰，《叢書集成初編》，北京：中華書局，1985 年。

11. 《中庵先生劉文簡公文集》，〔元〕劉敏中撰，北京圖書館古籍出版編輯組編，《北京圖書館古籍珍本叢刊》，北京：書目文獻出版社，1988 年。

12. 《劉敏中詞研究》，易淑瓊撰，廣州：暨南大學中文系碩士論文，2004 年 5 月。

13. 《劉敏中集》，〔元〕劉敏中撰，鄧瑞全、謝輝校點，《元朝別集珍本叢刊》，長春：吉林文史出版社，2008 年 12 月。

14. 〈劉敏中《中庵集》考論〉，鄧瑞全、謝輝撰，《古籍整理研究學刊》第六期，2008 年 11 月。

15. 〈劉敏中詞「援稼軒例」與元代前期詞壇之稼軒風〉，趙維江、易淑瓊撰，《齊魯學刊》，2008 年第一期。

二、詞　集

1. 《校輯宋金元人詞》，趙萬里校，臺北：臺聯國風出版社，1972 年 3 月。

2. 《全金元詞》，唐圭璋編，臺北：洪氏出版社，1980 年 11 月。

3. 《李清照集校註》，〔宋〕李清照著，王學初校註，臺北：里仁書局，1982 年 5 月。

4. 《御選歷代詩餘》，〔清〕沈辰垣、王奕清等編，景印文淵閣四庫全書，臺北：臺灣商務印書館，1986 年。

5. 《增訂本稼軒詞編年箋注》，〔宋〕辛棄疾撰，鄧廣銘箋注，臺北：華正書局，2003 年 9 月。

三、詞話、詞論

1. 《歷代詞論新編》，龔兆吉編，臺北：祺齡出版社，1994 年 12 月。

2. 《金元詞紀事會評》，鍾陵編，合肥：黃山書社，1995 年 12 月。

3. 《詞話叢編》，唐圭璋編，北京：中華書局，1996 年 6 月。

4. 《樂府指迷》，〔宋〕沈義父撰，《詞話叢編》，北京：中華書局，1996 年 6 月。

5. 《詞源》，〔宋〕張炎撰，《詞話叢編》，北京：中華書局，1996 年 6 月。

6. 《藝苑卮言》，〔明〕王世貞撰，《詞話叢編》，北京：中華書局，1996 年 6 月。

7. 《花草蒙拾》，〔清〕王士禎撰，《詞話叢編》，北京：中華書局，1996 年 6 月。

8. 《西圃詞說》，〔清〕田同之撰，《詞話叢編》，北京：中華書局，1996 年 6 月。

9. 《詞潔輯評》，〔清〕程洪撰，胡念貽輯，《詞話叢編》，北京：中華書局，1996 年 6 月。

10. 《蓮子居詞話》，〔清〕吳衡照撰，《詞話叢編》，北京：中華書局，1996 年 6 月。

11. 《詞苑萃編》，〔清〕馮金伯輯，《詞話叢編》，北京：中華書局，1996 年 6 月。

12. 《左庵詞話》，〔清〕李佳撰，《詞話叢編》，北京：中華書局，1996 年 6 月。

13. 《詞概》，〔清〕劉熙載撰，《詞話叢編》，北京：中華書局，1996 年 6 月。

14. 《賭棋山莊詞話》，〔清〕謝章鋌撰，《詞話叢編》，北京：中華書局，1996 年 6 月。

15. 《褒碧齋詞話》，〔清〕陳銳撰，《詞話叢編》，北京：中華書局，1996 年 6 月。

16. 《白雨齋詞話》，〔清〕陳廷焯撰，《詞話叢編》，北京：中華書局，1996 年 6 月。

17. 《詞說》，〔清〕蔣兆蘭撰，《詞話叢編》，北京：中華書局，1996 年 6 月。

18. 《蕙風詞話》，〔清〕況周頤撰，《詞話叢編》，北京：中華書局，1996 年 6 月。

19. 《蕙風詞話續編》，〔清〕況周頤撰，《詞話叢編》，北京：中華書局，1996 年 6 月。

20. 《論詞隨筆》，〔清〕沈祥龍撰，《詞話叢編》，北京：中華書局，1996 年 6 月。

21. 《中國歷代詞學論著選》，陳良運主編，南昌：百花洲文藝出版社，1998 年 8 月。

22. 《新譯人間詞話》，王國維撰，馬自毅注譯，臺北：三民書局，2007 年 11 月。

23. 《詞學通論》，吳梅撰，臺北：臺灣商務印書館，1969 年 12 月。

24. 《景午叢編》，鄭騫撰，臺北：中華書局，1972 年 1 月。

25. 《詩詞例話》，學海出版社編輯部撰，臺北：學海出版社，1984 年 1 月。

26. 《詞學發微》，徐信義撰，臺北：華正書局，1985 年 7 月。

27. 《唐宋詞通論》，吳熊和撰，杭州：浙江古籍出版社，1989 年 3 月。

28. 《詞學論薈》，趙爲民、程郁綴選輯，臺北：五南圖書出版公司，1989 年 7 月。

29. 《詞學今論》，陳弘治撰，臺北：文津出版社，1991 年 7 月。

30. 《王國維詞論研究》，葉程義撰，臺北：文史哲出版社，1991 年 7 月。

31. 《詞學今論》，陳弘治撰，臺北：文津出版社，1991 年 7 月。

32. 《王國維與人間詞話》，祖保泉、張曉雲撰，臺北：三民書局，1993 年 6 月。

33. 《讀詞常識》，陳振寰撰，臺北：萬卷樓圖書公司，1993 年 7 月。

34. 《靈谿詞說》，繆鉞、葉嘉瑩撰，臺北：正中書局，1993 年 8 月。

35. 《金元詞紀事會評》，鍾陵編，合肥：黃山書社，1995 年 12 月。

36. 《中國詩詞風格研究》，楊成鑒撰，臺北：洪葉文化事業有限公司，1995 年 12 月。

37. 《倚聲學──詞學十講》，龍沐勛撰，臺北：里仁書局，1996 年 1 月。

38. 《優游詞曲天地》，王熙元撰，臺北：東大圖書公司，1996 年 5 月。

39. 《詞曲概論》，汪志勇撰，臺北：華正書局，1996 年 9 月。

40. 《龍榆生詞學論文集》，龍榆生撰，上海：上海古籍出版社，1997 年 7 月。

41. 《宋詞的登望意識與境界》，王隆升撰，臺北：文津出版社，1998 年 9 月。

42. 《宋詞研究述略》，崔海正撰，臺北：洪葉文化公司，1999 年 3 月。

43. 《增修詩詞新論》，陳滿銘撰，臺北：萬卷樓圖書，1999 年 8 月。

44. 《詞學》，梁啓勳撰，臺北：學海出版社，2000 年 1 月。

45. 《唐宋詞十七講》（下），葉嘉瑩撰，臺北：桂冠圖書公司，2000 年 2 月。

46. 《唐宋詞名家論集》，葉嘉瑩撰，臺北：正中書局，2000 年 10 月。

47. 《迦陵說詞》（講稿下），葉嘉瑩撰，臺北：桂冠圖書公司，2000 年 6 月。

48. 《詞學論叢》，唐圭璋撰，臺北：鼎文書局，2001 年 5 月。

49. 《袖珍詞學》，張麗珠撰，臺北：里仁書局，2001 年 5 月。

50. 《唐宋詞欣賞》，夏承燾撰，香港：中華書局，2002 年 5 月。

51. 《唐宋詞十七講》（上），葉嘉瑩撰，臺北：桂冠圖書公司，2002 年 10 月。

52. 《唐五代詞詳析》，汪志勇撰，臺北：華正書局，2002 年 10 月。

53. 《古典詩詞時空設計美學》，仇小屏撰，臺北：文津出版社，2002 年 11 月。

54. 《詞情的饗宴》，黃雅莉撰，臺北：文津出版社，2003 年 3 月。

55. 《詞學專題研究》，王偉勇撰，臺北：文史哲出版社，2003 年 4 月。

56. 《傳統詩詞的文化解釋》，陸玉林撰，北京：中國社會科學出版社，2003 年 8 月。

57. 《黃文吉詞學論集》，黃文吉撰，臺北：臺灣學生書局，2003 年 11 月。

58. 《詩詞入門──格律、作法、鑑賞》，夏傳才撰，臺北：知書房出版社，

2004 年 1 月。

59. 《宋詞與唐詩之對應研究》，王偉勇撰，臺北：文史哲出版社，2004 年 3 月。

60. 《詩詞格律》，王力撰，北京：中華書局，2005 年 1 月。

61. 《詞學概說》，吳丈蜀撰，北京：中華書局，2005 年 1 月。

62. 《唐宋詞社會文化學研究》，沈松勤撰，杭州：浙江大學出版社，2005 年 1 月。

63. 《金元詠梅詞研究》，鄭琇文撰，臺南：成功大學中文系碩士論文，2005 年 6 月。

64. 《宋金元詞籍文獻研究》，鄧子勉撰，上海：上海古籍出版社，2008 年 12 月。

四、詞史、詞家研究

1. 《金元詞述評》，張子良撰，臺北：華正書局，1979 年 7 月。

2. 《詞史》，劉子庚撰，臺北：臺灣學生書局，1982 年 8 月。

3. 《金元詞史》，黃兆漢撰，臺北：臺灣學生書局，1992 年 12 月。

4. 《中國詞曲史》，張建業、李勤印撰，臺北：文津出版社，1996 年 8 月。

5. 《金元詞論稿》，趙維江撰，北京：中國社會科學出版社，2000 年 2 月。

6. 《金元明清詩詞理論史》，丁放撰，合肥：安徽大學出版社，2001 年 6 月。

7. 《金元詞通論》，陶然撰，上海：上海古籍出版社，2001 年 7 月。

8. 《金元詞學研究》，丁放撰，北京：中國社會科學出版社，2002 年 5 月。

9. 《中國詞史》，黃拔荊撰，福州：福建人民出版社，2003 年 5 月。

10. 《詞曲史》，王易撰，南京：江蘇教育出版社，2005 年 8 月。

11. 《中國古典詞學理論史》（修訂版），方智範、鄧喬彬、周聖偉、高建中撰，上海：華東師範大學出版社，2005 年 12 月。

12. 《金元詞研究史稿》，劉靜、劉磊撰，濟南：齊魯書社，2007 年 1 月。

13. 《宋南渡詞人》，黃文吉撰，臺北：臺灣學生書局，1985 年 5 月。

14. 《南宋詞研究》，王偉勇撰，臺北：文史哲出版社，1987 年 9 月。

15. 《北宋十大詞家研究》，黃文吉撰，臺北：文史哲出版社，1996 年 3 月。

五、詞律及工具書

1. 《填詞名解》，〔清〕毛先舒撰，查培繼輯，《詞學全書》，臺北：廣文書局，1971 年 4 月。

2. 《詞林韻藻》，王熙元、陳滿銘、陳弘治撰，臺北：臺灣學生書局，1978 年 4 月。

3. 《御定詞譜》，〔清〕王奕清等撰，臺北：臺灣商務印書館，1986 年 3 月。

4. 《唐宋詞格律》，龍沐勛撰，臺北：里仁書局，1986 年 12 月。

5. 《索引本詞律》，〔清〕萬樹撰，臺北：廣文書局，1989 年 10 月。

6. 《詩詞曲韻總檢》，盧元駿編，臺北：正中書局，2004 年 2 月。

7. 《中國人名大辭典》，臧勵龢主編，臺北：臺灣商務印書館，1964 年 4 月。

8. 《中國文學家大辭典》，譚正璧編，臺北：河洛出版社，1978 年 5 月。

9. 《元人傳記資料索引》，王德毅、李榮村、潘柏澄編，臺北：新文豐出版公司，1979 年 11 月。

10. 《詞話叢編索引》，李復波編，北京：中華書局，1991 年 9 月。

11. 《詩詞曲語辭匯釋》，張相編，臺北：洪業文化公司，1993 年 4 月。

12. 《詩詞曲語辭例釋》，王鍈編，北京：中華書局，2005 年 2 月。

13. 《詞名索引》（增補本），吳藕汀編，北京：中華書局，2006 年 1 月。

14. 《金元明清詞鑑賞辭典》，王步高主編，南京：南京大學出版社，1989 年 4 月。

15. 《金元明詞鑑賞辭典》，唐圭璋主編，臺北：新地文學出版社，1992 年 9 月。

16. 《元明詞三百首》，黃天驥、李恒義選注，湖南：岳麓書社，1994 年 4 月。

17. 《詞林觀止》，陳邦炎主編，上海：上海古籍出版社，1996 年 1 月。

六、詩文集、詩文評

1. 《全唐詩》，〔清〕彭定求等編，北京：中華書局，1960 年 4 月。

2. 《陶淵明詩箋證稿》，〔晉〕陶淵明撰，王叔岷箋，臺北：藝文印書館，1975 年 1 月。

3. 《杜詩鏡銓》，〔唐〕杜甫撰，華正書局編輯部編，臺北：華正書局，1978 年 9 月。

4. 《韓昌黎詩繫年集釋》，錢仲聯編，臺北：學海出版社，1985 年 1 月。

5. 《蘇軾詩集》，〔宋〕蘇軾著，〔清〕王文誥輯註、孔凡禮點校，臺北：莊嚴出版社，1990 年 10 月。

6. 《全宋詩》，北京大學古文獻研究所編，北京：北京大學出版社，1998 年 12 月。

7. 《石田文集》，〔元〕馬祖常撰，景印文淵閣四庫全書，臺北：臺灣商務印書館，1985 年。

8. 《滋溪文稿》，〔元〕蘇天爵撰，景印文淵閣四庫全書，臺北：臺灣商務印書館，1985 年。

9. 《雪樓集》，〔元〕程鉅夫撰，景印文淵閣四庫全書，臺北：臺灣商務印書館，1985 年。

10. 《新譯昭明文選》，〔梁〕蕭統編，周啓成等譯，臺北：三民書局，2001 年 2 月。

11. 《全元文》，李修生主編，南京：江蘇古籍出版社，2002 年 10 月。

12. 《昌黎文鈔》，〔唐〕韓愈撰，高海夫主編，《唐宋八大家文鈔校注集評》，西安：三秦出版社，2004 年 10 月。

13. 《東坡文鈔》，〔宋〕蘇軾撰，高海夫主編，唐宋八大家文鈔校注集評，西安：三秦出版社，2004 年 10 月。

14. 《全元文》，李修生主編，南京：鳳凰出版社，2004 年 12 月。

15. 《雪樓集》，〔元〕程鉅夫撰，景印文津閣四庫全書，北京：商務印書館，2006 年。

16. 《楚辭註繹》，吳福助撰，臺北：里仁書局，2007 年 5 月。

17. 《謝靈運集校注》，〔南朝宋〕謝靈運撰，顧紹柏校注，鄭州：中州古籍出版社，1987 年 8 月。

18. 《新譯杜牧詩文集》，〔唐〕杜牧撰，張松輝注譯，臺北：三民書局，2002 年 10 月。

19. 《岑參集校注》，〔唐〕岑參撰，陳鐵民、侯忠義注，臺北：漢京文化公司，2004 年 3 月。

20. 《陶淵明集校箋》，〔晉〕陶淵明著，龔斌校箋，臺北：里仁書局，2007 年 8 月。

21. 《司空圖詩品解說》（修訂本），祖保泉撰，合肥：安徽人民出版社，1980 年 9 月。

22. 《欽定四庫全書考證》，〔清〕王太岳等纂輯，景印文淵閣四庫全書，臺北：臺灣商務印書館，1986 年。

23. 《抒情詩葉》，黃永武撰，臺北：九歌出版社，1989 年 9 月。

24. 《中國歷代文學論著精選》，郭紹虞選編，臺北：華正書局，1991 年 3 月。

25. 《詩與美》，黃永武撰，臺北：洪範書店，1997 年 4 月。

26. 《詩歌修辭學》，古遠清、孫光萱撰，臺北：五南圖書出版公司，1997 年 6 月。

27. 《清詩話》，〔清〕王夫之等撰，上海：上海古籍出版社，1999 年 6 月。

28. 《王國維戲曲論文集——〈宋元戲曲考〉及其他》，王國維撰，臺北：里仁書局，2000 年 7 月。

29. 《文藝心理學》，朱光潛撰，臺南：大夏出版社，2001 年 4 月。

30. 《中國詩學——鑑賞篇》，黃永武撰，臺北：巨流圖書有限公司，2003 年 9 月。

31. 《中國詩學——設計篇》，黃永武撰，臺北：巨流圖書有限公司，2005 年 8 月。

32. 《文心雕龍註》，〔梁〕劉勰撰，范文瀾注，北京：人民文學出版社，2008 年 4 月。

七、經部、史部、子部

1. 《詩經今註》，高亨撰，臺北：漢京文化事業有限公司，1984 年 2 月。

2. 《四書章句集注》，〔宋〕朱熹撰，高雄：復文圖書出版社，1985 年 9 月。

3. 《尚書集釋》，屈萬里撰，臺北：聯經出版公司，1999 年 4 月。

4. 《易經通釋》，鍾泰德撰，臺北：正中書局，2000 年 4 月。

5. 《尚書正義》，〔漢〕孔安國撰，〔唐〕孔穎達疏，李學勤主編，臺北：臺灣古籍出版公司，2002 年 1 月。

6. 《史記》，〔漢〕司馬遷撰，開明書店編譯，《二十五史》，臺北：開明書店，1934 年 1 月。

7. 《晉書》，〔唐〕房玄齡等撰，開明書店編譯，《二十五史》，臺北：開明書店，1934 年 1 月。

8. 《新唐書》，〔唐〕歐陽修等撰，開明書店編譯，《二十五史》，臺北：開明書店，1934 年 1 月。

9. 《後漢書》，〔南朝宋〕范曄撰，〔唐〕李賢等注，臺北：宏業書局，1977 年 6 月。

10. 《漢書》，〔漢〕班固撰，〔唐〕顏師古注，臺北：宏業書局，1978 年 8 月。

11. 《新校本宋史并附編三種》，〔元〕脫脫等撰，楊家駱主編，臺北：鼎文書局，1980 年。

12. 《新校本元史并附編二種》，〔明〕宋濂等撰，楊家絡主編，臺北：鼎文

書局，1980 年。

13. 《明一統志》，〔明〕李賢等撰，景印文淵閣四庫全書，臺北：臺灣商務印書館，1984 年。

14. 《歷代名臣奏議》，〔明〕楊士奇、黃淮等編，景印文淵閣四庫全書，臺北：臺灣商務印書館，1984 年。

15. 《山東通志》，〔清〕杜詔等撰，景印文淵閣四庫全書，臺北：臺灣商務印書館，1984 年。

16. 《欽定續通志》，〔清〕稽璜、曹仁虎等撰，景印文淵閣四庫全書，臺北：臺灣商務印書館，1984 年。

17. 《欽定大清一統志》，〔清〕和珅等撰，景印文淵閣四庫全書，臺北：臺灣商務印書館，1984 年。

18. 《江西通志》，〔清〕陶成等編纂，景印文淵閣四庫全書，臺北：臺灣商務印書館，1984 年。

19. 《資治通鑑後編》，〔清〕徐乾學撰，景印文淵閣四庫全書，臺北：臺灣商務印書館，1984 年。

20. 《河南通志》，〔清〕孫灝、顧棟高等編纂，景印文淵閣四庫全書，臺北：臺灣商務印書館，1984 年。

21. 《欽定盛京通志》，〔清〕阿桂、劉謹之等撰，景印文淵閣四庫全書，臺北：臺灣商務印書館，1984 年。

22. 《春秋左傳注》（修訂本），楊伯峻注，臺北：洪葉文化公司，1993 年 5 月。

23. 《史記今註》，〔漢〕司馬遷撰，馬持盈註，臺北：臺灣商務印書館，1996 年 12 月。

24. 《四庫全書總目提要》，〔清〕紀昀總纂，石家莊：河北人民出版社，2000 年。

25. 《南齊書》，〔梁〕蕭子顯撰，北京：中華書局，2003 年 10 月。

26. 《新校本三國志附索引》，〔晉〕陳壽撰，楊家絡主編，臺北：鼎文書局，2004 年 9 月。

27. 《世說新語校箋》，〔南朝宋〕劉義慶編，徐震堮校箋，臺北：文史哲出版社，1989 年 9 月。

28. 《莊子集釋》，〔清〕郭慶藩編，臺北：萬卷樓圖書有限公司，1993 年 3 月。

29. 《新譯新序讀本》，〔漢〕劉向撰，葉幼明譯，臺北：三民書局，1996 年 8 月。

30. 《新譯列女傳》，〔漢〕劉向撰，黃清泉譯，臺北：三民書局，1996 年 1 月。

31. 《新譯列仙傳》，〔漢〕劉向撰，張金嶺注譯，臺北：三民書局，1997年2月。

32. 《楞嚴經》，李淼、郭俊峰主編，長春：時代文藝出版社，2001年5月。

33. 《新校搜神記》，〔晉〕干寶撰，臺北：世界書局，2003年1月。

34. 《淮南子集釋》，〔漢〕劉安，何寧編，北京：中華書局，2006年4月。

八、單篇論文

1. 〈再論詞調〉，鄭騫撰，《從詩到曲》，臺北：中國文化雜誌社，1971年7月。

2. 〈詩的隱與顯〉，朱光潛撰，《詞學論薈》，臺北：五南圖書出版公司，1989年7月。

3. 〈填詞與選調〉，俞感音撰，《詞學論薈》，臺北：五南圖書出版公司，1989年7月。

4. 〈論詞之作法〉，唐圭璋撰，《詞學論薈》，臺北：五南圖書出版公司，1989年7月。

5. 〈論寄托〉，詹安泰撰，《詞學論薈》，臺北：五南圖書出版公司，1989年7月。

6. 〈論詞境的虛實〉，謝若田撰，《詞學論薈》，臺北：五南圖書出版公司，1989年7月。

7. 〈論詞的章法〉，吳世昌撰，《詞學論薈》，臺北：五南圖書出版公司，1989年7月。

8. 〈元明詞平議〉，黃天驥、李恆義撰，《文學遺產》，1994年第四期。

9. 〈生命與才情的詠嘆——宋代壽詞創作的審美描述〉，李揚撰，《閱讀與欣賞》，1995年6月。

10. 〈「詞衰於元」辨〉，陶然撰，《浙江大學學報人文社會科學版》第二十九卷第四期，1999年8月。

11. 〈金元詞壇掃瞄〉，趙維江撰，《文史知識》，1999年第七期。

12. 〈金元俗詞概論〉，趙章超撰，《鹽城師範學院學報哲學社會科學版》，2000年第一期。

13. 〈論金元詞的北宗風範〉，趙維江撰，《文學遺產》，2000年第四期。

14. 〈北宋後南北詞壇互動關係之考論〉，趙維江撰，《暨南學報哲學社會科學版》第二十三卷第六期，2001年11月。

15. 〈金元詞演進軌跡新論〉，陶然撰，《南陽師範學院學報社會科學版》第二卷第四期，2003年4月。

16. 〈元詞論綱〉，王廣超撰，《淮陰師範學院學報哲學社會科學版》第二十

六卷，2004 年 3 月。

17. 〈試論元人詞中的「夢氣」〉，張靜秋撰，《漳州師範學院學報哲學社會科學版》，2006 年第四期。

18. 〈金元詞的分界〉，許並生、裴興榮撰，《南陽師範學院學報社會科學版》第五卷第十一期，2006 年 11 月。

九、網路資源

1. 中國國家圖書館：http://www.nlc.gov.cn/
2. 中國古籍善本目錄導航系統：http://202.96.31.45/
3. 上海圖書館古籍書目數據庫：http://search.library.sh.cn/guji/
4. 臺灣國家圖書館：http://www.ncl.edu.tw/mp.asp?mp=2
5. 中文古籍書目資料庫：
   http://ccs.ncl.edu.tw/rbookhtml/rbookhtml/nclrbook.htm
6. 國立故宮博物院善本古籍資料：
   http://npmhost.npm.gov.tw/tts/npmmeta/RB/RB.html
7. 網路展書讀詩詞曲典故索引：
   http://cls.hs.yzu.edu.tw/ORIG/q_home.htm
8. 教育部重編國語辭典修訂本：
   http://dict.revised.moe.edu.tw/index.html
9. 教育部異體字字典：http://140.111.1.40/main.htm
10. 中國期刊全文數據庫：
    http://cnki50.csis.com.tw/kns50/Navigator.aspx?ID=CJFD
11. 中國優秀碩士學位論文全文數據庫：
    http://cnki50.csis.com.tw/kns50/Navigator.aspx?ID=CMFD